KB122897

말레이시아

이민전략을 통해 본 한인 사회 형성과 그 미래

동남아 한인 연구 총서 6

말레이시아

이민전략을 통해 본 한인 사회 형성과 그 미래

홍석준 지음

머리말

필자가 연구자로 말레이시아에 첫발을 디딘 지 어언 30개 성상星霜이 흘렀다. 1992년 처음 쿠알라룸푸르 수방 공항(지금은 국내용 공항으로만 사용됨)에 도착하여 공항 밖으로 나갔을 때 마주했던 열대의 바람과 냄새를 결코 잊을 수가 없다. 수방 공항 안의 강력한 에어컨으로 인해 공항 밖의 기온과 기후에 대해 짐작조차 할 수 없었던 필자에게 공항 문을 나서자마자 훅하고 불어닥친 열대의 후끈한 열기와 습한 기운은 나의 뇌리에 선명하게 각인되어 결코 잊을 수 없는 기억으로 남아있다. 열대 과일의 왕이라 불리는 두리안 냄새와 각종 담배 냄새가 뒤섞인 이상야릇한 냄새는 그 후로도 계속해서 말레이시아를 떠올릴 때마다 스멀스멀 살아나는 아련하지만 아름다운 추억이 되었다.

당시 수방 공항에서 쿠알라룸푸르 시내로 가는 길은 비가 오는 중이었고 약 1시간 정도 걸리는 길이었다. 택시기사는 필자에게 어디서 왔냐고 물었는데, 한국에서 왔다고 하니 한국을 축구 잘하는 나라로 기억하고 있으며, 차범근과 김재한 선수를 언급하면서 한국과 말레이시아가 좋은 상대가 되는 나라라는 설명을 덧붙였던 것으로 기억한다. 필자에게 당시 말레이시아는 '열대우림의 후진국', '정글 속의 나라', "고국에 계신 축구팬 여러분. 여기는 말레이시아 메르데카 국립경기장입니다", "수중전 축구 경기에 강한 아시아에서 한국과 어깨를 겨룰만한 축구 잘하고 좋아하는 나라" 정도로 알려져 있던 '낯선 나라'였다. 필자가 축구 잘하는 나라와 열대우림의 후진국이라는 말레이시아에 대한 편견과 선입관에서 벗어나 말레이시아 사회와 문화, 말레이시아 사람들의 삶과 일상생활에 대한 관심과 흥미를 갖고 말레이시아 사람들과 그들의 문화에 대해 약간이나마 이해할 수 있게 된 것은 이러한 첫 만남을 통한 다양하고 다채로운 기억과 추억 덕분이라고 할 수 있다.

필자는 문화인류학자로서 주로 말레이시아의 농촌과 항구도시, 섬과 바다, 해양문화, 말레이 무슬림의 정체성과 도시문화 등과 같은 연구 주제와 내용에 관심을 가지고 연구 활동을 지속해왔다. 특히 말레이시아 농촌과 항구도시에 거주하는 말레이 무슬림의 삶과 정체성이라는 주제에 천착하여 말레이 이슬람과 종교, 이슬람과 정치, 이슬람 경제, 무슬림 정체성의 지속과 변화 등의 주제를 탐구해왔다. 말레이시아에서 무슬림 정체성이 정치와 경제, 사회문화적 변동 속에서 어떻게 형성되고 변화하는지에 관한 연구를 농촌과 도시, 항구, 섬과 해양 세계의 맥락 속에서 이해하고자 노력해왔다. 이러한 탐구와 연구 활동의 결과 덕분에 말레이시아 무슬림의 삶과 정체성의 형성과 변화를 정치적, 경제적, 사회적 맥락 속에서 이해하는 데 도움을 주는 논문과 보고서, 저서를 집필해왔다.

필자는 1992년 처음으로 말레이시아에 발을 딛고, 이후 30년이 지난 현재까지 말레이시아의 사회와 문화와 관련된 연구와 공부, 강의를 해왔다. 이 책은 필자가 말레이시아의 한인과 한인 사회의 역사와 문화에 대한 자료들을 수집하고 정리하여 분석한 연구 결과물이다. 특히 필자는 2007년 8월부터 2008년 8월까지 1년간 말레이시아에서 연구년을 보내는 동안, 암팡 지역의 한인타운에 거주하면서 말레이시아 농촌과 도시에 거주하는 말레이 무슬림의 삶과 정체성을 연구하는 과정에서 자연스럽게 접하게 된 말레이시아 한인과 한인 사회의 역사와 문화에 대한 기록물이다. 말레이시아 한인의 역사와 문화는 현지 사회로의 이주와 정착의 역사와 문화라고 할 수 있다. 이 과정에서 말레이시아 한인들은 자신들만의 고유하면서도 독자적인 역사적 경험과 문화적 환경 속에서 역사와 문화를 형성, 변화시켜왔다.

말레이시아 한인들의 삶과 정체성은 불변하거나 고정된 것이 아니라 항상 변화하고 유동적인 것이다. 최근 코로나19 팬데믹으로 말레이시아를 방문하거나 체류하는 한인들의 숫자가 급격히 줄고 있는 것 역시 이러한 가변성과 유동성을 반영한 것이다. 말레이시아 한인들은 영구 거주자가 아닌 일시 체류자 신분으로 말레이시아 현지 사회에서 삶과 정체성을 유지, 지속하고 있다.

이 책은 모두 서론과 본론 6개 장, 그리고 결론까지 8개 장으로 구성된다. 서론에서는 연구의 목적과 필요성, 책의 구성, 연구 일정 개요, 기존 연구의 검토, 연구 방법과 자료 등을 다룬다.

본론 1장에서는 말레이시아의 국가 개황과 한인 이주의 역사와 한인 사회의 형성, 변화의 문화적 특징과 의미에 대해 개괄적으로 살펴본다. 또한, 말레이시아 국가의 개황을 말레이시아 한인 이주의 역사와 한인 사회의 변천이라는 주제와 관련해 고찰한다. 이 장에서는 말레이시아 한인과 한인 사회의 역사와 문화를 이주사의 관점에서 체계적이고 종합적으로 접근한다. 여기에는 말레이시아 현지에 진출한 한인 기업 및 한인 사회 내 한인들의 경제활동을 현지화의 맥락에서 고찰하는 작업은 물론 말레이시아 한인회의 역사와 조직, 활동의 특징과 그 의미를 재마 한인회의 역사적, 사회문화적 맥락 내에서 파악하는 작업이 포함된다.

2장은 한류와 한류 콘텐츠가 말레이시아 사회와 문화에 미친 영향에 대해 기술, 분석한다. 이 장에서는 관광과 한국인 관광객이라는 주제로 한국인 관광객에게 말레이시아가 갖는 문화적 특징과 의미는 무엇이며, 그것이 한국인의 말레이시아 관광에 미치는 영향에 대해서도 살펴본다. 또한 이 장에서는 말레이시아 정치 상황에 대한 개괄적 서술과 분석을 통해 말레이시아에서 문화적 다원주의의 특징과 의미, 그리고 그 정치적, 경제적, 사회적 도전이 어떠한 특징과 함의를 지니는지에 대해 살펴본다. 이를 특히 말레이시아 내 한류와 한류 콘텐츠가 말레이시아 정치 상황과 어떠한 관련성 속에서 상호 작용하는지에 논의의 초점을 맞춰 고찰한다. 나아가 한류가 현지인과 한인 사회의 교류 및 협력관계를 증진시킨 배경과 원인에 대해 살펴보고, 말레이 무슬림 소비자를 대상으로 한 한류 관련 글로벌 기업의 확대 배경과 결과를 말레이시아에서 '할랄halal'이 의미하는 바가 무엇이며, 이 개념을 통해 말레이시아 현지 사회와 한인 사회가 어떻게 연계될 수 있는지에 대해 고찰한다. 끝으로 한류 콘텐츠 유입에 따라 한-말레이시아 양국 간 교류와 협력이 확대된 배경과 결과에 대해서 살펴본다.

3장에서는 말레이시아로 은퇴이주한 한국인들을 대상으로 한인들의 은퇴이주에서 말레이시아가 갖는 문화적 특징과 의미에 대해 기술, 분석한다. 여기에는 말레이시아로 은퇴이주해온 한인들의 말레이시아의 교육체계, 부동산 투자 현황, 이주정책 등에 대한 인식과 가치관, 그리고 이와 관련된 그들의 정체성 문제가 포함된다. 현지 한인들의 국제학교 관련 교육과 한국어와 한국 문화 관련 교육의 과거와 현재, 그리고 미래에 대해서 고찰한다. 은퇴이민의 경우 말레이시아 이주정책과 한인의 은퇴이주와의 상호 작용 및 그에 대한 한인들의 인식과 대응에 있어 문화적 특징과 의미에 대해 살펴본다. 여기에서는 말레이시아 이주정책의 핵심 중 하나인 MM2H 프로그램의 특징과 의미를 말레이시아의 사회문화적 맥락 내에서 살펴보고, 그에 따른 한인들의 말레이시아로의 이주, 특히 조기유학과 은퇴이주의 이상과 현실에 대해 비판적으로 고찰한다. 특히 이 장에서는 한인들의 말레이시아로의 이주와 말레이시아 이주정책의 문화적 특징과 의미에 대해 집중적으로 살펴본다.

2000년대 이후 말레이시아는 한국의 명예퇴직 또는 은퇴자들의 주종을 이루는 50대와 60대에 속하는 한국 사람들이 가장 선호하는 은퇴이주 대상국으로 부각되었으며 이러한 추세는 2010년 이후 더욱 가속화되고 있다. 이에 여기에서는 은퇴자들이 이민을 고려하는 국가 중 하나인 말레이시아 이민정책의 특징과 의미를 MM2H 프로그램을 중심으로 고찰함으로써 말레이시아의 이민정책과 한국인 은퇴이주자들의 만남이 사회문화적 맥락에서 어떠한 의미를 지니는지 살펴본다.

4장에서는 조기유학을 이유로 말레이시아로 이주한 한국인들을 대상으로 한인들의 조기유학이 말레이시아 현지 사회에서 갖는 문화적 특징과 의미에 대한 민족지적 기술, 분석을 시도한다. 말레이시아의 국제학교 현황과 교육 환경, 수업 과정의 특징과 의미에 대해 살펴보고, 그러한 말레이시아의 교육체계에 대한 한인 학생들과 가족들의 적응, 정착, 변천 과정에 대해 고찰한다.

5장에서는 초국가 시대의 말레이시아 한인과 한인 정체성의 주제를 주로 한인 사회 내부의 지리적, 사회경제적, 사회계층적 분화에 논의의 초점을 맞춰 다룬다. 말레이시아 한인(재마 한인)의 초국가적 삶의 현실과 이상을 고찰함으로써, 현재 그들의 초국가적 삶의 사회문화적 특징과 그 의미를 초국가적 맥락 또는 국민국가적 맥락에서 조명한다. 주로 자영업자와 주재원, 학생 등을 중심으로 한인 사회 내의 사회계층적 분화의 특징과 의미에 대해 기술, 분석한다. 여기에는 말레이시아 한인 사회의 지리적, 역사적 배경, 인구학적 특성, 주거 환경, 사회적 관계, 종교생활 등이 포함된다.

6장에서는 '현지인에게 빗장 사회로 인식되는 말레이시아 한인 사회: 말레이시아 한인 사회의 정착과 발전'이라는 주제로 말레이시아에서 한인 사회가 형성되고 변화를 겪는 과정에서 나타난 사회경제적,

문화적 특징과 의미에 대해 기술, 분석한다. 이를 위해 여기서는 말레이시아 한인 사회에 대한 조작적 정의operational definition를 '빗장 사회'로 규정하고자 한다. 이러한 조작적 정의를 바탕으로 빗장 사회로서의 말레이시아 한인 사회의 특성과 사회문화적 함의를 고찰한다. 또한, 이 장에서는 말레이시아 한인 사회의 지역적 변이의 특징과 의미에 대해서도 기술, 분석한다. 이를 재마 한인회 활동과 관련지어 살펴본다. 주로 쿠알라룸푸르와 슬랑오르주를 포함한 수도권 지역에 위치한 재마 한인회의 활동에 관한 기술과 분석을 조호바루와 말라카, 페낭, 사라왁과 사바주의 재마 한인회 활동과의 비교를 통해 말레이시아에서 한인들의 활동과 한인 사회의 정착과 발전 과정의 특징과 의미에 대해 종합적이면서도 다각적으로 고찰한다.

이 장은 '도시 내부의 변이'라는 주제로, 쿠알라룸푸르에 위치한 대표적인 한인 사회인 암팡과 몽키아라 두 지역을 중심으로 도시 내부의 지리적, 경제적, 사회문화적 변이의 특징과 의미에 대해 기술, 분석한다. 여기에는 한인과 현지인과의 상호 작용에 대한 기술과 분석이 포함된다.

이 장에서는 '한인과 현지인 사이의 상호 작용의 특징과 의미'라는 주제로 한인에 대한 말레이시아 현지인의 인식과 평가 및 그에 대한 한인의 대응에 대해 살펴본다. 말레이시아 현지에서 현지인과 현지 사회에서 한인과 한인 사회에 대한 인식과 평가는 어떠하며, 그 의미는 무엇인지에 대해 집중적으로 기술, 분석한다. 여기에서는 한인과 현지인 간 상호 작용의 사회문화적 특징과 의미를 고찰한다. 이를 위해 말레이시아 한인과 한인 사회 정체성의 형성과 변화의 정치문화적 특징과 의미에 대해 집중적으로 살펴본다. 그 주된 내용은 다음과 같다.

첫째, 한인과 현지인이 관계 맺는 계기가 무엇인지를 고찰한다. 둘째, 한인과 현지인의 관계 양상 및 위계의 특징과 의미에 대해 정치문화적 맥락에서 살펴본다. 이를 설명하고 해석하기 위해 주로 관련 사건이나 에피소드를 중심으로 기술, 분석한다. 여기에는 종족성, 계급 또는 계층, 연령과 세대, 젠더 등에 따른 차이점과 공통점이 제시될 것이며, 그것의 정치적, 사회적, 문화적 특징과 의미는 무엇인지에 대해 기술, 분석한다. 셋째, 한인과 현지인의 상호 인식 및 평가의 특징과 그의미가 무엇인지에 대해 기술, 분석한다. 이를 통해 말레이시아 현지에서 한인과 한인 사회에 대한 현지인과 현지 사회의 인식과 평가의 현재 동향과 향후 전망을 제시한다.

특히 이 장에는 한인들의 말레이시아 현지 생활에의 적응과 정착, 문화접촉 과정에서 한인회, 한인 학교, 한국 국제학교, 한인 교회 등을 비롯한 한인과 한인 사회 관련 각종 기관과 단체의 역할 및 그에 대한 현지인들의 인식과 실천 등에 대한 고찰이 포함된다.

끝으로 결론에서는 맺음말을 대신하여 말레이시아 한인과 한인 사회의 특징과 의미를 요약, 정리하여 제시하고, 말레이시아 한인과 한인 사회의 과거와 현재, 그리고 미래에 대한 회고와 전망, 과제 등에 대해 제안하는 것으로 마무리한다.

동남아 지역은 매년 1,000만 명 이상의 한국인이 방문하는 해외 방문지 1위 지역이다. 하지만 현재까지 동남아 한인 이주에 대해 집중적으로 연구한 사례가 많지 않다 보니 한인회를 비롯한 한인 단체나 조직, 동호회는 물론 관련 기관에서조차 축적된 자료를 제대로 가지고 있는 경우가 거의 없고, 주로 개인 소장 자료가 주종을 이루고 있는 편이다. 이러한 상황에서 다양한 목적에서 기록했던 동남아 한인 이주의 역사와 문화, 이주와 정착 과정의 의미, 한인 사회와 한인 정체성의 형성과 변화 등에 관한 부분적이면서 파편적인 자료들을 수집하고 정리하여 분석한 후 이를 해석 또는 재해석하고 재구성하는 작업을 하지 않으면 안 되었다. 이러한 상황에서 그나마 다행이라고 생각된 것은 동남아로의 한인 이주의 역사가 그리 길지 않기 때문에 현재까지 생존해 있는 초기 이주자들을 그다지 어렵지 않게 찾아볼 수 있다는 점일 것이다. 이 점에서는 말레이시아 역시 예외가 아니다.

말레이시아라는 나라는 한국 대중들에게는 예전에 축구를 잘했던 나라, 적도의 열대우림 지역의 나라, 골프 관광이나 효도 관광, 혹은 신혼여행 등을 통해 쉽게 방문할 수 있는 나라, 저렴한 비용으로 영어와 중국어를 배울 수 있는 나라 등으로 알려져 있다. 말레이시아를 자기 삶의 새로운 터전으로 삼고 미래를 개척해보려고 생각하는 사람은 그리 많지 않다. 그러나 이러한 생각은 말레이시아 한인과 한인 사회의 역사와 문화에 무지한 상태에서 만들어진 고정관념이나 선입견에 기인한 것이라는 것을 깨닫는 데 그리 긴 시간이 걸리지 않았다.

오늘날 동남아 지역은 한국 사회에 밀접하게 다가와 있다. 동남아는 한국에 무역 규모로는 중국에 이어 2위, 투자처로는 미국에 이어 2위, 해외 건설 공사처로는 1위, 노동 인력 교류처로는 중국에 이어

2위, 관광지로는 1위, 그리고 한류 파급력으로는 일본과 중국에 이어 3위를 차지하는 지역이다. 이러한 급속한 교류, 협력의 확대와 심화는 단기 방문을 넘어 동남아 현지에 장기 거주하는 한인의 규모가 급속히 증가하는 추세로 나타나고 있다. 또한, 그 이주와 정착 형태도 통신과 교통의 발달로 인해 기존 주류 이주국에서 나타나는 것과는 차이가 있다. 따라서 말레이시아의 한인과 한인 사회의 역사와 문화에 관한 연구는 해외 한인들의 다양한 삶을 소개한다는 의미와 더불어 기존의 한인 이주의 역사와 문화에 관한 이론들을 새롭게 조명하는 기회가 될 것으로 기대된다.

필자는 이 책을 집필하는 과정에서 정말로 많은 분의 은혜와 협조를 받았다. 필자가 만난 수많은 말레이시아 한인과 말레이시아인의 도움과 협조가 없었더라면 이 책은 만들어질 수 없었을 것이다. 이들의 이름을 일일이 거론하거나 열거할 수 없음에 양해를 바란다. 특히 쿠알라룸푸르 소재 재마 한인회(암팡 지역에서 몽키아라 지역으로 이전) 관계자분들과 대사관, 한인 학교, 국제학교 관계자분들, 기러기 가족, 국제학교에 재학 중인 한인 학생들, 한인타운 자영업자들로부터 큰 도움과 협조를 받았다.

이 책은 말레이시아 한인과 한인 사회의 역사와 문화에 관한 지난 3년간의 연구 결과를 책으로 묶어낸 것이다. 필자는 지난 3년 동안 동남아 한인 사회 연구 프로젝트의 일환으로 교육부와 한국학중앙연구원(한국학진흥사업단)을 통해 해외한인연구사업의 지원을 받아 말레이시아를 직접 방문하여 말레이시아 한인 이주의 역사와 현황, 사회, 문화에 대해 포괄적이면서도 체계적으로 연구하였고, 그 결과 말레이시아 한인과 한인 사회의 역사와 문화를 종합적이고 심층적으로 이해하기 위한 연구 결과물을 책으로 엮어낼 수 있었다.

말레이시아의 한인과 한인 사회의 역사와 문화에 관한 지난 3년간의 연구 성과물을 한 권의 책으로 묶어내는 지금 시점에서 그동안 현지조사와 문헌 연구와 현장 연구를 포함한 연구에 도움을 주었던 많은 분이 뇌리를 스치고 지나간다. 특별히 말레이시아 현지조사 과정에서 문헌자료 수집과 정리, 인터뷰를 통한 현지 자료수집과 정리, 분석과 해석에 적극적으로 협조해준 말레이시아 한인과 한인회 관계자 여러분께 깊이 감사드린다. 교육부와 한국학중앙연구원의 한국학진흥사업단 관계자분들께도 깊이 감사드린다. 투박하기 이를 데 없는 졸고를 그나마 읽을 수 있는 한 권의 책으로 엮어낼 수 있도록 협조와 독려를 아끼지 않은 도서출판 눌민의 정성원 대표님과 원미연 편집자님께 깊은 감사의 마음을 전한다.

필자의 이 연구 결과물은 우리 가족의 관심과 이해, 그리고 무엇보다도 배려가 있었기에 가능했다. 이 자리를 빌어 가족 구성원들에게 진심으로 감사의 말을 전한다. 지금 석사학위 논문 작성에 매진하고 있는 딸 수린과 학부 졸업논문 준비에 온 정성을 다해 임하고 있는 아들 승택은 필자에게 늘 든든한 힘이 되어주었다.

끝으로 누구보다도 필자의 평생 연구 파트너인 사회복지학자 성정현 교수에게 진심으로 감사하다는 말을 전하고 싶다. 성정현 교수의 관심과 사랑, 그리고 배려가 없었다면 이 책은 세상에 나오지 못했을 것이다. 말레이시아 관련 조사와 연구 활동에 필자와 늘 함께 하는 과정에서 항상 "'같이'의 가치"를 실천해온 성정현 교수와 이 책 출간의 기쁨을 함께 나누고 싶다.

목포대학교 도림캠퍼스 승달산 연구실에서

2022. 3. 31.

홍석준

차례

말레이시아 한인과
한인 사회의 연구 과정 개요

1. 연구의 목적과 필요성

전지구화 과정이 진전되면서 유학, 취업, 국제무역, 국제결혼이나 은퇴이민 등을 위해 다른 나라로 이주하는 사람들의 국경을 뛰어넘는 초국적 삶transnational lives의 양상과 의미가 보다 현실화되고 있다. 이른바 초국적 시대transnational era에 초국적 삶이 본격화된 것이다. 이와 같은 초국적 시대의 초국적 삶의 전개에 따른 국경을 횡단하는 인구이동 및 인적, 물적 교류와 소통의 물결로 인해 출현한, 소위 초국가(적)주의transnatonalism, 국경 가로지르기border-crossing, 국제문화주의interculturalism, 다문화주의multiculturalism, 다문화 사회multicultural society, 외래문화와 현지 문화 융합 등의 현상들이 본격화되었다(강진석 2007; 문현아 2017; 위군 2011: 49).

이에 따라 국내에서도 해외 한인들의 삶에 관한 관심이 증대되어 교포들의 현지 적응 방식(양진운 2011), 한인 사회의 발전 과정(이진연 2010, 2012; 염미경 2013), 현지 사회와 한인 사회의 교류 및 관계 발전(임영언 2012; 임영언·김한수 2017) 등 이에 관한 다양한 연구들이 증가하는 추세에 있다.

그러나 말레이시아의 한인과 한인 사회에 관한 연구는 이러한 관심으로부터 멀리 떨어져 있다. 한인 사회의 현황에 대해 연구한 국민호(1999)와 말레이시아의 조기유학(생), 청소년, 기러기 엄마, 기러기 가족, 조기유학 경험 등에 관한 연구들(성정현·홍석준 2009a, 2009b, 2013; 홍석준·성정현 2009, 2011)을 제외하면 이와 관련된 연구들은 상대적으로 매우 희소한 편이다.

말레이시아의 한인과 한인 사회에 대한 연구가 미국, 중국, 일본 등에 비해 크게 부각되지 않는 것은 이 나라들에 비해 상대적으로 그 역사가 짧다는 점도 있지만, 한인과 한인 사회 규모 자체가 크지 않기 때문에 큰 관심의 대상이 되지 못했기 때문이라고도 볼 수 있다.

그러나 2000년대 이후 시작된 조기유학 열풍, 일본과 한국의 은퇴자를 겨냥한 말레이시아 정부의 MM2H 프로그램Malaysia My 2nd Home Program,[1] 한류로 인한 양 국가의 문화교류 증대 등으로 한인 사회의 규모가 계속해서 확대되었다.

비록 같은 동남아시아 국가면서 10만 명의 한인을 보유한 베트남 한인 사회나 인도네시아 한인 사회에 비하면 아직 그 규모가 작은 편이지만, 말레이시아 한인 사회가 확대되는 추세는 앞으로도 지속될 것으로 예상되기에 재在말레이시아(이하 재마在馬) 한인과 한

---

1 MM2H 프로그램은 말레이시아 정부가 외국인 은퇴자를 대상으로 2002년부터 시행하고 있는 투자 유치 프로그램을 가리킨다. [네이버 지식백과] MM2H(Malaysia My Second Home)(매일경제, 매경닷컴). MM2H는 10년 비자 취득의 혜택을 제공하는 것을 그 주된 특징으로 하고 있다. MM2H 10년 비자 취득 시 혜택은 다음과 같다. 1. 개인 사업 허용 2. 주택 자금 융자(100만 링깃 주택 구입 시 80퍼센트 대출 가능) 3. 승용차 면세 구입(현지 세금의 40퍼센트 할인 혜택) 4. 무심사 비자 연장(10년) 5. 개인 이삿짐 이송 시 세금 면제 6. 국적에 관계없이 한 명의 메이드를 데려오거나 고용 가능 7. 말레이시아 내 상속 세금 면제 8. 국외 소득 세금 면제 9. 비자 승인 최소 8주 가능(Laws of Malaysia 2017).

인 사회, 특히 재마 한인 정체성의 형성과 변화에 관한 연구가 매우 필요한 시점에 와 있다고 할 수 있다.

이에 이 글에서는 우선 초반부에서는 한인의 말레이시아 이주사의 관점에서 말레이시아 한인 사회의 형성과 변화를 다루고자 한다. 한마디로 여기에서는 한인의 말레이시아로의 이주의 역사라는 관점에서, 말레이시아 한인 사회의 형성과 변화의 문화적 특징과 그 의미를 살펴본다. 말레이시아 한인들의 이주 과정과 한인 사회의 형성과 발전 과정에 대해 살펴보고, 이 과정에서 한류와 조기유학, 은퇴이민 등이 한인 사회에 미친 영향, 마지막으로 기존에 한 곳에 국한되어있던 코리아타운이 두 지역으로 나누어지면서 나타나는 한인 사회 내의 변화 등에 초점을 맞추어 한인 사회의 변화, 즉 변화하는 한인 사회와 한인 정체성의 형성과 변화의 문화적 특징과 그 의미에 대해 살펴볼 것이다. 이는 앞으로 더욱더 요구될 전 세계의 다양한 한인 사회의 역사와 문화에 관한 비교연구에도 일조할 것이라 기대된다.

이 글에서 활용된 주요 방법론 중 하나는 생애사 방법론이다. 이런 의미에서 이 글은 재마 한인의 초국적 경험의 특징과 의미를 생애사 방법론을 활용한 설명을 통해 기술, 분석한 것이기도 하다. 재마 한인의 역사나 그들의 이주와 정착 경험에 관한 연구는 간혹 있었지만, 생애사 또는 구술생애사 자료를 통해 그들의 초국적 경험의 의미를 분석하면서 이들에 대한 초국적 삶의 경험을 해석하려는 시도는 많지 않았다. 다시 말해, 이 글은 이러한 시도의 일환으로 재마 한인의 다중적이고 다층적인 초국적 경험의 의미를 해석 또는 재해석함으로써 재마 한인 정체성의 형성과 변화의 문화적 특징과 의미를 고찰하기 위한 것이다.

재마 한인의 초국적 경험은 구술자 개인들의 이주 경로의 차이 로부터 시작해서 정착, 체류, 생활, 이주 등의 다양성으로 연결된다. 이 글에서는 재마 한인의 이주와 정착, 체류, 이민 등 초국적 경험을 통해 그들의 삶의 궤적이 갖는 의미를 분석함으로써 재마 한인의 정체성이 어떻게 형성, 변화되는가를 추적하고자 한다.

이 책은 말레이시아의 한인과 한인 사회에 관한 종합적 연구의 본격적인 출발점으로서 역사적, 문화적 관점에서 말레이시아 한인 의 이주사와 한인 사회의 문화 정체성 형성과 변화의 특징과 그 의 미를 살펴보는 것이다.

먼저, 말레이시아 한인들의 이주 과정과 한인 사회의 형성과 변 화 과정을 한인의 이주와 정착, 발전이라는 개념을 중심으로 이주 의 역사와 문화라는 관점에서 살펴본다. 이를 위해서 여기서는 한 인 사회로 가장 유명한 지역인 암팡 한인 사회와 몽키아라 한인 사 회 등 두 지역을 주된 연구 대상으로 삼아 중점적으로 다루고자 한다.

이 과정에서 한인과 한인 사회가 말레이시아 사회에 미친 영향 을 한류(대중문화), 조기유학과 은퇴이민 등을 중심으로 살펴본다. 그다음에는 한인과 한인 사회가 말레이시아에 미친 영향 및 말레 이시아 현지인들이 한인과 한인 사회를 어떻게 인식하고 교류하는

지에 대해 '말레이시아의 한인 사회와 한인 정체성의 형성과 변화'라는 주제로 보다 구체적이고 상세하게 논의한다. 나아가 말레이시아 한인들에게 모국인 한국이 말레이시아의 한인과 한인 사회의 이주와 정착, 발전에 미친 영향에 대해 고찰한다.

결론적으로 이러한 학술적 작업은 말레이시아 한인과 한인 사회의 역사와 문화에 대한 종합적 연구를 넘어, 동남아시아의 한인과 한인 사회, 더 나아가 글로벌 수준의 한인과 한인 사회의 역사와 문화에 관한 비교문화연구 또는 통문화적 연구cross-cultural studies를 위해서도 중요한 의미를 지닐 것으로 기대된다.

2. 연구 일정 개요

이 책의 연차별 주제와 내용을 보다 세부적으로 구분하여 제시하면 다음과 같다. 1차 연도 연구 주제가 한인의 말레이시아 이주에 따른 한인 사회의 형성과 변화에 관한 연구이므로, 이 연구 성과를 바탕으로 2차 연도 말레이시아 한인과 한인 사회에 대한 연구에서는 전년도 연구목표와 연구내용의 연계성을 고려하여, 연구 주제를 말레이시아의 이주정책과 한인의 말레이시아 이주의 이상과 현실이라는 주제로 설정하여 재마 한인들의 말레이시아로의 이주의 이상과 현실이라는 양 측면의 사회문화적 특징과 그 의미를 고찰하였다.

이를 바탕으로 2차 연도 말레이시아 한인과 한인 사회에 관한 연구에서는 말레이시아 이주정책의 핵심 중 하나인 MM2H 프로그램의 특징과 의미를 말레이시아의 사회문화적 맥락 내에서 살펴보고, 그에 따른 한인들의 말레이시아로의 이주, 특히 조기유학 이주와 은퇴이주의 이상과 현실에 대해 비판적으로 고찰하였다. 나아가 이러한 연구 성과를 바탕으로 말레이시아 한인 사회와 한인 정체성의 형성과 변화, 특히 초국가 시대의 재마 한인 정체성의 형성과 변화를 집중적으로 다루고자 한다. 재마 한인들의 초국적 삶의 현실과 이상을 고찰함으로써, 현재 재마 한인들의 초국적 삶의 사회문화적 특징과 그 의미를 초국적 맥락 또는 국민국가적 맥락 측면에서 조명하고자 한다.

3차 연도의 연구 주제는 한인과 현지인 간의 상호 작용의 문화적 특징과 의미라고 할 수 있다. 3차 연도에서는 2차 연도 연구와의 연계성, 연구목표와 연구내용과의 연계성을 고려하여, 한인과 현지인 간 상호 작용의 특징과 의미를 고찰한다. 이를 위해 조기유학과 은퇴이민의 소비시장이 된 말레이시아 한인 사회 정체성 형성과 변화의 정치문화적 특징과 의미에 대해 집중적으로 살펴본다.

그 주된 내용은 다음과 같다. 첫째, 한인과 현지인이 관계 맺기의 계기가 무엇인지를 고찰한다. 둘째, 한인과 현지인의 관계 양상 및 위계상의 특징과 의미에 대해 정치문화적 맥락에서 살펴본다. 이를 설명하고 해석하기 위해 주로 관련 사건이나 에피소드를 중심으로 기술, 분석하고자 한다. 여기에는 종족성 또는 민족성ethnicity, 계급

class이나 계층stratification, 연령age-set이나 세대generation, 젠더gender 등에 따른 차이점이 제시될 것이며, 그것의 정치적, 사회적, 문화적 특징과 의미가 무엇인지를 분석할 것이다. 셋째, 한인과 현지인의 상호 인식과 평가의 특징과 그 의미가 무엇인지도 서술, 분석할 것이다. 이를 통해 말레이시아 현지에서 한인과 한인 사회에 대해 현지인과 현지 사회의 인식과 평가의 현재 동향과 향후 전망을 제시하고자 한다.

3. 기존 연구의 검토[2]

동남아시아의 각국은 이미 오래전부터 다양한 이주 관련 프로그램을 제공할 것을 표방하면서 외국인 은퇴이주자들을 유치하고자 노력을 경주해왔다. 그중에서 말레이시아는 정부 주도로 외국인 은퇴이주자들을 유치하는 데 성공한 나라로 알려져 있다. 말레이시아는 1996년부터 은퇴비자를 발행하기 시작하였는데, 1998년 50명에 불과하던 은퇴비자 수급자 숫자가 2001년에는 800명을 기록했고, 2006년까지 동반 가족을 제외하고도 총 8,700명에게 은퇴비자가 발급된 것으로 알려졌다(김동엽 2009: 236 참조). 2010년 이후에는 이

---

[2] 이 부분에서는 은퇴이주에 관한 이론적 배경 및 기존 선행연구들에 대한 비판적 검토 내용을 중심으로 다루고자 한다. 이를 위해 우선 은퇴이주에 관한 최근 국내외의 연구 동향과 연구 배경을 살펴볼 것이다.

러한 경향이 더욱 강화될 전망이다. 이처럼 말레이시아 정부의 적극적인 유치정책과 한국 사회의 고령화와 조기은퇴 또는 명예은퇴 등을 비롯하여 은퇴이주자의 증가는 말레이시아로의 은퇴이주 현상이 한국 사회의 문화 현상으로 자리 잡을 가능성을 매우 높이고 있다는 평가(김동엽 2009: 235 참조)가 등장하기도 했다.

기존의 이주·이민정책에 관한 연구들은 대개 전통적 이주 목적 국인 미국, 캐나다, 호주 등 서구 세계를 중심으로 논의되어왔다. 특히 신자유주의의 강화와 본격화로 인해 시장경제 논리에 따른 시민권의 상품화 및 이주민의 등급화에 관한 연구는 이들 주요 이주 목적국의 이주·이민정책을 연구하는 최신의 경향을 주도해왔다 (Shachar and Hirschl 2014; Džankič 2018; Tanasoca 2016, 김도혜 2019: 125에서 재인용).

반면, 동남아시아 국가들은 비숙련 노동자를 서구 세계로 송출하는 주요 이주 송출국으로 인식되어왔다. 이런 이유로 동남아시아 국가들과 관련된 이주 연구들은 비숙련 이주노동자로 국경을 넘는 사람들에 관한 연구들이 주종을 이루었다(파레냐스 2009; Phongpaichit 1997, 김도혜 2019: 125에서 재인용). 동남아시아 국가 이주 정책에 관한 연구 역시 국가가 자국민들을 이주노동자로 파견하기 위해 어떻게 조직적으로 해외인력송출 업무를 담당해왔는가에 관한 연구들이 주로 이루어져 왔다(Rodriquez 2010; Guevarra 2010, 김도혜 2019: 125에서 재인용).

최근 캄보디아와 라오스, 인도네시아 등지에서 말레이시아, 태국 등으로 입국하는 비숙련 이주노동자의 수가 증가함에 따라 이주 문제 연구자들은 이들 동남아시아의 이주 목적 국가가 외국인 비숙련 노동자들에 대해 취하는 인권 탄압과 착취 문제를 심도 있게 연구하기 시작하였다(Tran and Crinis 2018; Kaur 2014; Bylander and Reid 2017, 김도혜 2019: 125-126에서 재인용).

국내 학계에서도 국제이주에 관한 관심이 크게 부상하였는데, 전 지구적인 이주의 흐름, 이주가 전 세계 국가와 사람들에게 미치는 영향에 대한 이론적, 방법론적 관심 역시 매우 크다(카슬·밀러 2013). 이러한 국제이주에 관한 관심을 반영하듯이, 국내 학계와 출판계에서는 이러한 국제이주의 전 지구적 영향에 대한 분석을 다룬 책이 번역, 출간되었고, 그 중 대표적인 것이 『개념으로 읽는 국제이주와 다문화 사회』와 『이주의 시대』, 그리고 『이주』라는 책이다.

『개념으로 읽는 국제이주와 다문화 사회 _Key Concepts in Migration_』라는 책은 이주와 관련된 핵심 개념을 추려 엮은 이른바, '이주 용어사전'이라고 할 수 있다. 3인의 사회학자가 공동 저술한 이 책은 국제이주와 다문화 사회와 관련된 가장 핵심적인 개념 38개를 선정하여 설명하고 있다. 국제이주와 다문화 연구의 뼈대를 이루고 있는 가장 중요한 개념을 38개로 추렸다는 점 그 자체만으로도 의미가 있다. 38개의 핵심 개념이 무엇인지를 확인하고 그 명칭을 살펴보는 것만으로도 국제이주와 다문화 현상이 어떻게 연계되어 한 사회의 특징과 변화 동력으로 작용하고 있는지를 파악할 수 있다.

38개의 핵심 개념은 각각 하나의 장으로 구성되어 맨 앞의 글상 자 형태로 사전적 정의를 제시하고 있으며, 학술적 차원의 개념 사 용 기원과 발달 과정, 그 내포적 의미의 특성과 외연적 의미 확장, 그리고 더 나아가 정책적 시사점과 실천적 함의 등을 간략하면서 도 적확하게 제시하여 심도 있게 논의를 전개하고 있다. 특히 현재 지구촌 곳곳에서 벌어지고 있는 관련 사례를 적절하게 곁들이며 현 장의 생생한 이야기를 소개하고 있다는 점은 이 책의 큰 장점이라 할 수 있다.

논의의 말미에는 '참고$^{See\ also}$'라는 제목으로 이 책에서 다루고 있 는 다른 개념들과의 연관성을 보여주고, 아울러 더욱 심화된 내용 을 살펴보고자 하는 독자들을 위해 '주요 읽을 거리$^{Key\ Readings}$'도 제 시하고 있다. 이처럼 이 책은 핵심 개념에 대한 충분한 이해가 가능 하도록 용어사전 형식과 백과사전 형식을 동시에 취하되 분석적이 면서도 통찰적인 내용을 담고 있으며, 나아가 다른 개념들과의 연 관성과 보충 참고문헌까지 제시하고 있다.

이 책은 학제적 연구 분야인 국제이주와 다문화 사회 연구를 처 음 접하는 대학생이나 대학원생은 물론이고, 분과적 학문의 경계 를 넘어 타 학문 분야의 관련 주제와 용어를 접하고자 하는 이주 및 다문화 연구 전문가 등 폭넓은 독자층에 도움을 줄 수 있을 것 이다. 아울러 우리 사회의 가장 커다란 당면 과제 중 하나가 된 국 제이주와 다문화 사회의 여러 문제를 직접 접하면서 실천과 정책을 만들어가는 정책 입안자와 행정공무원, 그리고 시민단체 활동가 등에게도 유용한 기본서가 될 수 있을 것이다.

한편,『이주의 시대』는 *The Age of Migration*(제4판)을 옮긴 것이다. 국제 인구이동 연구 분야 권위자인 스티븐 카슬Stephen Castles과 마크 J. 밀러Mark J. Miller는 전 지구적인 이주의 흐름, 이주가 전 세계 국가와 사람들에게 미치는 영향에 관한 이론적 연구 및 최신 정보를 제공하고자 이 책을 썼다(카슬·밀러 2013).

이 책에서 저자들은 국제이주 관련 이론 및 개념 설명을 시작으로 1945년 이전부터 현재까지 전 세계의 국제이주 현황을 살펴보고, 이주와 국가적 통제, 안보, 종족적 소수자, 정치 등의 관계를 분석했다. 총 13개 장에서 각 주제에 대한 내용과 더불어 관련 통계 및 이주 흐름을 보여주는 지도, 별도의 박스로 다룬 구체적인 사례 등을 소개하여 독자들의 이해를 도왔다.

한편, 2012년 현재 전 세계 인구의 약 3퍼센트(약 2억 2,000만 명)는 자신이 태어난 기원 국가를 떠나 다른 국가에서 살아가고 있다고 한다. 3퍼센트라는 수치가 그다지 높지 않을 뿐만 아니라 이주의 주체는 주로 개인이기 때문에 이주 및 이주자와 관련된 사회 현상은 자칫 간과될 수도 있다.

그러나 이주 당사자가 개인이라 할지라도 그들의 삶의 궤적과 상황은 정착한 국가는 물론 그들의 기원 국가에도 다양한 방식으로 영향을 미치고 있다. 즉, 이주 및 이주자와 관련된 사회 현상은 나머지 97퍼센트에 해당하는 비이주자들의 삶과도 밀접하게 연결되어 있으며, 글로벌화와 더불어 그 영향력은 더욱 확대되고 있다. 한국의 상황도 크게 다르지 않다. 해외에서 들어오는 이주노동자와 결혼 이주자는 물론이고, 이른바 고숙련 이주자라고 불리는 기업가 및 연구가, 그리고 유학생과 관광객 수도 크게 증가하고 있기 때문이다. 그뿐만이 아니라 한국에서 해외로 이주하는 사람들의 수도 크게 증가하고 있다. 단일민족 국가로서 오랜 역사적 전통을 이어온 한국 사회는 지금 다문화 사회로의 큰 전환기를 맞고 있는 것이다(새머스 2013).

이와 같은 이주의 시대를 맞이하여 국제이주 현상과 관련 정책에 관한 이론 및 실천 문제들을 심도 있고 정확하게 파악하는 것이 시급히 요구되고 있으나, 유감스럽게도 한국에서 이주 현상을 이론적으로 깊이 있게 분석한 개론서는 매우 부족한 실정이다.

이에 이주에 대한 이해의 폭을 넓히고, 무엇보다 이주의 사회성과 공간성에 관한 관심을 높이고자 『이주*Migration*』(2013)가 출간되었다. 특히, 이 책은 이주에 대한 개념적·이론적 접근을 강조하는데, 구체적으로 장소, 스케일, 영역 등과 같은 공간적 개념을 차용하여 지리학적 접근을 강조한다(새머스 2013: 12-14). 나아가 정치학, 사회인류학, 사회학 등 다학문적 차원에서 국제이주에 대한 다양한 이론과 관점, 이주와 노동, 이주 통제의 지정학적 경제, 이주와 시민권 및 소속의 지리 등에 관한 주제를 종합적이면서도 비판적으로 다루고 있다(새머스 2013). 또한 글상자를 통한 다양한 사례 제시와 용어해설 등은 이주에 대한 독자들의 이해를 한층 돕는다.

하지만 이러한 국제이주 관련 서적의 연속적인 출간에도 불구하

고, 한국 사회에서 말레이시아로의 은퇴이주 현상에 관한 연구를
포함한 동남아시아로의 한국인들의 은퇴이주에 관한 이론적, 방법
론적 연구와 사례연구는 거의 전무할 뿐 아니라 여전히 시작 단계
에 머물러 있는 것이 사실이다. 국제이주 관련, 특히 말레이시아를
비롯한 동남아시아로의 한국인들의 국제이주에 관한 연구가 보다
체계적인 연구로까지 진행되기 위해선 앞으로 이에 관한 더욱더
많은 학술적, 실천적 관심과 지원이 이루어져야 할 것이다.

　이런 점에서 국내의 명예은퇴자들을 포함한 은퇴자들을 수용하
려는 국내외적 유치경쟁은 주목을 끈다. 특히 말레이시아 정부에서
정책적 차원에서 이들을 적극적으로 유치하려는 정책의 수립 및 실
행은 더욱 중요한 의미를 지닌다. 이들을 타깃으로 한 말레이시아
정부의 정책이 어느 정도 효과적으로 이루어질 것인가를 말레이시
아의 이민정책과 한국인 은퇴이주자들과 연계해서 분석하는 학술
적, 실천적 작업이 필요하고 중요한 이유가 바로 이 때문이다.

4. 연구 방법과 자료

이 글에서는 문헌조사와 현지조사를 병행하여 실시함으로써 말레
이시아로의 은퇴이주의 사회문화적 특징과 의미에 대한 일차적 자
료수집과 분류, 정리를 기초로 하여, 이를 기술description하고, 분석
analysis하여, 해석interpretation하는 작업을 수행하였다. 이러한 과정에

기존 문헌 연구에 대한 비판적 검토 결과와 기존 연구 성과에 대한 비판적 분석과 해석을 포함시켜, 1차 자료와 2차 자료에 대한 기술과 분석의 융합적 연구를 시도하고자 했다. 이를 통해 한국인들의 말레이시아로의 은퇴이주의 문화적 특징과 그 의미를 보다 심층적으로 이해하고자 했다.

이 글의 수행을 위해 우선 이민정책과 관련된 문헌조사를 실시했다. 사전에 이민박람회 관련 인터넷 자료 역시 적극 활용했다. 또 문헌 연구와 더불어 질적 연구 방법을 주로 활용했다. 특히, 실제 말레이시아로 은퇴이주를 떠난 사람들이나 말레이시아 행정기관을 찾아 연구에 도움이 될 만한 자료를 수집하여 이에 대한 기술, 분석을 시도하였다.

앞서 언급한 바와 같이 이 글에서 은퇴이주에 관한 기존 연구의 검토는 은퇴이주에 관한 이론적 배경 및 기존 선행연구들에 대한 비판적 검토 위주로 살펴보았다. 이를 위한 연구 방법으로는 우선적으로 문헌조사에 바탕을 둔 문헌 연구가 필수적이다. 나아가 이를 바탕으로 말레이시아로의 한국인 은퇴이주의 사회문화적 특징과 의미를 고찰하기 위해선 현지조사 또한 필수적으로 요구된다.[3]

이 글에서는 문헌 연구와 현지조사의 질적 방법을 적절히 융합하여 활용함으로써 은퇴이주의 사회문화적 특징과 의미, 동향과 흐

---

3   현지조사에는 인터뷰(interview), 특히 심층 인터뷰(in-depth interview) 및 관찰(observation) 등이 포함된다. 참여 관찰은 시간상의 제약으로 말미암아 현실적으로 거의 불가능하다고 판단하기에 심층 인터뷰와 관찰에 집중하여 자료를 수집하고 그에 대한 분석과 해석에 집중하고자 했다.

름, 나아가 전망에 대한 자료의 타당성과 신뢰도를 높이고자 했다. 또한 말레이시아 이주 관련 정책에 대한 문헌조사를 수행하고, 이를 현지조사를 통해 확인, 재확인하는 과정을 거쳤다. 한국인들의 말레이시아로의 이주 관련 문헌자료의 수집 및 분석을 행하였으며, 나아가 관련 인터넷 자료 역시 적극 활용하고자 했다. 나아가 MM2H에 관한 기존 연구 검토는 인터넷 자료와 신문기사들, 문헌조사, 그리고 현지조사를 통해 이루어졌으며, 그에 따라 관련 자료에 대한 수집, 분석 및 정리 작업이 수행되었다.

은퇴이주 국가로서의 말레이시아에 관한 연구를 위해 이 글에서는 질적 연구 방법을 적극 활용하였다. 특히 실제 말레이시아로 은퇴이주를 떠난 사람들이나 말레이시아 행정기관을 찾아 연구에 도움이 될 만한 자료를 얻어야 하므로, 인터뷰 방법을 중점적으로 활용하였다. 인터뷰는 질적 연구에서 가장 흔히 이용되는 자료수집 형태로 정보를 유도해내기 위해 사전에 계획하고 형식화한 것이다. 이러한 인터뷰를 활용하여 실제 현지인들의 생생한 조언이나 깊이 있는 정보를 수집하였다.

주요 정보 제공자key informants의 시간을 고려하여 인터뷰가 너무 길어지지 않게 하려고 질문에 대한 준비와 인터뷰 계획을 사전 조직화하여 공통 질문지를 준비하여 설문조사를 실시하였다. 인터뷰를 통해 얻을 수 있는 정보는 전적으로 정보 제공자들informants에 의해 제공되기 때문에 인터뷰 시 정보 제공자가 질문의 의미를 명확히 알아듣고 의미 있는 대답을 얻을 수 있도록 준비하였으며, 모호하고 혼란을 초래할 수 있는 질문은 가능한 한 피하고자 했다.

이러한 질적 연구 방법을 사용함으로써 양적 자료를 통한 정보 수집보다 심층적이고 질적인 결과를 얻을 수 있었다. 연주 주제의 특성상 이전 자료를 통한 실제 인터뷰를 통해 정보를 얻어야 했기 때문에 현지답사 이전에 관련 전문가나 인터뷰 대상자들에게 도움을 요청하였다. 새롭게 얻게 되는 정보나 특별한 사항에 대해 중점을 두어 진행하였다. 사전 조사한 내용 이외에 새로운 내용을 알게 되면서 자료의 양이 풍부해질 수 있으므로 인터뷰를 진행하는 동안 그런 점들에 유념토록 했다.

이러한 질적 연구 방법은 자료의 수집, 정리, 분석과 해석을 위해 매우 중요한 의미를 지닌 것이다. 이 글을 위한 현지조사는 2017년 8월 중순부터 2019년 11월까지 주로 하계와 동계방학 중에 집중적으로 이루어졌으며, 2017년부터 3년 동안 매년 약 20일에 걸쳐 간헐적으로 수행되었다. 보다 상세하게 말하자면, 이 글을 위한 현지조사는 2017년 8월 16일(수)부터 23일(수)까지 약 8일간, 2018년 2월 22일(목)부터 2월 27일(화)까지 약 6일간, 그리고 2019년 1월 말부터 2월 초에 걸쳐 쿠알라룸푸르의 암팡과 몽키아라 지역, 말라카, 조호르 바루의 한국인 이주자들을 대상으로 집중적으로 수행되었다.

현지조사를 수행하는 과정에서 쿠알라룸푸르 행정청을 방문하여 관계자들과 심층 인터뷰를 실시하기도 했다. MM2H 비자와 관련된 업무를 담당하고 있는 쿠알라룸푸르의 행정 담당자를 만나 말레이시아에서 은퇴이주를 위한 이민정책이 실제로 어떻게 이루어지는지에 관해 심층적인 인터뷰를 실시하였다. 또한, 말레이시아에 거주하는 현지 교민들과의 FGI^{Focused Group Interview}를 포함한 심층 인터뷰를 통해 말레이시아 이민정책의 특징과 의미에 대해 알아보았다. 또 현지 교민들과의 인터뷰를 위해선 은퇴이주 관련 정책에 대한 정보와 자료를 제공하는 대표적 사이트인 cafe.naver.com/mymalaysia와 굿모닝말레이시아(www.goodmorningmalaysia)의 자료 내용을 적극 활용하되, 그 자료의 타당도와 신뢰도를 높이기 위해 이를 비판적 관점에서 비교 체크한 후 이를 인터뷰 과정에서 교차 확인하는 데 활용하기도 했다.[4]

은퇴이주정책 및 관련 자료 역시 적극 활용하고자 했다. 통계청, 외교통상부, 말레이시아 관광청, 기타 인터넷 자료 등을 이용하여 말레이시아의 은퇴이주정책과 통계 조사 내용과 자료 성격에 대해 알아본 후 이를 정리, 분석함으로써 말레이시아가 어떤 이민정책을 택하고 있고 타국에 비해 어떤 장점이 있는지 등에 관해서도 조사를 실시했다.

은퇴이주에 관한 문헌조사도 병행하여 실시하였다. 은퇴이주라는 개념은 경제가 발전하며 상대적으로 여유 있게 노후를 즐기고 싶은 사람들의 욕구에서 시작되었다. 2000년대 이후 급속히 늘어나고

---

4 이 글은 말레이시아를 새로운 은퇴이주 대상지로 삼고자 말레이시아를 찾는 한국인 은퇴이주자들에게 말레이시아 이민정책에 관한 기본적인 정보를 제공하는 기초 자료로 활용될 것이다.

있는 은퇴이주는 아직도 자료와 문헌 등이 많이 부족한 실정이다. 그럼에도 불구하고 비교적 최근에 몇 개의 논문들이 나오고 있어 논문 및 다양한 정보를 조사하여 충분한 정보의 양을 확보하고자 했다. 해외이민박람회를 방문하여 관계자들과 인터뷰를 실시하였으며, 국내에서 개최된 해외이민박람회에도 참여하여 담당자와 인터뷰를 실시하고 인터넷에서 찾을 수 없는 자료는 담당자와의 심층 인터뷰를 통해 관련 정보와 자료를 확보하고자 했다.

이러한 문헌조사와 현지조사 자료에 대한 기술 및 분석과 더불어 이 연구에서 생애사 연구 방법은 주로 한인들의 생애사, 특히 구술생애사oral life history에 대한 자료수집과 정리 및 분석을 통해 보다 적극적으로 활용될 것이다.

일반적으로 구술사oral history는 개인의 기억이나 경험, 인식을 현재로 불러내어 기록으로 남긴 사료이자 역사적 사실을 의미한다. 따라서 구술사는 역사 연구를 위한 한 가지 방법론이자 역사적 기록 그 자체이기도 하다. 구술사는 생존한 개개인의 기억과 경험에 의존하므로 주로 '가까운 과거'와 문자를 가지지 못한 사람들의 역사를 이해하기 위한 방법으로 채용되어왔다. 구술 자료는 기억의 환기에 의해 발화된 것이라는 점에서 객관성과 신뢰성, 보편성 등에 있어 문제가 제기되고 있기도 하지만 구술성과 주관성, 개인성, 서술성 등의 고유성으로 인해 문헌자료를 통해서는 찾아보기 힘든 그 자체만의 특수한 신뢰성이 있을 수 있다(유철인 2003: 101-107; 윤택림 2006: 99-101 참조).

이와 같은 특성을 갖는 구술사는 구비전승, 구술증언, 구술생애사를 포함한다. 구비전승oral tradition은 세대를 통해 오래전부터 구전된 민요나 민담, 설화, 속담, 수수께끼 등의 서사를 의미한다. 구술증언oral testimony은 과거의 특정 역사적 사건이나 집단 기억을 회고한 구술자료이다. 한편 구술생애사oral life history는 한 개인이 태어나서 현재까지 삶을 영위해온 과정을 기억의 환기를 통해 현재화시킨 것으로 삶의 궤적이 씨줄과 날줄로 엮여있다(윤택림 2004: 101-102; 윤택림·함한희 2006: 57-59).

구술생애사는 개인의 생애 이야기이면서 동시에 생애 과정과 연계되면서 기억, 경험되는 구비전승과 구술증언까지 포함한다. 구술생애사는 개인의 출생과 청소년기, 성인기, 장년기, 노년기 등 생애주기별로 경험하는 의식주 생활과 놀이, 의례생활, 세시풍속과 생활관습, 종교생활, 경제 및 직업생활, 가족 및 친족생활, 사회구성원 간의 갈등과 협력 등 일상생활의 문화사를 포함한다. 이처럼 생애 과정에서 기억되는 일상생활의 문화사는 생애주기에 따른 단순 생애담life story과는 다르게 '구술생활사the oral history of everyday lives'로 일컬을 수 있다.

구술생애사는 생애주기별로 혹은 생애 속에서 경험하는 주요 사건별로 구조화되기도 한다. 생애주기별 구조는 생애주기에 따른 삶의 단순한 변화상에 한정된 생애담 수준의 협의의 구술생애사(일반 구술생애사)와 생활문화사까지 포괄적으로 보여주는 광의의 구술생애사(포괄적 구술생애사)로 구분 가능하다. 바람직한 구술생애사가 되기 위해서는 생애주기의 단순한 삶의 변화상에 더하여 개개인의 삶이 교직, 순환되는 공동체의 생활문화사까지 포괄할 필요가 있다.

코리안 디아스포라 구술생애사는 재외 한인의 이주와 적응, 생활사를 개인의 생애 경험과 인식을 바탕으로 구술을 통해 현재화시킨 것이다. 코리안 디아스포라 구술생애사는 한국을 떠나 이주 국가에 정착, 적응하면서 겪은 다문화, 초국적 생활의 경험과 인식이 집중적으로 제시된다는 점에서 디아스포라 경험이 없는 일반 구술생애사와 차이가 난다. 이주민은 개인 혹은 집단이든 최적의 정착지를 찾기 전에는 대개 여러 곳을 이동해 다닌다. 이주지역마다 이주민정책과 환경을 비롯하여 마주치는 사람과 문화가 달라 경험이 상이하다. 이른바 문화와 민족의 경계를 넘나들며 경험하는 다문화, 초국적 생활 경험이다. 이주민은 주류사회로부터 침습자, 유목민, 주변인, 소수자, 기생자 등 부정적 낙인으로 인해 공식적인 담론 형성으로부터 배제되거나 주목받지 못한다. 이주민 스스로도 생존하기 바빠 개인 혹은 집단 차원 모두에서 스스로의 삶을 기록으로 남기기 어렵다. 코리안 디아스포라의 이주와 적응, 생활사에 대한 기록이 빈약함은 바로 여기에 있다.

그렇다면 코리안 디아스포라의 이주와 적응, 생활사 자료는 어디에 그리고 어떤 형태로 보존, 전승되어왔는가? 아울러 이에 관한 연구는 어떤 방법으로 이루어져야 할 것인가? 코리안 디아스포라의 이주를 비롯한 거시적 역사는 개괄적으로나마 기록되어있을지라도, 집거지 개개의 공동체 수준이나 이주자 개인의 경험과 기억, 인식의 차원 등 미시적 관점에서는 상대적으로 덜 주목받아 왔다.

이런 점에서 코리안 디아스포라 연구 과정에서 구술생애사 방법론의 유효성은 다음과 같이 몇 가지로 요약, 정리하는 것이 가능할 것이다. 첫째, 코리안 디아스포라 구술생애사는 이주 원인과 과정, 고난, 궤적 등 이주의 전모와 정착 과정을 사적 기록물이나 물증, 기억의 환기 등을 통해 사실적으로 보여준다. 둘째, 코리안 디아스포라 구술생애사는 이주자의 특수성으로 인해 공식 기록(역사)으로부터 배제 혹은 누락되거나 결락된 이주민 생활의 역사를 현재화시켜준다. 셋째, 코리안 디아스포라 구술생애사는 연로자의 자연 사멸과 함께 사라져가는 개인의 이주와 정착 과정 및 생활사를 기록으로 남길 수 있도록 해준다. 넷째, 코리안 디아스포라 구술생애사는 일상생활의 역사에 대한 기록이므로 밑으로부터의 역사 연구를 위한 사료가 된다. 다섯째, 코리안 디아스포라 구술생애사는 주류사회 집단과 주요 인물 및 정치적 사건 위주로 구성된 공식 역사의 획일성과 불완전함을 보완해준다. 여섯째, 코리안 디아스포라 구술생애사는 공식 기록(역사)에서 누락된 숨겨진 이야기를 세상 밖으로 드러내 준다. 일곱째, 코리안 디아스포라 구술생애사는 다중의 목소리를 재현 가능하게 함으로써 디아스포라 이주와 적응, 생활사의 다양성을 엿보게 해준다.

코리안 디아스포라 구술생애사 연구는 이상과 같은 많은 장점에도 불구하고 한편으로는 다음과 같은 단점과 한계도 지닌다. 첫째, 생존자가 전무한 경우 증언해줄 사람이 없으므로 비교적 오래된 시기의 기억은 재현이 불가능하다는 점이 가장 큰 한계로 지적된다. 둘째, 비록 훌륭한 구술자라고 하더라도 너무 오래전의 일이거나 연령이 많아 기억이 쇠퇴한 경우에는 기억을 재현해내는 데 일정한 제약이 따른다. 아울러 경험의 제한성으로 인해 한 개인이 해당 정착지역의 이주와 적응, 생활사에 대한 모든 디아스포라 정보를 전해주기도 어렵다. 셋째, 개인의 삶에 대한 기억을 어떻게 환기할 것인지와 관련하여 연구자의 역량 및 '연구자-구술자' 간의 관계 맺기 등에 따라 코리안 디아스포라 구술생애사의 질적 수준에 많은 차이가 드러날 수 있다. 이는 구술자 선정과 친밀감rapport 형성, 비구조화된 질문지 작성, 인터뷰 등 구술생애사 연구 과정에서 연구자가 심사숙고해야 할 문제이기도 하다. 넷째, 코리안 디아스포라 구술생애사는 개인의 기억과 경험, 인식에 치중하므로 구술자의 삶에 직·간접적으로 영향을 미친 것과 역사적 사실 및 정치경제적, 사회구조적 맥락과의 연관성에 대한 이해를 소홀히 할 수 있다.

다섯째, 코리안 디아스포라 구술생애사는 구술자가 자신의 경험과 기억을 재구성하는 과정에서 구술 내용을 취사선택하거나 왜곡할 가능성도 함께 지니고 있다. 구술자가 기억을 재구성하는 과정은 자신의 경험과 인식을 해석하는 과정이기도 하므로 자신에게 불리하다고 생각되거나 감추고 싶은 내용에 대해서는 사실 그대로의 구술이 어려울 수도 있다. 여섯째, 동시에 구술생애사는 구술의 주관성으로 인한 객관성과 보편성, 신뢰성에 의문이 제기될 수도 있다는 한계를 갖는다. 일곱째, 사실이 축소 혹은 과장되거나 왜곡된 구술에 기초한 구술생애사를 텍스트로 사용한 분석 작업의 경우 사실 왜곡과 잘못된 결론을 도출할 가능성이 있다. 여덟째, 재외 한인 중 후세대로 내려갈수록 모국어 능력이 떨어지므로 구술자와 의사소통이 원활하지 않을 경우에는 구술생애사에 대한 심층 인터뷰와 기록이라는 연구목표를 달성하기 어렵다.

한편, 구술사는 한 개인이 태어나서 현재까지 삶을 영위해온 과정과 그 의미를 구술자의 기억의 환기를 통해 현재화시킨 것으로 삶의 궤적이 씨줄과 날줄로 엮여있다는 점에서 이주자로서 말레이시아 한인들의 삶의 양상과 그 의미를 이주자 자신들의 시각으로 현재화시킬 수 있다는 점에서 한인들의 삶에 대한 기록과 이해를 위한 연구 방법으로서의 장점이 있다. 말레이시아 한인들에 대한 구술사를 통해 한국을 떠나 이주 국가에 정착, 적응하면서 겪은 다문화, 초국적 생활의 경험과 인식 또한 집중적으로 제시될 수 있다.

결론적으로, 이 글에서는 말레이시아 한인들의 이주와 적응, 생활에 대한 기록과 기억을 통해 그들의 정체성 형성과 변모 과정을 한인 정체성의 재구성이라는 시각으로 살펴봄으로써 말레이시아 이주정책의 문화적 특징과 의미 변화에 따라 말레이시아 한인과 한인 사회의 대응이 어떻게 형성, 변화하는지를 말레이시아 한인들의 이주사와 한인 사회의 형성과 변화라는 맥락 내에서 이해하고자 한다.

1장

말레이시아 한인 이주의 역사와 한인 사회의 형성과 변화

말레이시아의 한인들은 2016년 말에는 약 2만 명으로 집계되었으며, 2019년 11월에는 약 3만 5,000명 정도가 말레이시아 전역에 거주하고 있는 것으로 추산되고 있다. 말레이시아 한인들은 수도인 쿠알라룸푸르와 인근 지역에 약 70퍼센트인 약 2만 5,000명 정도가 거주하고 있으며, 페낭에 4,000명, 그리고 조호바루와 말라카 등을 포함한 도시 지역에 6,000여 명이 거주하고 있는 것으로 알려져 있다.

말레이시아로의 한인들의 간헐적인 이주는 일제강점기였던 1940년대에 처음으로 시작되었다가, 이후 1960년대 초반부터 서서히 본격화된 것으로 전해진다. 그 이전 시기 이주의 역사에 대해서는 알려진 바가 거의 없다. 말레이시아 한인들은 주로 식당업, 여행사, 관광중개업, 학원 등의 서비스업이나 교회와 성당 등 종교기관 등에 종사하고 있다. 무슬림 국가임에도 비교적 일찍부터 선교사들이 다수 활동하고 있는 것으로 알려져 있다. 말레이시아 한인 사회가 형성되기 시작한 지는 약 60년에 이르며, 한인 사회가 어느 정도 정착 과정을 거쳤으나, 여전히 많은 수의 한국인들이 조기유학, 은퇴이민, 부동산 투자, 관광, 한류 등을 이유로 말레이시아를 찾으며, 이로 인해 말레이시아는 현재 한국인 유동인구가 많은 나라 중 하나가 되었다.

전 지구화 현상에 따른 국제적인 인구이동으로 인해 나타난 다문화 사회, 외래문화와 현지 문화의 융합 등의 현상이 나타나고 있다. 이에 따라 해외에 거주하는 한인들의 삶과 현지 적응 방식과 갈등, 한인 사회의 성립과 같은 연구들 또한 증가하고 있다.

한편, 말레이시아의 한인과 한인 사회의 역사와 문화에 관한 연구는 그다지 많지 않을 뿐 아니라 그 수준 역시 아직 만족할만한 수준에 이르지 못한 상황이다.

이런 점에서 이 책은 말레이시아의 한인과 한인 사회에 관한 종합적 연구의 본격적인 출발점으로서 역사적, 문화적 관점에서 말레이시아 한인과 한인 사회의 커다란 흐름을 종합적으로 이해하는 데 도움을 줄 수 있을 것이다. 나아가 이 책은 말레이시아 한인과 한인 사회에 대한 종합적 연구를 넘어, 동남아시아의 한인과 한인 사회의 역사와 문화에 대한 비교연구를 위해서도 중요한 의미를 지닐 것으로 기대된다.

1. 말레이시아 한인 이주의 역사[1]

말레이시아 한인의 첫 번째 공식적인 이주는 약 50년 전으로 거슬러 올라간다. 1965년 세계보건기구WHO는 한국에 44명의 의사를

---

1 이 절의 서술과 분석 내용 중 상당 부분은 목포대학교 인문대학 문화인류학과의 제14회 문화인류학과 학생학술심포지엄(2014)에서 발표된 내용을 대폭 수정, 보완하여 재구성한 것임을 밝혀둔다.

파병할 것을 요구하고(국민호 1999: 4), 이들이 부임하면서 말레이시아 한인의 역사가 시작되었다.[2] 이들은 모두 단기계약직으로 왔고 계약이 만료된 후에는 대다수가 미국으로 재이주하거나 한국으로 귀국하였다. 그 수가 적었기 때문에 비록 한인타운의 발달로까지 이어지지는 않았지만, 말레이시아 교민단체는 이들의 친목단체로 시작되었다. 파병된 한국 의사 중에는 가족과 함께 온 사람들도 있었지만 단기계약이었기 때문에 혼자 온 사람들이 많았다.

당시 낯선 땅에서의 외로움이 이들로 하여금 작은 모임을 만들게 했고, 이 모임이 기초가 되어 1965년 12월, 말레이시아와 싱가포르가 접한 지역인 조호르바루(말레이시아 제2의 도시)에서 한국 의사들에 의해 한인회가 결성된다. 당시는 말레이시아뿐만 아니라 싱가포르에도 교민단체가 없었기 때문에 이들이 만든 한인회가 두 국가의 교민 모두를 담당했다. 한인회 회장은 초대(1966) 정원상부터 7대(1972) 유훈상까지 파병된 의사들이 맡았으며, 초기 말레이시아 한인 사회는 이들에 의해 주도되었다.

다음으로 1970년대 초중반에 월남전이 끝나면서 경남기업, 현대건설 등 소수의 건설업체가 진출했고, 1980년대 중반 들어 건설 붐이 일면서 많은 한국 건설업자들이 말레이시아에 진출하게 되었다.

---

2 한인회 부회장을 역임한 L 씨는 이에 대해 조금 다른 설명을 한다. 그는 세계보건기구가 아닌 말레이시아 정부의 요청에 따라 한국 의사들이 왔으며 그 숫자는 20여 명이었다고 설명한다. 그러나 이러한 불일치는 세계보건기구의 요청을 말레이시아 정부가 공식 승인했을 것이라는 추측으로 해결될 수 있다. 분명한 사실은 말레이시아 한인의 역사가 의사들의 파병으로부터 시작됐다는 점이다.

그러나 건설업자들은 그 특성상 한곳에 정착해 살지 않고 페낭, 조호바루 등 각자의 공사 지역에 분산되어 살았기 때문에 초기 파병 의사들과 마찬가지로 한인타운이 형성되는 데에는 영향을 미치지 못했다.

본격적으로 한인들이 한곳에 모여 살기 시작한 것은 1990년대 들어서부터이다. 1980년대 중반까지 한국은 미국이나 일본과 같은 소위 경제 대국과의 무역에 의존해 경제 발전을 이루었다. 당시 한국인들에게 말레이시아는 풍부한 자원과 원시문명을 지닌 '미개한 나라' 정도로 인식되었고, 고무, 주석, 원유 및 목재와 같은 천연자원을 수입하는 것 외에는 크게 경제적 교류가 없었다.

그러나 1983년 마하티르 총리의 '동방정책Look East Policy'[3]으로 인해 시작된 말레이인들의 한국 배우기 열풍과 한국으로의 기술연수생 파견 등이 빈번해짐에 따라 말레이시아에 대한 한국의 관심 역시 증가하면서 미국과 일본에 의존하던 무역구조가 다변화되었다. 1994년에 말레이시아는 한국의 11번째 수출 대상국이자 7번째 해외투자 대상국이 되었고, 한국 또한 말레이시아의 7번째 수출 대상국이 될 정도로 양 국가의 경제교류가 빈번해지게 되었다(국민호 1999: 3).

---

3 영국에 의존하던 외교 및 경제정책에서 벗어나 국가 경제를 개방하는 한편, 아시아의 경제 선발국이던 일본과 한국을 따라잡겠다는 목표하에 추진된 정책이다. 주로 인적자원개발 분야에서의 한국 및 일본과의 협력 강화를 통한 국가발전을 추진한다는 목표하에 1983년부터 기술연수생, 유학생, 중견 공무원들을 한국에 파견하고, 일정 과정을 이수하도록 추진하였다. [네이버 지식백과] 말레이시아 동방정책의 지원(말레이시아 개황, 2010.12. 외교부).

이러한 변화에 따라 삼성, 대우, 쌍용, 현대, LG 등 대기업의 말레이시아에 대한 투자가 활발히 진행되었고, 이들 사무실이 수도인 쿠알라룸푸르에 입주하면서 많은 상사 주재원들이 이곳으로 발령받아 들어오게 되었다. 주재원들은 혼자서 또는 가족을 대동해 들어왔고 암팡 한인타운이 위치한 곳에 정착하기에 이르렀다.

2. 말레이시아 한인 사회의 형성 과정

그렇다면 이들이 이곳으로 모이게 된 이유는 무엇일까. 우선 쿠알라룸푸르의 광산 개발지라는 태생과 함께 탄생한 암팡이라는 지역의 지리적, 역사적 배경에 대해 살펴보자. 쿠알라룸푸르 내 광산 개발의 역사와 함께 개발된 대표적인 지역 중 하나인 암팡은 지리적으로 쿠알라룸푸르 남서쪽에 위치해있다. 대표적인 광산 개발 지역 중 하나인 암팡은 해외 공관과 대사관이 밀집된 지역으로 외교의 중심지로 자리매김해왔다.[4]

암팡 한인타운에서 멀지 않은 곳에 영국, 미국, 러시아, 일본 등 각국 대사관들이 밀집해있다. 따라서 비자, 사업 등과 관련해 용무

---

4 암팡은 '주석 캐는 굴'이라는 뜻이다. 과거 주석 캐는 사람들이 모여 살았던 데서 붙여진 이름이다. 본래 정글이었던 이곳은 1857년 이후 광산이 설치되고 많은 사람들이 몰려들게 되면서 번창했다. 쿠알라룸 푸르의 역사와 함께 한 암팡은 1880년에는 슬랑오르주의 주요 지역이 되었고, 많은 외교활동의 중심 무대가 된 곳이기도 하다. [위키백과] ampang (http://en.wikipedia.org/wiki/Ampang,_Kuala_ Lumpur)

가 필요한 경우 접근하기가 용이하다. 또한 대사관이 밀집해있다 보니 자연스레 이 주변으로 많은 국제학교가 들어서게 되었다.[5] 한국인의 특성상 교육에 대한 열의가 매우 높으므로, 특히 자녀를 동반한 주재원들에게 이 지역은 매력적인 곳으로 보였다. 교통이 편하고 시내 중심부에서 멀리 떨어지지 않은 곳에 위치해있다는 점도 중요한 요인이 되었다.

암팡은 수도인 쿠알라룸푸르와 역사를 함께한 곳으로써 이 지역을 중심으로 도시가 형성되었다. 쿠알라룸푸르의 랜드마크인 트윈타워라 불리는 쿠알라룸푸르시티센터Kuala Lum pur City Center, KLCC로부터 15분 거리에 위치해있기 때문에 도시 내 여타 지역으로의 접근이 용이하다는 이점을 지니고 있다. 대사관, 국제학교, 교통 등의 이점이 현재의 암팡 한인타운이 있는 곳으로 한인들을 끌어들이는 요인이 되었지만, 이에 더해 일본인들의 존재 또한 중요한 요인이 되었다.

현재의 암팡 한인타운은 1990년대 후반까지 주로 일본인들이 거주하던 지역이었다. 1980년대 일본에서는 은퇴이주 붐이 일어났는데, 말레이시아로 건너온 많은 일본인이 대사관 근처인 암팡에 집을 얻었다.[6] 그전까지 이곳은 크게 개발되지 않은 지역이었으나 일

---

5   말레이시아 전역에 40여 개의 국제학교가 존재하고 이 중 절반 이상이 수도인 쿠알라룸푸르에 있다. 세이폴(Sayfol)과 페어뷰(Fairview) 등 한인에게 인기 높은 영국식 사립학교가 암팡에 위치해있다.

6   심미. "발로 쓴 동남아 리포트 ④ 말레이시아 한인타운의 빛과 그늘." 이코노믹리뷰. 2007.10.04.
    http://news.naver.com/main/read.nhn?mode=LSD&mid=sec&sid1=101&oid=093&aid=0000005758

그림 1 쿠알라룸푸르시티센터

본인들이 들어오면서 개발되고 활성화되었다. 일본인들이 만든 여타의 타운과 마찬가지로 암팡 한인타운 역시 체계적인 도시계획에 따라 잘 정비된 주거지역으로 현지인들 사이에 널리 알려지게 되었다.[7] 본국을 떠나 낯선 땅에 정착해야 할 이들에게 이러한 입주조건은 매력적으로 보였고 많은 상사 주재원들이 이곳으로 들어왔다.

한인회 전 회장 일본 사람들이 처음에 암팡에서 살았고요. 말레이시아만 그런 게 아니라 전 세계적으로 일본 사람들이 살다가 다른 동네로 이주해 이사를 가면 거기를 한국 사람들이 채워줍니다. 여기도 원래 일본타운이었습니다. 근데 암팡 일본타운이었다가 일본 사람들이 몽키아라 들어와 사니까 한국 사람들이 암팡으로 다 들어갔어요.

카페올레 사장 왜냐하면 그것은 다 미리 (일본인들이) 인프라를 딱 해놓거든요. 그 문화적 여건을 다 갖춰요. 컬처가 그래 갔고. 인프라를 딱 다 해놓으면 한국 사람들이 딱 보고서 들어가는 거예요.

더욱이 일본은 한국과 유사한 문화적 배경을 가지고 있으므로, 일본인 거주 지역에 자리를 잡음으로써 현지들과의 접촉 과정에서

---

7   실제로 암팡 한인타운은 인근 여타의 타운에 비해서 정비가 잘 되어있을 뿐만 아니라 인프라 또한 잘 갖추어져 있다. 하지만 현재는 그 위상을 몽키아라가 차지하고 있다고 보는 한인들이 많다.

겪을 수 있는 문화적 갈등을 피할 수 있었다. 또한 먼저 정착한 일본인들을 통해 말레이시아에서의 생활을 배울 수 있고, 일본 사회로부터 말레이시아 사회에 대한 정보를 얻을 수 있다는 이점이 작용했다. 이러한 복합적인 요인들로 인해 낯선 땅에 처음 발을 디딘 주재원들이 암팡에 터전을 잡게 된 것이다.

그러나 비록 상사 주재원들이 한곳에 모여 살면서 한인 거주 지역이 만들어진 것에는 의미가 있지만 1990년대 중반까지 이곳을 한인타운이라고 부르기에는 부적절했다. 수적으로 부족했던 한인이 타운을 주도하지도 못했을뿐더러 한인타운임을 나타낼 만한 구조물 하나 없었다. 예컨대 현재 암팡 한인타운의 랜드마크이기도 한 필마트Phill Mart가 1990년대 말에 만들어질 당시만 해도 한국인 노부부가 운영하는 작은 슈퍼 이외에는 한글 간판을 단 상점이 하나도 없었다. 한인들의 인프라가 전혀 구축되지 않은 시점이었다. 이는 본래 상사 주재원들이 기업에 의해 파견된 것이지 소규모 장사를 위해 나온 사람들이 아니었기 때문이다. 그러나 1990년대 후반부터 이곳은 점차 한인타운으로 변모해간다.

1997년 불어 닥친 외환위기는 많은 한국인이 해외로 눈길을 돌리도록 만들었다. 외환위기는 한국인들의 해외로의 이주를 가속화했다. 여기에 한국인들의 말레이시아로의 이주 역시 예외가 아니었다.

많은 한국인이 새로운 일거리를 찾아 말레이시아로 들어왔고, 대게 소小 자영업자인 이들은 주로 한인들을 상대로 장사를 했기 때

그림 2 신선미 마켓과 스윗트리

문에 상사 주재원이 모여있는 암팡 한인타운에 자리를 잡았다. 그러자 슈퍼, 식당, 미용실, 비디오 대여점 등 한국 간판을 단 가게들이 하나둘씩 생겨나기 시작했다. 마침 1998년에 1,200세대를 수용할 수 있는 암팡에비뉴가 만들어지면서 많은 사람을 수용할 수 있는 주거 환경이 조성되었고, 쿠알라룸푸르와 슬랑오르주 인근 지역에 흩어져 있던 서라벌, 서울정 등의 식당들이 이곳으로 이전해왔다. 이러한 변화 속에서 이곳은 점차 한인타운으로서의 형태와 면모를 갖추어나가기 시작했다.[8]

이러한 초기 한인타운 형성기에 영업을 시작해 현재 20년째 오픈 중인 필마트는 한인타운과 역사를 함께한 곳으로 이곳의 랜드마크라 할 수 있다. 필마트 사장인 L씨는 20년 전 한국에서 작은 사업을 하면서 뉴코아에 납품하는 일을 했었다. 그런데 IMF 외환위기가 오면서 회사가 부도가 났다. 상심한 그는 마음 정리도 하고 쉬면서 새로운 일거리를 구상하기 위해 말레이시아로 들어오게 되었다. 그가 당시 말레이시아에 온 것은 개인적인 경험에 근거한 선택이었다. 대만에서 학교를 나온 그는 몇몇 말레이시아 친구들이 있었고 사업을 하던 당시 말레이시아와 수출을 하고 있었기 때문에 말레이시아의 사정을 잘 알고 있었던 것이다. 그가 암팡 한인타

---

8   암팡 한인타운이 형성된 시점에 대해 두 가지 서로 다른 주장이 존재한다. 그 시기를 1990년대 초중반으로 보는 시각과 1990년대 말에서 2000년대 초반으로 보는 시각이 있는데 양측의 주장 모두 일리가 있다. 전자는 1990년대 접어들면서 한인들의 집거지가 만들어졌다는 것에 의미를 두고 있고, 후자는 상점, 학원, 세탁소 등 한인들의 인프라가 구축되기 시작한 것이 1990년대 후반이라는 것을 강조한다는 점에서 차이가 있을 뿐이다.

그림 3 필마트

운에 정착했을 당시 이곳에 유일하게 하나 있었던 한국 슈퍼는 한국인 노부부에 의해 운영되었는데 현지인과 일본인에 대한 편견 때문인지 몰라도 한국인에게만 출입을 허용하는 배타적인 곳이었다. 더군다나 상품에 대해 불평해도 그것이 먹히지 않으니 현지인은 물론 한국인에게도 평판이 별로 좋지 않았다고 한다. 이에 L씨는 자신이 직접 슈퍼를 운영해보자는 생각을 하게 되었다.

이미 회사를 운영해본 경험이 있는 그에게 슈퍼를 운영하는 것은 어려운 일이 아니었다. 한인타운의 중요한 길목에 슈퍼를 오픈하고 손님들의 필요를 파악해 적절히 물건을 들여와 마트는 점차 번창했다.[9] 암팡 한인타운은 바로 이 필마트의 역사와 함께 형성, 발전해나갔다. 1998년에 필마트가 생긴 것을 시작으로 해서 이곳을 중심으로 각종 상가건물과 주택이 들어섰다.

3. 말레이시아 한인 사회의 변화와 발전

2000년대 접어들면서 한인타운은 더욱 변화, 발전한다. 2002년 월드컵은 암팡 한인타운이 현지 사회로부터 한인타운임을 인정받는 중요한 계기가 되었다. 당시 한국은 월드컵 역사상 처음으로 16강

9　L 씨는 이를 기회 삼아 무역업에까지 사업을 확장해 큰 부를 축적했으며, 현재는 한인 사회 모임이나 활동이 있을 때 재정적인 지원을 하는 등 한인 사회의 유명 인사로 활동하고 있다.

에 오르는 것을 시작으로 4강까지 오르는 이변을 연출했고, 이와 비례하여 한인 사회의 축구 열기 역시 매우 뜨거웠다. 한인들은 한국 경기가 있을 때마다 필마트 앞에 모여 거리응원전을 펼쳤다. 남녀노소 할 것 없이 모두가 동일한 목적하에 함께 모여 응원전을 펼친 경험은 한인 사회의 결속력과 구성원 간의 연대를 강화하는 계기가 되었다. 물론 현지인들의 불만이 전혀 없었던 것은 아니다. 특히 늦은 시간에 경기가 있을 때는 소음 때문에 경찰에 신고하는 현지인들도 있었다. 그러나 이미 허가를 받은 상태였기 때문에 경찰이 와도 별 뾰족한 수가 없었다고 한다. 오히려 이러한 일들은 지역 사회에 한인타운을 더욱 강력하게 각인시키는 결과를 가져왔다.

필마트 사장 2002년 월드컵 때 우리 슈퍼 앞에서 응원전을 했지. 밤마다, 새벽마다. 그래서 경찰한테 허가받고, 구청에 허가받아… 한인타운에도 영향이 많이 컸지. 이제 코리아타운이라는 게 2002년 때부터 각인이 된 거지. 월드컵으로 해서. 우리가 4강까지 올라갈 때 계속 여기서 모였으니 얼마나 기자들이 오고 컴플레인도 많이 했겠어, 옆에 현지 사람들이. 그래도 경찰이 와도 어떤 대책이 없었던 거야. 이미 허가를 받을 거니까. 그 이후부터 여기가 코리아타운이라는 게 인식이 됐고.

매 경기가 진행될 때마다 한인들의 주도하에 뜨거운 응원전이 펼쳐졌다. 당시 이러한 한인 사회의 열기를 취재하기 위해 많은 기자가 오갔고 그들이 이곳을 한인타운으로 소개함에 따라 암팡 한인타운은 'Korean Town', 혹은 'Little Korea'라는 이름으로 불리게 됐다. 행정구역상으로 공식적으로 지정되었던 것은 아니지만, 2002년 월드컵의 경험은 현지 사회로부터 한인타운이라는 인식이 만들어지게 한 의미 있는 사건이 된 것이다. 아울러 이와 비슷한 시기에 시작된 한류 열풍은 2002년 월드컵으로 인해 만들어진 한인타운이라는 인식을 더욱 확장하는 결과를 가져왔다. 현지인이 한인타운을 찾는 빈도가 증가하고 이들이 개인 블로그 등에 한인타운에 관한 글을 올리면서 암팡 한인타운은 한류 팬들에게 필수 관광지처럼 인식되었다.

이와 더불어 이 무렵 암팡 한인타운에는 중요한 변화가 일어난다. 기존에 다수의 인구 구성을 차지하고 있던 일본인들이 신 개발 지역인 몽키아라로 이동해가기 시작한 것이다. 마침 2000년대에 접어들면서 시작된 조기유학 붐이 일면서 많은 기러기 가족들이 이곳으로 몰려들었다.

이에 따라 일본인들이 떠나면서 생긴 빈자리를 자연스레 한국 기러기 가족들이 채우게 되었다. 매년 천여 명의 기러기 가족이 유입되는 상황 속에서 한인 사회는 수적으로도 폭발적인 증가를 이루었다. 예컨대 1999년 당시 말레이시아 내 한인 수는 3,000여 명 정도에 불과했다. 그 구성 역시 주재원들과 그들 가족이 60퍼센트, 자영업 및 개인 사업가가 35퍼센트, 나머지 유학생, 대사관 직원, 무역관 등이 5퍼센트를 차지했으니(국민호 1999: 7) 유학생은 100명도 채 안 되었을 것으로 추정된다. 그러나 2006년 무렵 한인 수는

1만여 명에 도달했고, 그 가운데 조기유학생이 3,000여 명에 이르 렀다(조철호 2006: 1). 자녀를 혼자 보내 홈스테이로 생활하게 한 가족도 있지만, 대개 조기유학 자녀와 어머니로 구성된 기러기 가족 이었다는 점을 고려해볼 때, 조기유학으로 말레이시아에 들어온 사람이 전체 한인 수의 절반가량을 차지했다고 볼 수 있다. 한인 수가 1만 5,000여 명에 도달한 2015년 당시에도 이 수치에는 변함이 없었다.

한인회의 통계에 따르면 전체 교민 중 약 45퍼센트가 기러기 가족일 정도로 말레이시아 한인 사회는 기러기 가족이 차지하는 비중이 높은 편이다. 이처럼 조기유학 붐으로 한인 사회는 상당할 정도로 양적 팽창을 이루었으며 암팡 한인타운에서 지배적인 위치를 차지할 수 있게 된 것이다. 이러한 변화 속에서 암팡은 명실상부한 한인타운으로 자리 잡게 되었다.

그러나 이러한 발전 과정에 결코 순탄함만 있었던 것은 아니다. 예컨대 2008년 발생한 미국발 세계경제위기로 환율이 오르자 그것을 감당하기 어려운 많은 기러기 가족 및 소자영업자들이 한국으로 되돌아갔으며, 조기유학 현상도 뜸해졌다. 이로 인해 한인 사회 규모도 일시적으로 축소되었다.

필마트 사장 옛날에는 기러기가 많았어. 기러기들 중에 아버님들이 좀 잘나가는 사람들은 호주나 미국으로 보냈어 유학을. 그런데 여기는 직장으로 보면 과장급, 중간계층들 자제가 여기로 왔어. 물가도 저렴하고. 그래서 외환위기

(1998년 미국발 세계경제위기)가 들어오면서 자영업이라든지 사업 잘하시는 분들은 상관이 없지만, 중간계층 아버지들은 힘들었다고. 왜냐하면 월급은 똑같지, 환율은 떨어졌지. 옛날에 1만 링깃을 바꾸려면 260만 원, 270만 원이었어. 외환위기 이후로는 350만 원, 360만 원을 내야 1만 링깃을 바꿀 수 있게 된 거야. 그럼 1만 링깃 가지고 와서 예전에는 250만 원 쓰면 되던 것을 외환위기 때는 360만 원을 쓰게 된 거야. 돈 가치가 이전에 250만 원하고 외환위기 때 360만 원하고 똑같거든. 그러니까 외환위기 때 한국으로 많이 들어갔어.

이처럼 미국발 경제위기는 말레이시아 한인 사회에도 큰 변화를 끼친 사건이었다. 그러나 곧 경제가 회복되면서 한인 사회 역시 점차 회복되어 한국으로 돌아갔던 사람들도 말레이시아로 다시 들어왔고 조기유학 붐도 다시 활성화되었다. 2015년 말레이시아 교민 수는 경제위기 당시의 1만여 명보다 많은 1만 5,000여 명에 이를 정도로 큰 성장을 이루었다.

지금까지의 내용을 간략하게 정리하면 다음과 같다.

한인 사회의 역사는 1965년 세계보건기구의 요청에 따라 말레이시아로 파견된 44명의 한국인 의사들로부터 시작된다. 이들은 한인 사회의 기초 단체가 될 한인회를 창설했다. 이후 1980년대에 건설 붐이 일면서 많은 건설회사 및 건설업자들이 말레이시아에 진출했다. 이들은 각 개발 지역에 분산되어 있었으므로 한인타운의 발전에는 별로 영향을 미치지 못했다.

그림 4 잘란 암팡에 위치한 브리티시 카운슬

그림 5 암팡 푸트리 내의 코피티암

그림6 잘란 술레이만 내의 암팡 푸트리

그러나 1990년대 후반 한국과 말레이시아의 경제교류가 증가하면서 많은 주재원이 수도인 쿠알라룸푸르에 정착했고, 이들이 현재의 암팡 한인타운에 자리 잡게 되면서 한인 집거지가 만들어졌다. 그리고 1990년대 후반 들이닥친 IMF 외환위기로 새로운 일거리를 찾아 많은 한국인이 말레이시아로 들어왔고, 소자영업자들이 한인을 상대로 식당, 세탁소, 마트 등을 운영하면서 한인 사회의 토대가 갖추어졌다.

이후 2002년 월드컵 거리응원으로 인한 깊은 인상은 지역사회에 한인타운을 인식시키는 중요한 계기가 되었으며, 한류 열풍은 이러한 인식을 더욱 확산시키는 결과를 가져왔다. 이와 비슷한 시기에 시작된 조기유학 붐으로 인한 많은 기러기 가족의 유입은 한인 사회 규모가 폭발적으로 증가하는 데 결정적인 역할을 했으며, 이러한 변화 속에서 암팡은 명실상부한 한인타운으로 자리 잡게 된 것이다.

2장

한류가 말레이시아 한인 사회와
한인 정체성의 형성과 변화에 미친 영향

1. 문화적 다원주의의 정치적, 경제적 그리고 사회적 도전

말레이시아는 복합적인 인종과 문화 구조를 지닌 다문화주의의 문화현장이다. 말레이시아의 문화 구조에서 가장 뚜렷한 특징은 다원주의Pluralism이다.

통계에 따라 말레이시아 총인구에서 차지하는 비중이 약간씩 차이가 있지만, 말레이시아 사회는 세 개의 주요 종족집단으로 이루어져 있다. 즉, 말레이인, 화인華人(해외에 거주하는 중국인)과 인도계이다. 하지만 그곳에는 적어도 수십 종류의 다른 소수 종족공동체도 있다. 적어도 수백 개의 방언이 포함된 여섯 개의 언어 집단이 존재한다. 말레이어Bahasa Melayu가 말레이시아의 공용어이지만, 영어역시 널리 사용되고 있다. 말레이시아는 문화적으로도 풍부한 편이다. 다른 종족공동체는 그들의 고유한 문화와 종교 축제와 의식을 경축한다. 주요 도시에서는 서구의 문화와 규범이 말레이시아의 문화적인 생활 속에 깊이 스며들어있음을 발견할 수 있다.

문화적 다원주의의 또 다른 양상으로는 종교를 들 수 있다. 이슬람은 말레이인의 종교일 뿐만 아니라 말레이시아의 국교이기도 하다. 그러나 말레이시아에는 말레이인이 아니면서 이슬람을 신봉하는 무슬림들도 있다. 화인들은 주로 불교, 유교 또는 도교의 믿음

체계를 따른다. 그리고 인도계의 거의 75퍼센트는 힌두교도들이다. 기독교는 화인과 인도계 그리고 동말레이시아에 거주하는 말레이시아인, 즉 동말레이시아의 소수민족들 사이에서 널리 신봉된다.

말레이시아의 독특한 다원주의는 몇몇 정치적, 경제적 그리고 사회적 도전을 야기해왔다. 1957년 독립 이래 정치적 모델은 주로 인종 문제에 기반을 둔 정당들에 의해 좌지우지되어왔다. 말레이시아 사회는 정치적 편의주의 때문에 종족적 노선에 따라 부미뿌뜨라(말레이인과 말레이인이 아닌 토착 원주민들)와 비부미뿌뜨라(비말레이인, 즉 화인과 인도계)로 구분되었다. 정치학자 중 어떤 이들은 심각한 종족 갈등은 민주적으로 해결될 수 없기 때문에 진정한 민주주의는 종족적 노선에 따라 구분된 사회에서는 작동하지 못한다고 보았다. 그들 종족을 기반으로 한 정치를 내세우는 정치가들은 종족이라는 이슈에 대해 종족적 입장을 취하지 않을 수 없다는 의견을 제시했다.

60년 이상 동안 말레이시아는 종족 중심주의적인 정당을 구성하는 다종족의 정당 연합에 의해 다스려졌다. 하지만 종족 동맹 형성이 정당들의 종족적 이슈들에 대해 공통의 관점을 채택했다는 것을 의미하는 것은 아니다. 대부분의 정당은 그들의 동맹 파트너의 구성원들로부터 지원을 얻는 것을 조건으로 자기편을 만들었다.

2018년까지 이러한 정치 모델은 독립 이래로 말레이시아의 정치 연합을 이끌어온 국민전선BN을 위해 잘 작동해왔다. 하지만 소수집단을 대표하는 각 종족집단의 지도자들은 그들의 대다수 지지자들에게 거절당했다. 왜냐하면 지지자들이 보기에 소수집단을 대표하는 각 종족집단의 지도자들이 소수집단의 중요성을 지키는 것보다는 주요 종족집단을 대표하는 통일말레이국민조직(이하 암노 UMNO)에 기꺼이 더 많은 특권을 부여하길 원하는 것으로 보였기 때문이다. 2008년 3월 8일에 열린 제12대 총선에서 BN의 비말레이 정당은 그들의 의석을 잃었을 뿐 아니라 그들 자신의 지지 기반인 종족공동체의 지지마저 잃고 말았다.

소수 종족집단의 불만은 그들의 경제적 권리에 관한 것이다. 정부 계약, 시민 서비스 고용, 교육과 그 외 영역에서 다수 종족인 말레이인을 우대하는 신경제정책New Economic Policy, NEP(1970년부터 시작)의 지속은 이 정책을 자신들의 권리를 주변화하고 축소시키는 것이라고 본 소수자와 소수집단을 분노하게 했다.

따라서 대부분의 소수 종족은 지난 총선에서 반대당을 지지하는 것을 꺼리지 않았다. 새롭게 형성된 '빠까딴라얏People's Alliance, Pakatan Rakyat, PR'은 모든 말레이시아인을 종족 간 평등에 근거하여 동등하게 대우할 것을 약속하는 한편, 다수 종족인 말레이인의 이해관계 역시 보호할 것이라고 약속했다. PR의 형성은 1970년대 이후 말레이시아의 종족정책 중 가장 중대한 도전이었다. PR은 222개의 의원석과 다섯 개의 주정부 중 83개를 지배했다. 만약 말레이시아의 정치가들이 종래의 종족에 기반을 둔 정책을 종식시키고자 하는 사람들의 열망에 주목할 수 있다면 이러한 정치적 패러다임의 변화는 말레이시아에 좋은 징조라고 할 수 있다.

말레이시아에서 문화는 정체성 문제를 둘러싸고 있다. 인종정책의 실천이 주요한 말레이시아에서, 특히 국민의 문화에 대한 서로 다른 인식은 주정부와 소속감에 대한 서로 다른 인식을 의미한다. 식민지 시대부터 말레이시아의 서로 다른 공동체들은 경제적 기능과 지리적 영역에 따라 분리되어왔다. 화인들은 도시 지역에서 지배적인 민족 집단을 형성했다. 대부분의 말레이인은 시골에 살았다. 이 나라의 산업화가 진행되는 가운데 도시 중심부로 일하러 온 사람들은 화인들이 지배적인 도시 중심의 특성으로부터 문화적 소외감을 느꼈다. 1969년 인종폭동에서 정치가들은 이런 소외감을 충분히 이용했다.

1969년에 인종폭동이 발생한 후, 암노 주도의 정부는 국민에게 명확한 말레이 정체성을 심어주기 위해 여러 가지 방법들을 수행하기 시작했다. 신경제정책은 경제적 주변화에 대한 두려움을 느끼고 있는 말레이인들을 결집하기 위해 수행된 것이다. 이 정책이 비인종적 언어를 사용해야만 한다고 규정했다 할지라도 이 정책을 시행했다는 사실 자체가 말레이인들을 차별적으로 대우하는 것을 의미했다. 그것은 비말레이인들에 대한 차별을 확고히 하는 것으로 인식되었다. 이로 인해 화인들은 그들이 자신들의 새로운 집이나 가정, 또는 제2의 고향이라고 생각한 땅에서 전적으로 소외되었다고 체감하기 시작했다.

1971년, 정부는 민족주의 문화가 더 확고해지도록 하는 위원회를 후원했다. 이 민족주의 문화는 이 지역의 토착 문화(주로 말레이인들)에 기반을 두고 이슬람을 민족주의 문화의 주요한 구성요소로 통합하고자 했다. 화인들의 연합회와 상인들에게서 나온 반응은 확고했고, 그 계획에 반발했다.

그들은 각 공동체의 문화 중 뛰어난 요소들에 근거한 문화정책을 채택하기를 원했다. 비말레이 공동체 대부분이 동화정책을 거부했다. 사자춤과 다른 것들을 시행하는 것에 대한 금지를 포함하여 다른 문화에 대한 민감성이 간과된 정부 정책에 대한 긴장이 지속되었다. 1987년, 정부는 '오페라시 랄랑Operasi Lalang'이라 불리는 무차별 구속과 탄압을 시작했고, 화인들이 자기 나라말로 가르치는 학교에서 화인의 언어로 말하지 않는 교장을 임명하는 것을 반대하는 교육활동가들과 정치가들을 억류하기 위해 '국가보안법Internal Security Act, ISA'을 적용했다.

항의자들은 소수인종을 대표하는 BN을 구성하는 정당들에 대한 정치적 지지를 철회하는 쪽으로 돌변했다. 말레이 무슬림 공동체 지지를 위한 범말레이시아이슬람정당Parti Islam Se-Malaysia(이하 빠스PAS)과의 경쟁이 증가하며 암노가 자신들의 입장을 완화하도록 압력을 가했다. 1990년대 초 시작된 암노 주도의 연합은 그들의 동화정책을 포기하는 모습을 보였고, 화인과 타밀 공동체를 좀 더 수용하고자 하는 통합정책을 수행했다. 이 두 개의 공동체들은 자신들의 언어로 된 교육, 문화의 실천과 종교행사를 기념하는 것을 좀 더 고수하게 되었다.

종교는 핵심적 문화요소일 뿐만 아니라 민족 정체성의 중요한 요

그림 7 쿠알라룸푸르의 국립 이슬람 사원

그림 8 말라카의 수상 이슬람 사원

소이다. 말레이시아에서 대부분의 모든 말레이인들은 무슬림이며, 그들은 종교의 자유가 없다. 연합구성 제 160조(2)에서 말레이인은 "이슬람 종교를 고백하는 사람, 평소에 말레이 언어를 말하고 말레이 관습을 따르는 사람"으로 정의하고 있다. 비록 이슬람이 이 연합의 종교라고 기록되어있지만, 말레이시아 최초의 총리인 뚠꾸 압둘라만Tunku Abdul Rahman은 말레이시아가 하나의 이슬람 국가는 아니라고 확언했다. 헌법은 자유종교와 비무슬림들이 자신들의 종교를 보급할 자유를 보장했다. 하지만 그들은 무슬림들에게 그들의 종교를 보급하는 것을 허용하지는 않았다.

말레이시아에서 종교적 자유는 보장되지만, 다종족 국가에서 그 뿌리를 지키기 위한 종교적 긴장은 지속되고 있다. 정부는 이슬람 사원masjid의 구축에만 예산을 지원하고 절과 교회에는 지원하지 않는다. 다른 종교의 발달은 지역의 무슬림 임원들의 과도한 반대에 부딪혀 계속 고통스러워하고 있다.

마하티르의 행정체제하에서(1980~2003), 정부는 이슬람화 프로그램Islamisation programme을 시작했다. 그는 이 계획을 1982년 자신의 당 대표자 회의에서 심도 있게 만들었다. 그는 1983년 이슬람 은행과 국제 이슬람 대학을 설립했고, 1984년 이슬람 보험회사 따까풀Takaful도 설립되었다. 이슬람화 프로그램은 정부의 행정에 이슬람의 가치를 세우는 캠페인을 포함한다. 이 프로그램은 비무슬림들로부터 상당한 비난을 불러일으켰다. 비이슬람인 부모 중 많은 사람이 아이들이 이슬람화될 것을 두려워하여 공립학교에 자녀를 보내는 것을 거부했다. 동시에 비무슬림들은 자신들의 민족적 테두리에 더 가까워지려 했다.

종교적 정체성은 민족적 정체성 또한 강화시켰다. 최근 사건에서 종교는 각 종족집단이 각각 다른 집단에 대해 힘을 발휘하도록 하는 강력한 견인 요인이 된다. 최근 하나의 종족운동인 힌드라프Hindraf, Hindu Action Group가 말레이시아에서 불법인 힌두사원 해체에 저항하기 위해 만들어졌다. 이 운동은 통제 연합에 반대하는 타밀 공동체의 많은 지지에 활력을 불어넣을 수 있었다. 작은 쟁점들에 대한 공동체간 논쟁은 종교적 민감성으로 덮인 캠페인으로 변형되었다. 예를 들어, 슬랑고르와 말라카에서 돼지 농장을 하는 것을 반대하는 사람들은 종교적 열정을 가지고 이에 가담했다.

비무슬림의 권리를 보호하는 이슬람 국가라는 정체성으로 화해하고자 하는 BN의 의도는 민감하고 위험한 프로젝트이다. 은퇴한 압둘라 바다위Abdullah Badawi 전 총리는 이슬람의 가치를 보편적 가치로 승화시키려는 이슬람 하드하리Islam Hadhari(시민적인 이슬람)에 대한 자신의 개념을 (그것이 무슬림으로 충분하지 않다고 보는) 무슬림들과 (국가의 무슬림 문화화 아젠다를 경계하는) 비무슬림인들에게 잘 인식시키지 못했다.

비무슬림의 권리를 보호하는 이슬람 국가라는 정체성으로 화해하고자 하는 BN의 의도는 민감하고 위험한 프로젝트이다. 은퇴한 압둘라 바다위 전 총리는 이슬람의 가치를 보편적 가치로 승화시키려는 이슬람 하드하리에 대한 자신의 개념을 (그것이 무슬림으로 충분하지 않다고 보는) 무슬림들과 (국가의 무슬림 문화화 아젠다를 경계하는) 비무슬림인들에게 잘 인식시키지 못했다.

말레이시아는 2018년 61년 만에 정권교체를 이뤄냈다. 그 의미는 무엇인가? 2018년 5월 9일 말레이시아 총선 결과 야권연합이 승리하여 1957년 독립 이후 61년 만에 첫 정권교체에 성공한 것이다. 1957년 영국에서 독립한 뒤 한 차례도 정권을 놓지 않았던 국민전선은 집권 61년 만에 야권으로 전락하였다. 야권연합 희망연대의 승리로 1981년부터 2003년까지 22년간 말레이시아를 통치했던 마하티르 모하맛Mahathir bin Mohamad(이하 마하티르) 전 총리가 다시 총리가 되는 성과를 기록하였다.

지난 총선 결과는 61년 만에 이뤄낸 최초의 정권교체라는 점에서 그 일차적 의미를 찾을 수 있다. 말레이시아 정치권과 사회 환경에 새로운 바람이 불어온 것이다. 또한, 지난 총선 결과는 세계에서 가장 최고령의 정치 지도자를 탄생시켰다. 마하티르가 그 주인공이다. 안와르 이브라힘Anwar Ibrahim(이하 안와르)과의 호혜적 공생관계를 통해 탄생한 마하티르 정권은 말레이시아뿐만 아니라 동남아시아 전체에 민주화와 개혁이라는 새로운 바람을 불어넣고 있다고 평가된다.

세계 최고령 최고지도자인 마하티르 총리는 재집권 이후 현재 말레이시아의 전면적 개혁을 시도하고 있다. 역사상 최초의 정권교체로 다시 정계에 복귀했지만, 마하티르가 풀어야 할 과제는 만만치 않다. 야권연합 내에 무슬림 옹호 정책에 반발하는 중국계 정당도 포함된 만큼 이들을 아우르는 정치통합이 마하티르가 가장 시급히 풀어야 할 과제이다. 또한 "마하티르는 말레이시아를 국제적으로 널리 알린 전설이자 신화"이며, "1980~1990년대 말레이시아의 경제성장을 이끈 국부"라고 칭하는 등 그를 여전히 긍정적으로 평가하는 사람들이 많은 것은 부인하기 힘든 사실이지만, 언론에 대한 통제와 야당에 대한 탄압 등 권위주의적이고 비민주적인 철권통치를 자행하고 말레이계와 무슬림에 편중된 정책을 폈던 것 등과 같이 그에 대한 부정적인 시선 역시 존재하는 것도 엄연한 사실이다. 나집 라작Najib Razak 전 총리가 부패 스캔들에도 권력을 유지한 건 마하티르가 설계했던 비민주적이고 권위주의적인 정치 시스템이 뒷받침됐기 때문이란 지적도 제기된다.

지난 총선 결과의 사회문화적 배경과 이슬람과의 관계는 무엇이며, 그 정치적, 문화적 함의는 무엇인가? 지난 총선에서 주목해야할 또 다른 측면은 이슬람, 그중에서도 정치적 이슬람의 부상과 그 영향력의 변화이다(김형종·홍석준 2018 참조). 이슬람은 빠스를 중심으로 확산, 심화되었으며, 총선 결과를 통해 알 수 있듯이 빠스에 대한 말레이시아 국민들의 지지가 끌란딴주와 뜨렝가누주를 중심으로 하는 동북부 지역뿐만 아니라 말레이시아 전반에 걸쳐 유의미한 지지를 얻고 있음이 입증되었다.

사실 지난 말레이시아 총선은 빠스와 이슬람이 어느 정도 영향력을 행사하는가가 매우 중요한 쟁점이 되기도 했다. 즉 지난 총선 결과는 빠스가 얼마만큼의 성적을 내느냐에 달려 있다는 분석이

표1 **말레이시아 총선 (2018.05.09.)**

정당	대표	2013	2018
BN	Najib Tun Razak	133	79
DAP	Lim Kit Siang	38	42
PKR	Wan Azizah Ismail	30	49
AMANAH	Mohamad Sabu	2015 설립	10
BERSATU(PPBM)	Mahathir Mohamad	2016 설립	12
PAS	Abdul Hadi Awang	21	18
WARISAN	Mohd Shafie Apdal	2016 설립	8
STAR	DR. Jeffrey Kitingan	–	1
INDEPENDENT		–	3
총 의석 수		222	222

* 희망연대(PH): PKR, BERSATU, DAP, AMANAH

중요한 의미를 지닌 것이었다.

선거 전 분석 내용으로 볼 때 빠스는 40석 이상의 의석 확보를 통해 캐스팅 보트를 쥐고 말레이시아를 간통·도둑질·음주 등에 강력한 처벌을 내리는 이슬람 종교 국가로 만들겠다는 야심을 나타냈다는 점이 중요한 영향을 미쳤다고 할 수 있다. 로이터통신의 2018년 4월 22일 보도에 따르면, 빠스는 지난 총선에서 222석 가운데 최소 40석을 확보한다는 목표를 세웠던 것으로 알려졌다. 목표가 실현되면 빠스는 '킹 메이커' 역할을 할 수 있게 된다는 분석이 제시되었는데, 결과는 그 이상이었다.

실제로 빠스는 정권교체에 있어 가장 중요한 캐스팅 보트 역할을 수행했다. 빠스는 나집 총리가 이끈 여당연합 국민전선과 야당 사이에서 균형을 잡으며 선거 결과에 따라 어느 쪽에든지 자신들의 정책을 요구할 수 있도록 하는 전략을 취했다. 빠스가 40석에 못 미치는 의석을 확보한다고 해도 야당 표를 '나눠 먹기' 하면서 국민전선에 힘을 실어줄 가능성도 있었지만, 결국 이와는 정반대의 결과로 귀착되었다.

선거 전에 일부 전문가들은 빠스가 다수 의석을 확보해 차기 정부 구성에 결정적인 역할을 하게 될 경우, 무슬림 다수의 다종족 국가인 말레이시아의 내부 분열을 촉발할 가능성이 있다고 경고하기도 했다. 차기 정부는 산업·교육·주택 등 여러 분야에서 다수 민족인 말레이계에 우호적인 정책을 펴고 이슬람 종교 법정을 강화하라는 압박을 받게 될 것이 자명하기 때문이다. 말레이시아 전체 인구 3,200만 명 가운데 약 60퍼센트가 무슬림으로, 이들 대부분은 말레이계다. 불교·기독교·힌두교를 믿는 중국계와 인도계가 나머지의 대부분을 차지하고 있다.

압둘 하디 빈 아왕Abdul Hadi bin Awang은 만일 지난 총선에서 빠스가 캐스팅 보트를 쥐는 데 성공할 경우, 빠스는 차기 정부에 이슬람 중심 정책을 펴도록 압박할 것이라고 공언했다. 그는 "우리는 이슬람교를 정치·경제·사회적 아젠다로 도입하기를 원한다"면서 지난 총선에서 최소 40석, 혹은 그 이상도 확보 가능하다고 자신했다.

현재 말레이시아 대부분의 주가 이슬람법을 채택하고는 있지만, 이혼이나 상속 등의 가족 문제, 그 외 이슬람법이 금하는 음주나 간통 등에만 제한적으로 적용되고 있다. 나머지 범죄에 대한 처벌은 연방법에 따르고 있다.

그러나 압둘 하디 아왕은 연방법을 개정해 샤리아 법정의 권한을 늘리고, 이슬람 법정이 100대의 채찍형 등을 가할 수 있도록 해야 한다고 주장했다. 다만 빠스가 21석을 확보했던 2013년 총선 이후 이슬람 보수주의가 확연히 부상하는 분위기가 나타나고는 있지만, 과연 캐스팅 보트를 쥘 만큼의 의석을 확보할 수 있을지에 대해서는 회의적인 시각이 많았다.

이러한 부정적인 전망이 나오는 이유 중 하나는 빠스의 분열이다. 2015년 빠스는 두 개로 쪼개져 더욱 급진적인 이슬람 원리주의 단체인 '아마나AMANAH'로 분리돼 나간 탓에 지난 총선에서도 지지자들의 표가 갈릴 가능성이 높은 것으로 평가되었다. 빠스가 많아야 10석 안팎을 차지하는 데 그칠 것이라는 전망이 대세였다. 득표율에 대한 기대 역시 낮았다. 하지만 결과는 이와 달랐다. 빠스는 동북부 지역에서 의석수와 득표율 양 측면에서 모두 약진했을 뿐만 아니라 서부 지역에서도 선전한 것으로 나타났다. 빠스는 결국 캐스팅 보트 역할을 수행하였다.

한편 지난 총선에서 나집 총리는 마하티르를 대전 상대로 맞아 그 어느 때보다 힘든 싸움을 하게 될 것으로 예상되었지만, 대부분의 전문가는 그럼에도 나집 총리의 승리를 점쳤던 것이 사실이다. 하지만 이러한 예상은 모두 크게 빗나갔다.

선거 결과는 나집 총리의 패배와 마하티르 전 총리의 승리로 귀결되었다. 야권연합의 여권연합에 대한 승리로 귀착된 것이다. 그리고 이러한 결과는 1957년 독립 이후 61년 만의 평화로운 무혈 정권교체라는 현실로 나타난 것이다. 이는 말레이시아 정치변동과 정치변화의 주요 국면의 탄생을 예고하는 것이기도 하다.

하지만 지난 총선의 선거 결과는 말레이시아의 정치변동 또는 정치변화를 정치공학적 측면으로만 설명하는 것의 한계 또는 부족함을 잘 드러낸다. 이는 말레이시아 정치변동에 대한 정치공학적 접근의 한계를 잘 보여주는 좋은 사례이기도 하다.

61년 만에 이뤄낸 말레이시아의 야권연합에 의한 정권교체는 단지 정치변동이나 정치변혁의 영역으로만 설명하긴 어려운 측면이 존재한다. 여기에는 1998년 외환위기 이후 말레이시아 국민들 사이에서 널리 확산되었던 '레포리마시' 운동, 즉 개혁운동이 굳건히 자리 잡고 있음을 놓쳐서는 안 될 것이다. 이러한 레포르마시 운동을 통해 성장, 발전해온 깨끗한 선거 개혁을 위한 시민운동인 버르시 Bersih(깨끗함, 청렴을 뜻하는 말레이어) 운동의 전개와 영향력에 대해서도 간과해서는 안 될 것이다(김형종 2018.05.19.).

이런 의미에서 지난 총선 결과는 말레이시아 시민들의 개혁에 대한 열망과 버르시와 같은 시민운동의 성숙과 발전으로 이룩한 쾌거라고 정의될 수 있을 것이다.

그렇다면 마하티르의 이슬람과 이슬람 원리주의에 대한 개혁의 의미는 무엇인가? '적폐 청산'의 기치를 내 건 말레이시아 신정부가 이슬람 원리주의적 성향에 대한 논란의 대상이 되었던 이슬람 기구에 대한 개혁 작업에 착수하였다. 2018년 6월 8일 말레이시아 정부는 이슬람 관련 업무를 총괄하는 연방정부기구인 '말레이시아 이슬람 발전국Jabatan Kemajuan Islam Malaysia'(이하 자낌JAKIM)의 기능과 예산에 대한 재검토에 착수했다. 자낌은 이슬람 사원과 이슬람 관련 기관에서 일하는 우스타즈Ustaz(이슬람 교리를 가르치는 남성 교사) 또는 우스타자Ustazah(이슬람 교리를 가르치는 여성 교사)를 육성하고, 할랄인증 및 단속을 담당한다. 자낌은 말레이시아 내 무슬림Muslim(이슬람을 신봉하는 사람)에게 적용되는 이슬람 가족법을 다듬고, 이슬람 주일인 금요일마다 예배를 준비하는 업무도 맡고 있다.

이러한 자낌과 산하기관 연방이슬람종교부(이하 자위JAWI)의 연간 예산은 2018년 기준 10억 3,000만 링깃(약 2,845억 원)으로 역할에 비해 지나치게 크다는 지적을 받아왔다. 사우디아라비아를 본산으로 하는 이슬람 원리주의인 와하비즘의 확산에 동조해 국민의 생활을 종교적으로 통제하려는 행태를 보여온 것 역시 문제로 지적된다.

자낌은 2016년 이슬람 문화권에서 부정한 동물로 여겨지는 개를 연상시킨다며 음식 메뉴에 '핫도그'란 이름을 쓸 수 없도록 했다. 최근에는 축구를 하려고 반바지를 입은 현지인 남성이 '풍기문란' 죄로 단속되는 일이 있었다. 작년 9월에는 종교적 관용과 사회통합을 이유로 이슬람교도 전용 세탁소를 허용하지 않은 조호르주 술탄Sultan을 자낌 당국자가 공개적으로 비판해 갈등을 빚기도 했다.

마하티르 모하맛 말레이시아 총리는 자낌이 내세우는 이슬람이 "잔인, 가혹하고 비합리적 종교"의 모습이 아니었는지 살필 것이라면서 "우리는 강요하지 말라는 꾸란(이슬람 경전)의 가르침에 반해 강압을 선호했던 것으로 보인다"라고 말했다. 다만 이러한 작업은 자칫 말레이시아의 해묵은 인종·종교 갈등에 불을 붙일 수 있다는 점에서 극히 조심스럽게 진행될 것으로 보인다.

말레이시아의 다수 민족인 말레이계는 대부분 무슬림들로 자낌이 말레이계의 이익을 보호하는 데 핵심적 역할을 수행한다고 보기 때문이다. 이미 보수 성향의 일부 무슬림들은 신정부가 중국계와 인도계의 편을 들어 자낌을 폐쇄하려 든다는 소문을 퍼뜨리며 개혁에 반발할 조짐을 보이고 있다. 여기에는 61년간 장기집권을 이어오다 2018년 초 총선에서 참패해 야당으로 전락한 암노의 핵심 지지층이 말레이계라는 점도 일부 영향을 미친 것으로 보인다.

그렇다면 총선 이후 말레이시아의 정치변동과 사회문화적 변화의 특징과 의미는 무엇인가? 2018년 5월 9일 총선 결과, 말레이시아의 정치 지형이 크게 바뀌었다. 2016년까지만 해도 당시의 말레이시아 정치 상황은 한마디로 "위기의 지속과 기회의 상실"(황인원·김형종 2017)로 표현될 정도로, 정권교체 가능성에 대해 부정적이고 비관적인 시각이 존재했던 것이 사실이다. 하지만 2018년 5월 9일 총선 결과는 이러한 부정적이고 비관적인 시각이 말레이시아의 정치 상황과 정치변동을 제대로 이해하는 데 얼마나 큰 장애가 될 수 있는지, 그리고 말레이시아의 정치 지형의 특징과 의미를 올바로 읽어내는 데 얼마나 큰 오독을 불러일으킬 수 있는지를 여실히 보여주었다.

지난 총선에서 유권자들은 92세의 마하티르를 새로운 총리로 복귀시켜 61년간 지속된 암노의 통치를 종식시키고 최초로 역사적인 정권교체를 이루어냈다. 선거에서 패배한 나집 전 총리는 부패 혐의로 조사를 받았고 오랜 기간 투옥된 야당 지도자 안와르는 정계로 복귀했다. 이 결과는 '무혈혁명'에 의한 평화적인 정권교체로 받아들여졌다.

하지만 말레이시아가 이처럼 61년 만에 평화적인 정권교체를 이룬 현재 상황에서도 여전히 다음과 같은 질문은 제기될 수 있다. 종족적, 언어적, 종교적으로 분열된 말레이시아에서 과연 다당제 민주주의가 가능하거나, 또는 제대로 정착되어 발전할 수 있는가? 암노는 다수 종족인 말레이계에 더 많은 권한을 준다는 비전과 전략을 통해 말레이시아를 이끌었다. 중국계와 인도계 소수정당과 연합해 중도세력을 형성했고, 1957년에는 영국과 독립 협상을 벌였다. 역설적이게도 중도적 지위를 독점, 암노가 이끄는 정당 연합은 다른 야당의 공격에 취약해졌다. 1969년 선거 때까지 말레이계 유일한 정치 대표로서의 암노의 지위는 계속 위협받았다.

최다 득표자가 승리하는 선거 방식은 많은 말레이계 유권자들이 암노가 이끄는 정당연합에서 빠스로 옮겨가는 것을 눈치채지 못하게 했다. 중국계 야당들은 선거제도를 이용해 의석수를 늘릴 수 있었다. 인종적으로 다수인 말레이계는 암노를 통한 정치적 지배력이 약화됐다고 우려했다. 나집의 아버지인 압둘 라작 후세인Abdul Razak Hussein은 말레이계의 특권을 강화하고 빠스를 포함한 야당들을 국민전선이라는 새 연립정부로 끌어들여 암노의 패권을 회복시켰다. 압둘 라작이 정당성을 얻기 위해 기존 선거제도를 인정했지만, 이는 민주주의를 표방한 겉치레에 불과했다.

그러나 8년간의 정치적 동거 후 사실상 1당 국가임에도 야당의 의제설정 능력을 막지 못했고, 암노의 영향력이 다른 주州에 비해 약하긴 했지만 그럼에도 불구하고 암노의 지지 기반이 비교적 탄탄했던 끌란딴주를 보수 이슬람 정당인 빠스에 내줬다. 암노의 '말레이 통합' 요구는 모든 야당을 불법화했으며, 빠스는 강력한 이슬람 민족주의와 강한 이슬람 원리주의적 성향으로 대응했다. 빠스의 당 대표인 압둘 하디 아왕은 1981년 암노가 이끄는 정당 연합이 "식민지 헌법과 신앙심 없는 법을 영속화"한 데 대해 비난받아야 한다고 주장하기도 했다.

1981년은 마하티르가 처음으로 정권을 잡았던 해다. 마하티르는 2003년 스스로 물러날 때까지 23년간 장기집권했다. 그는 이슬람 대학과 이슬람 관료체제를 강화하려는 빠스의 이슬람화Islamization, Islamisasi 정책을 옹호했지만, 이슬람 현실파와 원리주의자 사이에 선을 그음으로써 이슬람법 샤리아Syariah의 확대에는 반대했다.

암노의 야당 탄압은 의도하지 않은 결과를 초래했다. 야당들은 점차 세속 민족주의 정치를 포기하고 빠스와 이슬람화 경쟁에 돌입했다. 결국 이슬람 보수주의자가 증가했고 2013년까지 말레이시아 무슬림의 86퍼센트가 샤리아를 공식적인 법의 토대로 삼는 것을 지지했다. 2013년 선거에서 신승을 거둔 나집 총리는 빠스를 유인해 끌란딴주에서 샤리아 확대 계획을 부활시켰다. 이는 빠스가 다른 야당과 결별하고 마하티르의 새로운 야권연합인 희망연대 표를 흡수하려는 의도였다.

그러나 2018년 5월 총선에서 나집 총리의 계산 착오가 드러났다. 빠스는 끌란딴과 뜨렝가누주에서 우세했을 뿐만 아니라 서말레이시아의 많은 주에서 예상외로 약진한 것으로 나타났다. 선거 결과 말레이시아반도의 서해안 지역에서 빠스는 의석수를 확보하는 데는 실패했지만 득표율 측면에서는 선전한 것으로 밝혀졌다.

이런 의미에서 마하티르가 이끈 희망연대의 승리를 정치적 통합의 상징으로 보기는 어렵다고 말할 수 있다. 빠스는 여전히 생존 가능한 야당 세력으로 남아있으며, 이슬람법의 확장을 계속 추진할 것이다. 이슬람, 특히 원리주의적 성향이 강한 정치적 이슬람만이 마하티르에 대한 유일한 도전 세력이 아니다(김형종·홍석준 2018). 세속적 경향이 강한 사라왁과 사바주에서는 이 지역의 고유하면서도 독자적인 지역 민족주의가 지속적으로 부상하면서 지역 특유의 민족주의적 성향을 강화시키고 있다.

사실 마하티르의 야권연합인 희망연대는 생각보다 훨씬 약한 정치세력이라고 평가된다. 희망연대는 기존의 여권연합인 국민전선에 대항하기 위해 선거용으로 합쳐진 모래알 연합체와 같은 존재이기 때문에 정책에 따라 정파 간 이해가 엇갈리는 한계를 지니고 있다는 지적과 평가에 주목할 필요가 있다.

지난 선거에 따른 정당들의 상처가 봉합되면, 새 정치동맹이 정권을 압박할 수도 있다. 그럼에도 불구하고 말레이시아 민주주의가 중요한 시점에 도달했다는 것은 의심의 여지가 없다. 이는 무혈 정치혁명을 통해 이룩한 평화적인 정권교체의 산물이다. 말레이시아 정치인들은 인종적, 종교적, 지역적으로 찢긴 유권자에 영합하기보다 통합적 과제를 이끌 수 있는 다당제 경쟁 구도 모델을 만들어가는 게 바람직하다. 물론 그리 쉽지 않은 과제임에는 틀림이 없다.

15년 만에 권좌에 복귀한 마하티르 총리는 정치적, 경제적 유인책으로 이슬람 급진화의 근본 원인을 해결해야 한다. 최다 득표자가 독식하는 현 선거법은 이념적이고, 정치적 타협이 쉽지 않은 지역 야당에 유리하다. 이 때문에 말레이시아는 역동적인 연방주의에 바탕을 둔 독일식 비례대표제를 고려하여 선거법을 개정하는 것이 바람직할 것이다.

말레이시아는 지난 선거를 축하할 충분한 이유가 있다. 평화적인 다당제 민주주의로의 회귀는 말레이시아 정치발전에 획기적인 사건이기 때문이다. 그러나 말레이시아 역사가 보여주듯, 좋은 정부는 좋은 반대 없이는 지속될 수 없다. 반대 의견을 수렴할 수 있는 틀을 만드는 것이 말레이시아의 최우선 과제다.

이런 의미에서 마하티르의 나집 전 정권의 부패 청산을 통한 정치 개혁의 의미는 무엇인가? 천문학적 규모의 비자금을 조성한 혐의로 당국의 조사를 받아 온 나집 라작 전임 말레이시아 총리가 결국 재판에 넘겨졌다. 말레이시아 검찰은 2018년 6월 4일 쿠알라룸푸르 형사기록법원에서 국영투자기업 1말레이시아개발유한공사1 Malaysia Development Berhad(이하 1MDB)에서 45억 달러(약 5조 265억 원)를 빼돌린 의혹을 받고 있는 나집 전 총리를 1MDB와 관련한 세 건의 배임과 반부패법 위반 등 총 네 건의 혐의로 기소한다고 발표했다.

2009년 나집 총리는 국내외 자본을 유치해 경제개발 사업을 하겠다며 1MDB를 설립했다. 그러나 2013년 선거자금 조달을 위해 1MDB의 기금을 사용한 데 이어 2014년 12월 1,000만 달러를 개인 계좌로 송금받는 등 개인적인 용도로 돈을 빼돌렸다. 나집 총리 집권 당시에는 재판부와 반부패위원회가 조사 의지를 보이지 않아 3년간 이어진 미국, 싱가포르, 스위스 등 국제 공조에도 불구하고 조사가 지지부진했다.

나집 전 총리에 대한 수사는 5월 총선에서 마하티르 총리가 당선되며 급물살을 탔다. 총선 당시 마하티르 총리는 정계 복귀 이유를 "나집 총리의 비자금 스캔들 때문"이라고 설명했다. 그는 "나집 전 총리에 대한 수사가 완료될 때까지 수개월이 걸릴 것"이라며 관련된 전직 공무원들의 출국 금지 명령을 내렸다.

한편, 반부패위원회와 검찰은 이번 기소를 계기 삼아 나집 전 총

리와 측근들에 대한 수사를 본격화할 것으로 보인다.[1]

말레이시아 검찰은 토미 토머스 검찰총장이 이번 사건 담당팀을 직접 지휘하는 등 혐의 입증에 전력을 다하는 모양새다. 현지에선 향후 수사 결과에 따라 나집 전 총리에 대한 추가 기소가 이뤄질 가능성이 크다는 관측이 나온다. 나집 전 총리의 담당 변호사는 "이번 기소는 정치적 의도를 띠고 있다. 마하티르 모하마드 총리와 현 집권여당은 정치보복을 하고 있는 것"이라고 주장했다.

2018년 6월 5일 주요 외신과 말레이시아 현지 언론은 동시에 쏟아지는 '빅뉴스'를 전하기 바빴다. 우선 중앙은행의 모함마드 이브라힘Mohammed Ibrahim 총재가 사의를 표했다는 보도가 나왔다. 같은 날 술탄 무하맛 5세Sultan Muhammad V 국왕은 모하멧 아판디 알리 검찰총장을 해임하고 토미 토마스 변호사를 신임 검찰총장으로 임명하는 것을 공식 승인했다. '사치의 여왕'으로 악명이 높았던 나집 전 총리의 부인 로스마 만소르Rosmah Mansor도 이날 반부패위원회에 출석해 대중의 이목을 집중시켰다.

이들 모두를 엮는 것은 이른바 '1MDB 스캔들'이다. 1MDB는 나집 전 총리가 경제개발 사업을 목적으로 설립한 국영투자기업이다. 나집 전 총리와 그 측근들은 여기서 최대 60억 달러(약 6조 5,000억 원)의 나랏돈을 국외로 빼돌려 비자금을 조성했다는 의혹을 받고 있다. 총선 직후 출범한 정부 산하 특별 태스크포스TF가 관

---

1 http://koreanpress.net/detail.php?number=3379&thread=22r11

련 수사에 속도를 내면서 스캔들의 핵심 인물들에 대한 세무조사도 예고됐다.

이는 한 달 전까지만 해도 결코 상상할 수 없었던 광경이었다. 2018년 5월 9일 치러진 총선에서 야권연합인 희망연대가 집권여당 연합 국민전선에 압승하면서 많은 것이 달라졌다. 말레이시아 독립 이후 61년 만에 첫 정권교체를 이뤄낸 마하티르는 15년 만에 권좌에 복귀했다. 옥중에서 마하티르와 화해하고 그의 집권을 지지한 안와르는 5월 16일 석방됐다. 안와르가 그의 아내이자 신정부의 부총리를 맡은 완 아지자 이스마일Wan Azizah Ismail 인민정의당Parti Keadilan Rakyat, PKR 총재의 의원직을 넘겨받을 것이란 전망이 제기되었다.

마하티르는 『파이낸셜타임스』와의 인터뷰에서 "신임 정부의 우선순위는 불필요한 국책 사업을 중단해 재정을 확충하는 것"이라고 밝혔다. 재정 확충이 시급한 이유는 전임 정권이 국가 부채 규모를 속였기 때문이다. 신정부에 따르면 나집 정부는 1조 873억 링깃(약 293조 원)에 달하는 부채를 7,000억 링깃 내외로 축소·은폐해 왔다.

마하티르는 가장 먼저 총사업비 280억 달러(약 30조 원)에 이르는 말레이시아-싱가포르 고속철도 사업을 취소한다고 밝혔다. 전임 정부에서 체결된 사업이지만 수익성이 없다는 이유였다. 중국과 추진해온 140억 달러 규모 동해안 철도 사업도 재협상을 예고했다.

공무원도 1만 7,000명 감축한다고 발표했다. "개혁 주체인 정부도 개혁 대상"이라는 판단에서다. 2018년 7월부터 시행 예정이던 공무원 임금 인상 계획도 백지화했다. 장관 등 정부 관료의 임금도 10퍼센트 삭감했다.

마하티르 정부는 선거 공약에 따라 전 정부가 도입한 재화용역세 Goods and Services Tax를 2018년 6월 1일부터 철폐하기로 결정했다. 이 때문에 상당한 재정 타격이 예상되지만, 마하티르 정부는 민생 회복부터 도모하고 부족한 세수는 정부 효율화를 통해 확보한다는 계획이다. 나집 정부는 6퍼센트에 달하는 재화용역세를 도입하고 석유 보조금 등을 폐지하여 서민의 생활비 부담을 가중시키는 등 경제적 실정을 거듭함으로써 국민의 원성을 샀다. 이 역시 마하티르가 지난 선거에서 승리하는 데 큰 도움이 되었던 것으로 풀이된다.

또한 마하티르 정부는 반反나집 여론에 재갈을 물린다고 비판받아온 '가짜뉴스 방지법'도 폐지할 방침이다. 한마디로 사회 전반에 걸쳐 부패 청산을 포함한 '적폐 청산'이 대대적으로 이루어졌다. 이는 정권교체로 이어진 나집 정부의 방만한 국정운영과 권력 사유화에 대한 반성이자 차별화다.

한편, 마하티르는 다시 총리를 맡은 것에 대해 "무서운 일이며, 훨씬 더 어려운 임무"라고 고백한 바 있다. 그는 이어 "내가 모르는 사람들로 (주요) 자리를 채워야 하는데 시간이 많이 걸린다"라며 "나는 운명을 모르지만 (총리직으로) 현실적으로는 되돌아와야 했으며, 이게 운명인지 아닌지는 잘 모르겠지만, 내가 의무를 지닌 것은 맞다"라고 밝혔다. 이 말은 1981년부터 22년 동안 집권할 때는 총리 업무를 장악하고, 자신이 비교적 잘 아는 인물들을 내각에 등용하며 성과를 냈으나 지금은 당시에 비해 어려움이 크다는 의미이다. 그럼에도 현재의 말레이시아 정치 상황에서는 자신의 총리직 복귀가 당연한 수순이었다는 의미로 풀이된다.

그는 자신의 뒤를 이어 권좌에 올랐던 전임자들에 대한 평가도 잊지 않았다. 먼저 한때는 암노의 유력 정치인으로 자신의 후계자였던 나집이 이끈 전 정부에 대해서는 비판적인 발언을 내놓았다. 그는 "국민들이 전 정부에 대해 좋지 않게 생각한다"라며, "그들이 잘못을 했으며, 그 잘못된 일을 파헤쳐야 한다는 게 많은 이들의 생각"이라고 주장했다. 국민적 요구를 수용해 나집 전 총리에 대해 철저하게 조사하겠다고 밝혔다.

나집 전 총리에 앞서 총리직에 올랐던 압둘라 바다위 전 총리에 대한 평가도 잊지 않았다. 마하티르 총리는 "압둘라가 첫 총선에서는 90퍼센트 가까운 지지를 얻었는데, 이는 퇴임한 나의 뒤를 이어 성과를 낼 것이라는 기대 때문이었다"라며 "이후 그가 성과를 내지 못하자 지지율은 하락했다"라고 평가했다.

마하티르의 개혁정책은 현재까진 국민의 지지를 받는 것으로 보인다. 정부가 부채 감축 및 경제 회복을 약속하며 조성한 '말레이시아희망저축Tabung Harapan Malaysia, THM'이라는 신탁펀드엔 개설 이틀 만에 467만 달러(약 50억 원)가 몰렸다. 월스트리트저널WSJ은 말레이시아 국민의 이런 성원이 1990년대 외환위기 당시 한국에서 벌어진 '금 모으기 운동'을 상기시킨다고 표현했다(강혜란 2018.06.07.). 신정부는 2018년 7월 2일부터 16일까지 '말레이시아 1~말레이시아

9999' 등 자동차 번호판을 공개 입찰하여 세수를 확충하기도 하였다.

물론 이러한 정치 개혁이 순조롭게 이루어지는 것만은 아니다. 그 대표적인 것 중 하나가 신임 검찰총장의 출신 및 종교 논란이다. 토마스 신임 총장은 인도계 출신으로 55년 만에 처음으로 검찰총장이 됐다. 그가 무슬림이 다수인 말레이시아에서 소수인 기독교도에 속한다는 것도 반발을 불러일으켰다.

잇따른 기존 정책 뒤집기로 중국·싱가포르 등 주변국과 긴장이 심화될 우려도 있다. 마하티르가 1990년대 후반 동남아 외환위기 때 '경제 쇄국'을 주창하며 미국 등 서방 국가와 대립했던 전례가 있기 때문이다. 마하티르는 실용적인 인물로 평가된다. 이런 점에서 마하티르는 중국이나 싱가포르와 같은 주변국과 더 나은 거래를 위해 협상 노하우를 적절히 활용할 것으로 기대된다.

마하티르의 리더십은 한마디로 '개발독재 리더십'이다. 이 점이 신정권의 아킬레스건이기도 하다. 나집 전 정권의 부패의 뿌리에 마하티르가 존재한다는 지적도 있다. 전 정권의 부패를 불러일으킨 근본적인 원인을 제공한 장본인이 바로 마하티르라는 말이다. 이런 점에서 마하티르는 결자해지의 과제를 안고 있는 셈이다. 마하티르가 현재 전 정권의 부패와 적폐 청산을 위한 개혁을 대대적으로 표방하고 있지만, 사실 그 자신이 바로 지금의 권위주의적 권력체제와 부패의 장본인이라는 점에서 마하티르는 '결자해지'의 책무를 지니고 있다.

마하티르는 집권 22년(1981~2003)간 다수 말레이계 지지를 기반으로 강력한 리더십을 구사했고 이에 반하는 야권·언론을 탄압했다. "행정부가 경제성장을 이끌어가는 개발독재 리더십이 계속되는 한 개인의 부패가 정부의 부패로 이어질 수밖에 없다"면서 "마하티르가 자신의 유산을 깨야지만 진짜 변혁이 가능하다"라고 지적했다(이재현 교수와의 인터뷰, 강혜란 2018.06.07. 중앙일보 기사에서 재인용). 또한 "집권 1기의 성과가 나집 등 후임자들에 의해 왜곡·훼손되는 것을 보면서 마하티르가 '협의 민주주의'의 필요성을 느꼈을 가능성이 크다"(황인원 교수와의 인터뷰, 강혜란 2018.06.07. 중앙일보 기사에서 재인용)라는 지적에도 주목할 필요가 있다.

2018년 5월 16일 안와르가 사면됐다. 마하티르의 20년 넘는 정적인 그가 선거 직후 자유의 몸이 된 것은 권력을 향한 의기투합 덕분이다. 지난 총선은 마하티르와 안와르, 나집 라작 전 총리 등 3인의 운명을 뒤바꿨다. 30년간 얽히고설키며 때론 동지로, 때론 적으로 변화무쌍한 관계를 형성한 3인을 두고 블룸버그통신은 "왕좌의 게임에서 살아남는 것이야말로 말레이시아 정치"라고 했다.

20년 넘게 총리로 군림하며 '말레이시아 국부'로 불렸던 마하티르는 1998년 전까지만 해도 안와르와 '아버지와 아들' 사이라 불릴 만큼 돈독한 관계였다. 안와르를 정계에 입문시킨 것도 마하티르였다. 1982년 이슬람청년·반정부운동을 벌이던 안와르는 마하티르의 권유로 암노에 입당했다. 10년 만에 마하티르 내각의 부총리로 기용되는 등 마하티르의 후계자로 부상했다. 그러나 1998년 금융위기 당시 국제통화기금 구제금융을 놓고 마하티르와 갈등을 벌이다 동성애, 부패 등의 혐의로 구속됐다.

안와르를 제거한 후 마하티르가 선택한 사람은 나집이었다. 나집은 말레이시아 독립을 주도한 압둘 라작 전 총리의 아들로 정계에 입문했다. 1986년 마하티르 내각의 문화청년체육부 장관으로 발탁된 이후 국방부 장관, 부총리 등을 거치며 승승장구했다. 마하티르는 2004년 정계 은퇴 후에도 막후에서 후견인 역할을 했고 2009년 나집은 총리가 됐다.

그러나 2015년 나집의 대형 부패 스캔들이 터지며 마하티르와 사이가 틀어졌다. 나집을 비판하던 마하티르는 결국 50년 넘게 몸담았던 암노에서 탈당해 안와르가 실질적 지도자로 있는 야권연합에 합류했고 총선에서 승리해 총리가 됐다. 실제 마하티르는 2018년 5월 15일 "재임 기간은 1~2년이 될 것"이라고 예고했다. 또한 마하티르는 총선 승리 직후 "우리는 복수가 아닌 법치의 회복을 추구한다"라며 나집을 법의 심판대에 세우겠다는 의지를 천명했다. 사면된 안와르도 "(나집이) 범죄에 책임을 져야 한다"라고 경고했다.

안와르와 나집 또한 한때 암노의 동지였지만 숙적이 됐다. 야권 지도자로 변신한 안와르가 2013년 총선에서 돌풍을 일으키며 정권을 위협하자 나집이 2015년 또다시 동성애 혐의를 씌워 안와르를 구속했다.

말레이시아가 인종차별 논란을 빚어온 말레이계 우대정책인 '부미뿌뜨라bumiputra' 정책을 완화하는 방안 또한 검토하기로 했다. 부미뿌뜨라는 '땅의 자손들'이라는 뜻으로 말레이 원주민과 토착민을 일컫는 말레이어다. 말레이계는 말레이시아 인구의 약 62퍼센트를 차지하지만, 말레이시아의 경제적 실권은 약 21퍼센트에 불과한 중국계가 장악하고 있어 이에 대한 말레이계의 불만이 많았고 실제로 1969년에는 이 때문에 인종폭동이 일어나 800여 명의 사상자가 발생하기도 했다(홍석준 2014.10.14.).

2018년 7월 25일 아즈민 알리Azmin Ali 경제부 장관은 전날인 24일 의회에서 기자들을 만나 부미뿌뜨라 정책의 핵심인 '신경제정책'을 재검토할 것이라고 밝혔다. 그는 "우리는 어떠한 경제정책이 모든 말레이시아 국민에게 가장 나은 혜택을 줄 수 있는지 살펴야 한다"라고 말했다. 그는 인종 문제에 대한 고려 대신 국가적 필요에 따라 경제정책을 정돈할 필요가 있다고 하였다.

말레이시아는 1969년 중국계에 대한 말레이계의 불만이 인종폭동으로 불거져 수백 명의 희생자가 발생하자 1971년 말레이계 우대정책인 부미뿌뜨라 정책과 신경제정책을 도입했다. 신경제정책은 인구의 61.7퍼센트를 차지하는 말레이계와 원주민에게 주택을 낮은 가격에 공급하고 대입 정원 할당, 정부 조달 계약상 혜택 등 특혜를 주는 내용을 담고 있다. 이러한 정책에 힘입어 말레이시아 전체 부富에서 말레이계가 차지하는 비중은 1970년대 4퍼센트에서 현재 20퍼센트 이상으로 높아졌으며, 52퍼센트에 달했던 빈곤율도 5퍼센트 미만으로 하락했다.

하지만 말레이시아 현지에선 사회적 약자 보호 정책의 하나로 시작됐던 부미뿌뜨라 정책과 신경제정책이 중국계와 인도계에 대한 차별 정책으로 변질했다는 비판이 끊이지 않아 왔다. 말레이계의 사회경제적 지위가 과거에 비해 크게 높아졌음에도 정치 권력을 장악한 말레이계가 관련 정책 수정에 소극적 태도를 보여왔기 때문이다. 이에 대한 불만은 2018년 말레이시아 총선에서 전 집권연합 국민전선이 참패하고 마하티르 모하맛 총리가 이끄는 신정부가 출범하는 데도 상당한 영향을 미쳤던 것으로 분석된다.

한편, 말레이시아 신정부는 인종·종교 갈등을 해결하고자 '인종·종교적 증오 규제법' 입법도 함께 추진할 방침이다. 말레이시아에서는 사우디아라비아를 본산으로 하는 이슬람 원리주의인 와하비즘이 확산하면서 이슬람을 믿는 말레이계 일부가 여타 소수민족을 억압하려는 행태를 보여 사회적 문제가 돼왔다.

이러한 '말레이계 우대정책', 즉 부미뿌뜨라 정책의 완화에 대해 말레이계의 권익 보호를 주장하는 집회가 열려 말레이시아 내 종족 갈등이 증폭되어 나타나고 있다. 2018년 7월 28일 말레이시아 쿠알라룸푸르 시내 캄풍 바루 지역에서는 말레이계의 권익 보호를 주장하는 집회가 열렸다.

이처럼 인종차별 논란을 빚어온 말레이계 우대정책, 즉 '부미뿌뜨라 정책' 완화 여부를 놓고 말레이시아 다수 종족인 말레이계와 중국계의 갈등이 증폭되고 있다. 현지 언론과 외신에 따르면 2018년 7월 28일 쿠알라룸푸르 시내 캄풍 바루 지역에서는 말레이계의 권익 보호를 주장하는 2,000여 명 규모의 집회가 열렸다. 집회에는 암노와 빠스 지도자가 다수 참석해 여당의 말레이계 우대정책 완화 움직임을 비난했다. 참가자들은 중국계 지위 향상과 관련된 조치에 특히 강한 반감을 보였다.

2018년 5월 9일 치러진 총선에서 압승하여 61년 만에 첫 정권 교체를 이뤄낸 말레이시아 신정부는 부미뿌뜨라 정책의 핵심인 '신경제정책'을 재검토하는 등 인종차별을 해소하려는 움직임을 보여왔다. 1971년 도입된 NEP는 말레이계에 정부 조달 계약상 혜택을 주고 대입 정원 할당 등의 내용이 담겼다. 이런 정책은 인구의 다수(61.7퍼센트)를 차지하고도 빈곤에 허덕이던 말레이계의 사회적 지위를 크게 높였다.

그러나 정치 권력을 장악한 말레이계가 이후에도 관련 정책 수정에 소극적 태도를 보이는 바람에 중국계(20.8퍼센트)와 인도계(6.2퍼센트)에 대한 차별 정책으로 변질했다는 비판을 받아왔다.

말레이계는 부미뿌뜨라 정책 완화가 말레이계 중심의 이슬람 국가란 국가 정체성을 훼손할 것이라며 강하게 반발하고 있다.

여당인 말레이시아원주민연합당PPBM 소속이면서도 집회에 참석한 라이스 야팀 전 정보통신문화부 장관은 중국계 사립학교의 졸업 학력을 인정하기로 한 정부의 결정에 반대하면서 "이는 주권과 종족, 국적의 문제"라고 말했다. 이날 집회는 부유한 중국계에 대한 말레이계의 불만이 인종폭동으로 번져 수백 명의 사망자를 낸 1969년 5·13 인종폭동 발생지 인근에서 열렸다. 다만 일각에선 암노 등이 중국계에 대한 말레이계의 해묵은 반감을 의도적으로 부풀려 지지층을 재결집하고 있다는 분석도 제기된다.

암노는 말레이계 지지를 등에 업고 61년간 장기집권해왔지만, 당수뇌부의 부정부패와 민생악화에 분노한 유권자들이 등을 돌리면서 총선에서 참패해 야당으로 전락했다.[2]

말레이시아 정가에 엄청난 파장을 불러일으켰던 2018년 총선이 끝나고 거의 5년이 지났다. 2018년 총선 이후 말레이시아 정치는 급격한 변동에 휩싸였다. 2018년 이후 나집 라작 전 총리에 대한 유죄 판결과 선고 형량이 내려졌으며, 안와르 이브라힘의 정계 복귀를 둘러싼 무성한 소문과 압력, 회유, 비난이 이어졌으며, 그에 따른 정치적 활동 제약과 지지운동과 행보 등이 이어지기도 했다. 또한, 61년 만에 평화적 정권교체에 성공했던 마하티르 정권이 발표한 각종 정책에 대한 다양한 평가와 비판이 제기되기도 했다.[3]

2018년 정권을 장악한 희망연합Pakatan Harapan, PH은 개혁의 과제 앞에 섰다. 하지만 2018년 희망연합 정부는 가시적인 성과를 달성하는 데 실패했으며, 국민의 기대에도 제대로 부응하지 못했다. 2019년은 이러한 상황에서 평화적 정권교체의 수권 연합정당으로서 성공적으로 안착해야 할 과제와 부담을 안고 출발한 해였다. 이해는 안와르 이브라힘을 중심으로 차기 집권의 핵심으로 자리매김

---

2   http://www.yonhapnews.co.kr/bulletin/2018/07/29/0200000000AKR20180729021200104.
     HTML?input=1195m

3   아래 내용은 2018년 이후 현재까지 말레이시아 정계에서 발생한 정치변동의 특징과 그 의미를 말레이
     시아의 문화적 다원주의의 정치적, 경제적, 그리고 사회적 도전과 실험과의 관련성 속에서 간략하게 살
     펴본 것이다.

한 인민공정당Parti Keadilan Rakyat 내 파벌 갈등과 총리직 이양을 둘러 싼 불확실성 속에 야권의 공조와 종족정치ethnic politics의 강화는 정 치적 안정을 위협하는 요인으로 부상한 해이기도 했다(김형종·황인 원 2020). 전 정권인 나집 라작 정권의 부패에서 비롯된 취약한 재정 여건과 국제경기 침체 등의 대외적 여건은 현 정부의 경제정책 입 안에 있어 구조적 제약 요인으로 작용했으며, 민심 역시 현 정부의 국정 수행 능력에 대해 호의적이지 않았다.

2020년은 희망연합에 매우 중요한 정치적 의미를 지니는 한 해 였다. 2019년을 위기에 봉착한 상태에서 넘긴 희망연합 체제의 정 치적 운명은 2020년에 결정되었다. 2020년은 61년 만에 평화적 정 권교체에 성공한 개혁reformarsi 세력이 반세기 넘게 지속된 구질서를 해체하고, 민주화 이행기를 안정적으로 지속시킬 수 있는지를 가늠 하는 바로미터가 되는 해였다. 그러나 소위 '의회 쿠데타'로 불리는 대격변이 2020년 말레이시아 정가에 급작스럽게 불어닥치면서 희 망연합은 붕괴되었다(김형종·황인원 2021: 39). 정국은 혼란에 빠질 수밖에 없었다. 태생적으로 권력 기반이 약하고 불안했던 국민동맹 Perikatan Nasional, PN의 정통성 결여와 미비는 지속적인 내부 권력다툼 을 불러일으켰다. 정치적 요인의 불안정과 불확실성은 정부가 코로 나19에 효과적으로 대응하는 것을 저해하고 심지어 방해까지 하는 상황이 지속되었다.

이러한 상황에서 2020년 7월 28일(현지 시각) 나집에 대한 유죄 판결이 확정되었다. 말레이시아 법원은 국부펀드 '1MDB'를 동원한 초대형 비리 사건에 연루된 나집 전 총리에게 유죄를 선고했다(이정애 2020.07.28.).[4] 국영투자기업을 통해 수십억 달러에 이르는 나랏돈을 빼돌리는 등 모두 42개 혐의로 기소된 나집 전 총리에 대한 첫 판결로, 이후 이어질 5개 재판에도 영향을 미쳤다.

말레이시아 고등법원은 2020년 7월 28일 1MDB의 자회사 에스알씨SRC 인터내셔널을 통해 4,200만 링깃(118억여 원) 상당의 부당 이득을 취하는 등 7개 혐의로 기소된 나집 전 총리에게 유죄를 선고했다고 AP 통신 등이 보도했다. 2019년 4월, 권력 남용(1건)과 배임(3건), 돈세탁(3건) 혐의 등으로 재판이 시작된 지 13개월 만에 첫 판결이 나온 것이다.

이 재판은 무히딘 야신Muhyiddin Yassin 총리가 이끄는 말레이시아 새 연립정부가 출범한 지 5개월 만에 이뤄져 특히 관심을 모았다. 연정에는 나집 전 총리가 속한 암노가 참여하고 있는 까닭에, 나집 전 총리를 제대로 단죄할지 여부에 관심이 쏠린 것이다. 로이터 통신은 이번 유죄 선고를 통해 부패 근절을 내세운 무히딘 총리 정부에 대한 국민들의 신뢰도가 높아지겠지만, 암노 내부의 권력 갈등과 다툼이 계속될 수 있다고 전망했다.

1MDB는 나집 총리가 2009년 취임 직후 경제개발 사업을 벌인다는 목적으로 설립한 펀드다. 하지만 2013년 총선을 앞두고 1MDB의 자금이 글로벌 투자은행인 골드만삭스 등 여러 은행과

---

4 https://www.hani.co.kr/arti/international/asiapacific/955555.html

기업을 통해 나집 전 총리의 개인 계좌로 흘러갔다는 의혹이 불거지며 파문이 일었다. 그 결과 나집 전 총리가 속한 암노는 2018년 총선에서 61년 만에 야당 연합인 희망연합에 참패하고 수평적인 정권교체가 이루어졌다.

2020년에 전개된 일련의 정치과정은 단순히 구체제로의 복귀 혹은 민주화 이행의 유턴U-turn을 넘어서 '말레이-무슬림 정치세력'이 주도하는 종족, 종교 정치의 부활 가능성을 내포하는 것이기도 했다(김형종·황인원 2021).

2021년 말레이시아 정가의 가장 두드러진 사건은 무히딘 야신 정부의 몰락과 이스마일 사브리Ismail Sabri Yaakob 정부의 출범이다(김형종·황인원 2022). 이러한 상황에서 말레이시아 정치의 불확실성이 더욱 심화되었다. 이는 희망연합의 위기 심화로 이어졌다. 정치적 불안정은 코로나에 대한 대응과 경제에도 부정적인 영향을 미쳤다. 코로나 일일 감염자 수가 한때 2만 4,000여 명에 이르며 의료 기관의 수용 능력도 한계에 달했다(김형종·황인원 2022: 217-218).

포스트 코로나 시대에 말레이시아의 경제성장과 사회발전을 동시에 이루기 위해선 기후변화를 포함한 기후 위기에 대한 효과적인 대응과 빈부격차와 사회적 양극화 해소, 불평등 완화, 새로운 과학기술의 발전에 따른 디지털과 아날로그가 결합된 경제체제로의 전환 또는 이동 등등과 같은 주요 국정 과제에 대한 선택과 집중을 통한 선제적이고 과감한 투자와 지원 체계의 확립이 요구된다.

2022년 5월 현재 이스마일 사브리 정부는 경제 및 외교 분야의 장기 비전과 목표를 제시하며 정통성 위기를 극복하고자 애쓰고 있지만, 지속적인 정치적 불안정과 불확실성은 근본적인 정책 개혁의 효과적인 추진을 저해하고 방해하는 걸림돌로 작용하고 있는 것이 사실이다.

현재 말레이시아는 문화적 다원주의의 정치적, 경제적, 그리고 사회적 도전과 실험을 진행하면서 새로운 개혁을 경험하는 중이다.

2. 현지인과 한인 사회의 교류 및 협력관계를 증진시킨 한류

한국과 말레이시아 관계는 초기 국가 차원에서 양 국가 정부에 의해 주도되었다가 한류 붐이 확대됨에 따라 민간 차원으로 확장되었다(조철호 2006: 4-5). 이러한 흐름을 다음과 같이 분석할 수 있다.

마하티르 총리에 의해 주창된 동방정책으로 한국 노동자들의 근면성을 배우기 위해 많은 말레이시아 학생과 기술자, 경영인, 공무원들이 한국으로 파견되어 인적 교류가 확대되었다. 이에 한국 또한 말레이시아 정부와의 협의하에 1) 산업 및 기술 훈련 2) 말레이시아 정부 중견 관리 단기교육 3) 대학교육 및 기술교육 4) 교육·훈련 및 연구기관 간 상호유대 강화 등 4개 분야에 걸쳐 동방정책 지원 사업을 시행함으로써 양 국가의 교류를 촉진했다(Tham ed. 2013).

이러한 흐름에 따라 IT, 방송, 문화콘텐츠 등 각 분야에서 다양한 협정이 체결되었으며, 2002년 방영된 〈겨울연가〉를 기점으로 시작된 한류에 의해 한국과 말레이시아의 관계는 국가 주도에서 민간 수준으로 확장되었다. 한류 붐으로 확장된 민간 차원에서의 양 국가에 대한 관심 증대는 말레이시아 한인 사회에도 큰 영향을 미치는 것이었으며, 이에 따라 말레이시아 한인들의 정체성이 재형성되고, 한인 사회와 현지 사회의 관계에도 변화가 일어나는 계기가 되었다.

말레이시아에서의 한류 붐은 〈겨울연가〉 방영을 시작으로 〈대장금〉에서 절정에 달했고, 〈대장금〉의 성공으로 현지인들의 한국 문화와 한국 음식(한식)에 관한 관심이 급증했다. 많은 현지인이 한국 문화를 느끼고 한국 음식을 맛보기 위해 암팡 한인타운을 오가기 시작했다. 이에 따라 한인 식당의 성격에도 변화가 일어났다. 기존에 한인 식당들은 한인들을 주 대상으로 운영되어왔으며 현지 손님은 간혹 찾는 정도였지만, 한류 붐이 일면서 이러한 관계가 역전되기 시작했다. 한인 식당을 찾는 손님 중 과반수가 현지인들로 채워졌고 80퍼센트 이상 현지인들로 붐비는 식당도 많아졌다. 이에 따라 한인 식당들은 현지인들에 대한 마케팅으로 운영 전략을 바꾸어나갔다. 식당 이름을 인기 있는 드라마 제목으로 하거나, 한류 풍이 나는 내부 장식으로 꾸미고, 현지 손님들의 입맛에 맞는 메뉴를 추가하는 식으로 변화해나감으로써 기존의 한인 식당과 차별화된 성격으로 변모했다.

한류 붐은 한인 식당의 변화를 이끄는 요인이 된 한편 식당업이나 요식업의 번창을 가져오는 계기가 되었다. 이에 따라 한국어 간판을 단 식당들이 우후죽순으로 증가하여 2015년 말경에는 말레이시아 내에서만 500여 개의 한국 식당이 생겨났다.[5] 500여 개의 식당 수는 그 수치상 많지 않은 것처럼 보이지만, 말레이시아 한인 사회 규모와 그중 과반수를 차지하는 상사 주재원과 조기유학 가족을 제외한 소자영업자들의 비중을 고려해볼 때 가히 적은 수라고 할 수 없다.

실제로 한인회 관계자는 이에 대해 "우리 자영업자 중 95퍼센트가 식당업이나 요식업을 하고 있는 사람들입니다"라고 한다. 이 수치는 과장된 면이 없지 않지만 그만큼 한인 소자영업자들 사이에서 식당업과 요식업이 큰 인기를 끌고 있음을 증명해주는 것이라 할 수 있다. 또한 이는 재외교포 사회에서 동일한 직종 선택과 유행이 독특한 역사적 배경에서 만들어지는 것임을 알 수 있다.[6] 이와 마찬가지로 말레이시아 한인 사회에서 보이는 것처럼 한인 소자영업자들이 식당업이나 요식업을 선호하는 추세는 한류 붐이 일고 한인들이 그것을 자원 삼은 데서 비롯된 현상이라고 할 수 있다. 한 예를 들어보면, 암팡 한인타운에는 스위트리Sweetree라는 식당이 있었는데, 이곳은 현지인들 사이에서 '할랄 음식을 파는 한국 식당

---

5 말레이시아의 한인 거의 대부분이 쿠알라룸푸르에 몰려있기 때문에 500여 개의 식당도 대부분 쿠알라룸푸르 내에 입주해있다고 보는 것이 합당할 것이다.

6 예컨대 브라질 봉헤찌로 한인타운의 한인 소자영업자들 대부분이 의류업에 종사하는 경향은 고유하면서도 독자적 배경에서 발생한 독특한 현상이다(최금자 2011).

Halal Korean Restaurant'이라고 알려진 곳이었다. 전술했듯이 한류 붐이 일면서 한인 식당은 현지 손님들로 채워졌다. 사장인 P 씨는 한국 음식의 맛을 해치지 않는 선에서 이슬람법에 허용된 재료만을 이용해 한국 음식을 만들었고, 한인 식당으로는 최초로 할랄 인증을 받은 식당이 되었다. 이에 따라 한류를 계기로 한국 문화와 음식에 관심을 갖게 되었으나 그동안 한국 식당을 찾지 못했던 많은 말레이인 사이에 스위트리 식당이 알려지기 시작해 이 식당은 말레이인들로 북적이는 식당이 되었다.

그러나 P 씨는 단순히 말레이인들에게 음식을 파는 것에만 만족하지 않는다. 그는 현지인들이 한국 하면 'K-pop', '한국 드라마', '삼겹살', '소주' 등만 떠올리는 것에 문제의식을 느끼고 현지인들이 찾아와 한국 음식을 먹으면서 자연스럽게 한국 문화도 체험할 수 있는 공간을 만들자는 구상을 하게 되었다. 스위트리는 한류를 이용한 마케팅을 하지 않아 이 식당에서는 여타의 한인 식당과 달리 한류 포스터를 볼 수 없다. 대신 딱지치기나 달고나 만들기 등과 같은 한국 문화를 체험할 수 있도록 했고, 곳곳에 장구, 한복 등을 배치하고 방을 포석정 모양으로 꾸미는 등 한국적인 느낌을 살렸다. 그러나 이러한 것들이 사장 P 씨의 일방적인 의사에 의해서 결정되지는 않았다. 그는 식당을 찾는 현지인들과 소통하고 그들이 한국 문화에 대해 가지는 인상과 요구를 받아들여 이러한 문화 체험 행사를 실행하고 있는 것이다. 예컨대 스위트리를 찾는 현지인들에게 가장 인기 있는 딱지치기와 달고나는 한국 버라이어티 쇼인 〈러닝

그림 9 non-halal 음식

맨〉에서 한국 연예인들이 이 놀이를 하는 모습을 본 많은 현지인들이 '재밌어 보인다', '해보고 싶다'는 말을 하는 것을 보고 실행하게 된 것이다.

이렇듯 현지인들의 의견을 수용하여 한국 문화를 체험할 수 있게 한 스위트리의 노력은 한국문화센터Korean Culture Center 설립으로도 이어졌다. 당시 스위트리는 1층과 2층을 식당으로 사용하고 3층에 한국문화센터를 만들었는데, 이곳은 현지인들로 하여금 다양한 한국 문화를 체험할 수 있도록 만든 조그마한 공간으로 문화 중개자 역할을 수행하였다.

이곳에서는 현재 현지인들을 대상으로 '한국어 초급Korean Language Basic', '한국어 고급Korean Language Advanced', '한국 요리Korean Cuisine, Korean Cooking', '한국 미용Beauty Make-up', '한국 대중가요와 노래K-pop Song, Korean Song', '한국의 진흙 공예Korean Clay Art', '한국 미술과 민화Korean Printing, Korean Minhwa' 등의 강의를 하고 있다. 공식적인 기관이 아니기 때문에 자격증이 주어지는 것이 아님에도 한국 문화를 더 깊이 알고 싶어 하는 많은 현지인이 강의를 수강하고 있다. 사실 이 문화센터 자체도 식당을 찾는 현지 손님들의 요구로 만들어졌다. P 씨는 다음과 같이 말한다.

"한류를 굉장히 좋아해서, 와서 한국 음식을 먹고 싶어 하는 손님들이 한국 음식을 먹고, 또 저희가 하는 딱지치기나 달고나 같은 거를 하시면서 부수적으로 한국어 강의도 있냐, 한국어를 배울 수 있냐, 아니면 한국 음식 만드는 법을 배워보고 싶다, 이런 이야기를 많이 하셨어요. [...] 사실은 손님들이 이런 거를 더 많이 원했기 때문에 저희가 시작했다고 봐야죠."

그의 말을 통해 한국인 스위트리 사장과 현지 손님 사이에 활발한 교류가 오가고 있음을 알 수 있다. 이것은 한류로 인해 한국과 말레이시아의 관계가 민간 수준까지 확대되었음을 보여주는 것이며, 이러한 변화를 통해 말레이시아 한인 사회는 현지 사회와 보다 긴밀한 관계를 구축해가고 있음을 알 수 있다.

이처럼 한류 붐은 한인 식당의 성격 변화와 현지 사회와의 교류 증진을 초래했지만, 한류 붐이 한인들에게 가져온 보다 의미 깊은 변화는 그것이 그들에게 한국인으로서의 자긍심을 심어주었다는 것이다. "다른 무엇보다도 한류가 말레이시아에 한국을 알리고, 한국 문화를 알리고, 한국 사람을 알리는 데 엄청난 공헌을 한 겁니다"라는 한인회 관계자의 말에 잘 드러나 있듯이, 한류는 현지 사회로부터 한국에 대한 인식을 제고하는 데 커다란 역할을 했다.

한류 붐 이전에 한인들은 어디를 가든지 "당신은 일본인입니까?", 아니면 "당신은 중국인입니까?"라는 말을 들었다고 한다. 이는 한류 붐 이전에 현지 사회에서 한인이 차지하는 위치 또는 위상이 어떠했는지를 알려주는데, 일본과 중국에 비해 교포 사회 규모가 작았기 때문에 현지인들 사이에서 한인들의 존재가 크게 부각되지 못했던 것이다.

그러나 한류가 본격화되기 시작하면서 한인들은 "당신은 한국인입니까?Are you Korean?"라는 질문을 받는 경우가 많아졌다. 이것은 작은 변화인 것 같지만 현지 사회에서 한인들의 존재를 인식하기 시작했다는 점에서 한인 사회에서는 큰 의미가 있는 변화라고 할 수 있다. 그리고 이러한 현지 사회에서의 한인 사회에 대한 인식 또는 인정은 한인 사회의 위상 제고와 한인으로서의 자긍심을 높이는 주요 요인으로 작용했다.

이처럼 한국인으로서의 정체성과 한인으로서의 높아진 자긍심은 한인들로 하여금 자신의 문화를 재발견하고 이를 자신 있게 표현할 수 있는 심리적인 자신감으로 이어졌다. 대표적인 예로 한국의 날 행사를 들 수 있다. 한국의 날은 2010년부터 시작하여 현재까지 이어지고 있는 한인 사회에서 가장 큰 연례행사이다.

한국의 날은 한인 사회의 대표단체인 한인회를 중심으로 대한무역투자진흥공사KOTRA, 한국관광공사KTO의 협력과 후원으로 개최하는 행사이다. 이 행사의 주요 개념은 간단히 말해 '한국 문화 박람회'라고 할 수 있다.

한국 문화를 대표하는 여러 물건 및 상징물 등을 전시하고 한국 문화 체험을 할 수 있도록 하는 축제인 것이다. 예컨대 막걸리, 배, 가전제품, 옷 등 한국을 대표하는 다양한 물건들이 전시되고, 윷놀이, 제기차기, 널뛰기 등 한국 전통문화 놀이도 체험할 수 있게 한다. 이 행사는 표면적으로는 한인들을 대상으로 하는 것처럼 보이지만 현지인들이 함께할 수 있게 염두에 둔 행사이다. 이것이 더 중요한 목적 중 하나일 수 있다. 따라서 한류 팬들의 주의를 끌기 위해 K-pop, 한국 음식 등을 알리는 부스들도 함께 설치한다.[7]

이처럼 한국의 날은 현지 사회에서 한인 사회의 위상과 비중이 높아짐에 따라 생겨난 한인들의 자신감과 자긍심의 표현이라 할 수 있다. 높아진 한국인으로서의 자긍심은 한인들로 하여금 현지 인들에게 자신의 전통문화를 소개하고 알리는 심리적 자신감을 부여해주었다. 또한 한국의 날은 앞에서 언급한 민간 수준에서의 현지 사회와 한인 사회의 교류가 증진되는 또 하나의 사례임을 보여 주고 있다. 한국 문화에 대한 현지인들의 관심을 촉발해 한인들에 대한 인식과 위상을 제고하는 요인으로 작용함에 따라 현지 사회와 한인 사회의 교류 및 협력관계를 공고히 하는 결과를 낳게 된 것 이다.

말레이시아 내의 한류 붐은 한인들에게 한국인으로서의 자긍 심을 심어주는 한편, 한인 사회와 융합하고 보다 긴밀한 관계를 형성하는 좋은 계기를 마련해준 중요한 계기를 제공하였다는 점에서 한인 사회의 발전 과정에서 매우 중요한 의미를 지닌, 일종의 '문화 현상'이라고 할 수 있다.

---

7 한국의 날에 대한 현지인들의 관심 증대로 2012년 5만 명, 2013년 7만 명, 2014년 약 8만 명, 2015년 10만 명, 2016년 12만 명, 2017년 15만 명 이상의 현지인들이 방문하여 동참한 것으로 집계되었다(주최 측 통계 자료). 이를 통해 한국의 날에 대한 현지인들의 관심이 지속적으로 증대하고 있음을 알 수 있다.

3. 무슬림 소비자를 대상으로 한 글로벌 기업 확대

말레이시아에서 '할랄'이 의미하는 바가 무엇이며, 이 개념을 통해 말레이시아 현지 사회와 한인 사회가 어떻게 연계될 수 있는지에 대해 살펴보도록 하자. '할랄'이라는 단어를 들어본 사람도 있을 것이다. 할랄은 이슬람교도인 무슬림이 먹고 쓸 수 있는 제품을 총칭하며, 아랍어로 '허용된 것'이라는 뜻으로 이슬람법의 원리와 규범에 따라 만들어진 것이라는 의미를 지닌다. 식품의 경우 곡물, 과일, 채소, 해산물은 특별한 규정이 없으나 육류에 한해선 이슬람식 도축법으로 도살한 짐승의 고기만을 할랄 육류로 분류한다.

무슬림은 전 세계 인구의 약 25퍼센트를 차지하고 있으며, 이들을 소비자로 보유하고 있는 할랄 시장은 전도유망하고 굉장히 큰 시장이다. 규모는 약 2.3조 달러로 한화 약 2,700조 원에 이른다. 현재 말레이시아는 글로벌 할랄 시장의 리더 국가이기 때문에 중요한 의미를 지닌다. 세계 할랄 시장의 리더를 자처하는 말레이시아는 1997년 국제적으로 인정받는 할랄 인증 정부 기관인 자낌에서 할랄 인증 기관을 설립하고, 세계 이슬람 '할랄' 시장의 메카가 되겠다고 선언했다. 당시로는 무모할 정도로 과감한 선언이었다. 하지만 이 선언은 말레이시아를 세계에 널리 알리게 된 주요 사건 중 하나였다.

이를 통해 말레이시아는 전 세계 20억 무슬림들의 할랄 시장을 장악할 채비를 하기 시작했다. 할랄 시장의 메카로 빠르게 발돋움하며 말레이시아는 이슬람 사회에서뿐만 아니라 세계적으로 매우 중요한 국가로 자리매김하게 된다. 이는 말레이시아가 세계에 상당한 영향력을 행사할 수 있는 능력과 위상을 보유하고 있음을 증명한 대표적 사례이기도 하다. 그 결과 말레이시아는 현재 세계 최대할랄 제품 수출국으로서, 할랄 시장 중 가장 큰 시장인 식품 및 금융 부문을 장악하게 되었다. 무슬림 시장 확장 기회 측면에서 중국과 인도에 비견되는 '세 번째 10억the 3rd one billion'으로 선정되었을 정도다. 할랄 시장 규모가 엄청나게 큰 것과 더불어 말레이시아가 할랄 시장을 주도하게 되었다는 의미이기도 하다.

할랄 제품은 이제 무슬림 소비자들뿐만 아니라 비무슬림 소비자들에게도 안전하고 건강에 도움이 되는 제품으로 폭넓게 인식되고 있다. 비무슬림 소비자들의 할랄 제품 판매량과 소비량이 점진적으로 증가세를 보이고 있는 것이 이를 입증한다.

할랄 산업 역시 점점 확장하며 세분화되고 있다. 우리가 흔히 알고 있는 식품뿐 아니라 화장품, 전자기기 등의 분야에서 할랄 인증을 취득한 제품이 늘어나고 있다. 이는 가장 큰 할랄 제품 수출국인 말레이시아의 영향력 또한 확대되고 있음을 뜻한다.

세계 이슬람 경제 지표Global Islamic Economy Indicator, GIEI에 따르면, 말레이시아는 8년 연속 글로벌 이슬람 경제를 이끌고 있다. 말레이시아는 할랄 패션과 할랄 미디어, 할랄 여가 용품 부문을 제외한 전 할랄 산업 부문에서 꾸준한 성장세를 기록해왔다. 이슬람 경제는 자본주의나 사회주의 경제체제가 아닌 제3의 경제체제로 움직인다. 이슬람 경제는 과거의 전통과 이슬람 율법인 샤리아를 현대

그림 10 할랄 인증 마크

의 경제체제에 접목하고 있기 때문이다.

말레이시아는 2021 GIEI 순위 1위를 기록했을 뿐만 아니라 이슬람 경제학계도 선도하고 있다. 세계적 수준의 이슬람 학자와 이슬람 금융전문가 중 상당수가 말레이시아에서 국제이슬람대학Islam Universiti Antarabangsa, International Islamic University, IUA을 비롯해 현지 대학과 대학원에서 학위를 취득하였다. 이외에도 말레이시아 정부는 계획적으로 이슬람 디지털 경제를 적극적으로 육성하였다. 그 결과 이슬람 금융과 은행, 보험, 증권, 핀테크 부문에서 선두주자로 자리매김하고 있다.

2019 CEO World Magazine에 따르면, 말레이시아는 이슬람 협력기구 회원국과의 경제투자와 무역 관계가 튼실한 최고의 사업 및 투자환경을 보유한 국가로 선정되기도 했다. 이슬람 협력기구란 Organisation of Islamic Cooperation으로 57개국이 가입한 이슬람권 최대 국제기구로 이슬람 국가들의 연대 및 협력 등을 목적으로 창설되었다.

GIEI 1위를 차지한 것은 이런 종합적인 노력에 따른 결과이다. 그럼 많은 이슬람권 국가 중 말레이시아에서 유독 이슬람 경제가 발달하게 된 이유는 무엇일까. 그리고 말레이시아는 어떻게 이슬람 경제 1위 국가가 되었을까?

첫째, 다종족 국가라는 환경이다. 무슬림 인구가 대부분인 다른 국가들과 달리 인구의 69퍼센트만이 무슬림(말레이계 69.6퍼센트, 화인 22.6퍼센트, 인도계 6.8퍼센트, 기타 1.0퍼센트)이다 보니 할랄이 아닌 것에 오염될지 모른다는 경계심이 높을 수밖에 없다. 할랄과 반대되는 용어로 '하람haram'이 있다, 아랍어로 '금지된'이라는 뜻이다. 예컨대 인구의 약 22~25퍼센트를 차지하는 화인들은 대표적인 하람인 돼지고기를 즐겨 먹는다. 이슬람에선 돼지고기는 물론, 돼지의 콜라겐 성분이 담긴 화장품, 돼지고기를 자른 칼이 닿은 식품들도 하람으로 간주한다. 하람으로 규정된 동물의 가죽이나 털이 섞인 의류 또한 금지한다. 이런 상황은 말레이시아의 무슬림에게 하람에 대한 경계심과 조심성을 더욱 유발시켰고, 엄격한 기준으로 안전한(?) 이슬람 제품들을 발전시키는 토대가 되었다.

둘째, '이슬람 경제'라는 확고한 목표 설정과 정부의 적극적 지원을 들 수 있다. 말레이시아의 경제 권력은 화인들이 갖고 있다. 재벌 회장들만 봐도 대체로 화인들이다. 이에 말레이시아 정치 권력을 가진 말레이계는 상대적으로 부족한 말레이계 국민들의 경제적 지위를 상승시키고자 했다. 이를 위해 이슬람 경제를 키우고자 했을 뿐만 아니라, 국가 전체적으로도 이슬람 경제를 국가의 주요 성장 동력으로 삼는 것이 말레이시아의 미래를 위하는 길이라 생각했다.

말레이시아는 1997년 이후 2020년까지 할랄 제품, 서비스, 생산 및 교역의 글로벌 허브로 성장한다는 목표를 세우고, 할랄 산업을 정부의 핵심 산업으로 선정하여 전략적으로 육성해왔다. 할랄 산업은 시간이 갈수록 더 중요해질 수밖에 없는 이유가 있다. 현대 사회에서는 과거의 할랄/하람 구분이 그대로 적용되지 않는 경우가 기하급수적으로 늘어날 수밖에 없기 때문이다. 식품 분야를 예로 들면 가공기술이 발달해 과거에는 없던 재료와 첨가물들이 생겨나고 있다. 이렇게 시대가 변함에 따라 달라지는 요구에 대응하기 위해 할랄 인증제도가 생겨났다.

전 세계에 300여 개의 할랄 인증단체가 산재해있다. 이토록 많은 단체가 각각 다른 할랄 인증기준을 가지고 있다면 할랄 산업은 지속적으로 성장하기 힘들다. 말레이시아는 이런 상황 속에서 세계적으로 통합된 인증기준을 마련하기 위해 가장 적극적으로 대응해왔다.

원래 다른 국가에서는 이슬람 사원이나 무슬림 조직에서 할랄 인증을 발급해왔는데, 말레이시아는 국가에서 전략적으로 할랄 산업을 육성하고 있다. 1997년 세계 최초의 할랄 인증 기관인 자낌을 정부 조직 내에 신설하고, 2000년에는 세계 최초로 문서화된 할랄 인증제도를 갖췄다.

자낌은 원재료의 성분, 제조공정, 출하공정까지 인증심사를 엄격하게 관리하며 할랄 인증을 부여한다. 자낌의 할랄 인증제도는 다른 국가들에 비해 복잡하고 까다로운 인증 절차를 보유하고 있으며, 가장 엄격하고 어려운 인증으로 명실공히 세계 최고 수준이라 평가되되 널리 인정받고 있다. 이처럼 자낌의 할랄 인증에 대한 국제적 인지도 및 공신력은 가장 높은 편이라고 공인받았다. 또한 자낌의 할랄 인증제도는 자국 내에서 유통되는 제품의 인증을 총괄하는 동시에 해외 할랄 인증기관들과의 네트워크 구축도 적극적으로 이뤄졌다. 상호 인증 관계에 있는 외국 할랄 인증기관은 70개가 넘을 정도다. 그 결과 말레이시아 및 전 세계 할랄 시장으로 수출하기 위해선 자낌으로부터 할랄 인증을 받는 것이 유리하다.

셋째, 말레이시아 내 화인들의 경제력을 적극 이용하였다는 점이다. 자낌이 빠르게 정착할 수 있었던 배경에는 비무슬림인 화인들이 운영하는 식품업체들과 말레이시아에 생산시설을 둔 다국적 식품기업, 패스트푸드 기업들의 적극적인 협조가 있었다. 초창기에는 약간의 반발이 있기도 했으나, 시간이 지나면서 점차 말레이시아 정부 주도의 글로벌 할랄 허브 추진에 적극적으로 동참했다.

이들 입장에선 정부로부터 할랄 인증을 받으면 비무슬림 기업으로서 무슬림 소비자의 신뢰를 얻을 수 있고, 까다로운 검사 과정을 거쳐 인증을 받으면 비무슬림들에도 인정받을 수 있기 때문이다. 기업들의 협조는 그들의 사업을 더 확장하기 위한 영업 및 마케팅을 할 기회이기도 했다. 그 결과, 참여했던 기업들 또한 전 세계 할랄 시장에서 점유율을 크게 높이는 성과를 창출해낼 수 있었다. 이것은 도축자를 제외한 할랄 식품 생산자나 판매자가 반드시 무슬림이지는 않아도 되는 할랄 인증제도의 규정을 말레이시아가 잘 이용한 사례라 할 수 있다.

전술했듯이 무슬림 인구가 대부분을 이루는 다른 국가들과 달리 인구의 69퍼센트만이 무슬림인 말레이시아는 경제력 높은 화인들의 비율이 22.6퍼센트나 된다. 이는 그만큼 운용할 수 있는 경제력이 많다는 뜻이기도 하다. 말레이시아는 이 부분을 강점으로 잘 이용했다.

말레이시아에선 현재 할랄산업개발공사Halal Development Corporation, HDC가 할랄 산업 전반에 대한 홍보 및 지원 정책을 수행하고 있다. 세계 최대 규모의 국제 할랄 쇼케이스인 미하스Malaysia International Halal Showcase, MIHAS를 정기적으로 개최하는 등 굵직한 이벤트들도 진행한다. 미하스는 식품과 음식을 비롯, 화장품과 의약품, 식품 기술, 전자 상거래, 무슬림 친화적인 관광상품, 프랜차이즈 등 다양한 분야의 제품과 서비스를 전시한다. 국제 바이어와 셀러를 연결해주기도 한다. 2019년 코로나가 터지기 전에는 44개국에서 1천여 개의 전시 업체가 참여하기도 했다.

이슬람 시장은 앞으로 더욱 커질 전망이다. 이슬람 교리에는 다산을 위한 특별한 규정이나 제약이 존재하지 않지만 낙태나 유산에 관한 제약은 있다. 중요한 건 낙태나 유산에 대한 제약이 존재하기에 어찌 되었든 이슬람 사회에선 다산이 장려되고 있고, 이는 자연스럽게 무슬림들의 인구 증가로 이어질 것이다.

지금까지도 이슬람 국가들의 경제 발전과 중산층의 증가는 이슬람 시장이 확장하는 데 크게 일조했다. 당연히 할랄 시장 또한 대폭 성장했다. 시장이 커지면서 2010년에는 무슬림 소비자를 사업 목표로 하는 이슬람 마케팅Islamic marketing 개념이 정립되었으며, 글로벌 기업들은 이에 대해 적극적으로 투자하기 시작했다.

할랄 사업은 초기에는 주로 식음료를 포함한 음식과 요리 분야에 한정되었으나 최근에는 화장품, 의약품, 건강 보건, 경제, 금융, 은행, 보험, 증권, 패션, 물류, 관광에까지 영역과 범위를 계속 넓혀

가고 있다.

2013년, 말레이시아는 정부 주도하에 할랄의 개념을 확장하기도 했다. '무슬림에게 허용 가능하고Permissible, 건강에 좋으며Wholesome, 안전하고Safe, 질적으로 우수한Quality'이라는 의미를 지닌 '할랄 토이 이반thoyyiban halal'이라는 개념을 만들어 비무슬림 소비자들의 할랄 제품 소비를 장려해왔으며 좋은 성과를 거두어왔다. 말레이시아가 현대적인 무슬림 소비문화를 대표하는 지역으로 할랄 시장 개척을 위한 최적의 조건을 갖춘 '테스트베드Test Bed'(새로운 기술·제품·서비스의 성능 및 효과를 시험할 수 있는 환경 혹은 시스템이나 설비를 가리킴)임은 분명하다.

4. 한류 콘텐츠 유입에 따른 양국 간 교류 확대

최근 한인 사회가 암팡에서 몽키아라로 이전되면서 보다 많은 한류 콘텐츠가 몽키아라에서 소비되고 있음을 확인할 수 있다. 암팡 한인 사회에 비해 상대적으로 몽키아라 한인 사회가 훨씬 더 한류의 영향 속에 있다고 할 수 있는 이유이기도 하다. 재마 한인회 사무실 이전은 이를 상징적으로 보여준 결과다.

말레이시아는 동남아시아 국가 중 한류Hallyu, Korean Wave 콘텐츠가 가장 늦게 유입된 나라 중 하나로 알려져 있다. 2002년 한국 드라마 〈겨울연가〉가 방영된 이후 〈대장금〉 등의 드라마가 인기를 끌었고, 이후 드라마와 함께 〈올드보이〉, 〈엽기적인 그녀〉와 같은 한국 영화가 인기를 끌었으며, 한국 대중가요 등 문화상품에 대한 관심이 고조된 것으로 나타났다. 또한, 말레이시아 방송에서 한류 콘텐츠에 대한 관심이 고조되기도 했다. 예를 들어, 2006년 말레이시아의 수도 쿠알라룸푸르에 거주하는 말레이시아인 500명을 대상으로 조사한 결과 70.3퍼센트가 한국 드라마에, 68.9퍼센트는 한국 영화, 56.7퍼센트는 K-Pop에 만족하고 있는 것으로 나타났다.

2000년대 중후반을 거치면서 K-Pop이 말레이시아 대중의 관심을 본격적으로 받기 시작했고, CD와 DVD 등으로 제작되어 대량 유통되었다. 2010년대에 접어들면서 한국 영화와 예능프로그램이 말레이시아에 대거 진출하여 말레이시아 내에서 한류 콘텐츠가 주된 콘텐츠로 굳건하게 자리 잡는 주요 계기가 되었다. 이후 게임, 만화, 애니메이션, 캐릭터, 출판, 음악, 방송, 이미지, 공연 등 문화콘텐츠 산업 전 영역에서 한류 콘텐츠가 주요 콘텐츠로서 위상을 정립하게 되었다.

말레이시아에서는 2015년 이후에도 문화콘텐츠 장르에 따라 정도 차이는 있지만 한류 열풍이 지속되고 있음을 실감할 수 있다. 가까운 음반 가게나 콘서트장에 들어가면 한국 유명 가수들의 음반 소개나 공연 일정을 쉽게 볼 수 있을 정도다. 심지어는 TV 채널을 돌리다 보면 한 번 이상은 볼 수 있는 것이 한국 드라마일 정도다.

말레이시아에서 한류 열풍은 한국 드라마에서 시작되었다. 말레이시아 사람과 한국에 대해 이야기하다 보면 드라마 이야기로 시작해서 드라마로 끝나곤 한다. 얼마 전까지만 해도 〈Jewel in Palace〉(대장금), 〈Winter Sonata〉(겨울연가) 〈Full House〉(풀하우스)와 같은 작품이 인기를 끌었고, 이어서 〈Stairway to Heaven〉(천국의 계단), 〈Princess Lulu〉(루루공주)와 같은 작품들도 인기가 있었다. 그리고 〈Full House〉에서 주연을 맡았던 비를 포함하여 배용준, 현빈, 동방신기, 슈퍼주니어, 싸이, B1A4, 엑소EXO와 방탄소년단BTS 등과 같은 영화배우, 탤런트, 가수 등 엔터테이너들의 음반이나 뮤직비디오 등이 널리 인기를 끌게 되면서 말레이시아의 음반시장에도 한류 열풍이 거세게 불었다.

LG텔레콤에서 주최한 '동방신기 폰 프로모션' 행사에 수많은 인파가 운집하였는데, 이는 말레이시아에서 한국 음악에 대한 관심도를 알 수 있는 좋은 지표 중 하나다. 이러한 드라마나 대중음악에서 시작된 한류로 말레이시아인들은 한국 문화에도 큰 관심을 두게 되었고, 이러한 관심은 한인 사회에도 영향을 미치고 있다.

원래는 한인들을 주 고객으로 영업하던 식당에서도 30퍼센트에서 많게는 80퍼센트까지 말레이시아인 손님으로 채워지고 있을 정도이다. 한 예로, 말레이시아의 가장 큰 국립대학인 말라야대학교 University of Malaya, UM에서 'Window to the World'라는 세계 각국의 문화를 체험할 수 있는 행사가 열렸다. 그곳의 한국 부스는 사람들로 붐비어 들어가기조차 힘들 정도였다. 학생들은 그곳에서 판매하는 한국 액세서리에도 큰 관심을 보여 결국 한국 상품은 동이 나고 말았다. 그리고 그 행사의 배경음악으로는 한국 가수 '비'의 노래가

흘러나왔다.

　말레이시아를 대상으로 한 한류와 한류 콘텐츠를 활성화하기 위한 정책을 올바로 수립, 운영하기 위해선 다음과 같은 사실을 고려할 필요가 있다.

　우선 현지 문화에 대한 이해와 배려를 통한 한류 콘텐츠와 현지 문화콘텐츠와의 적절한 접목과 융합을 위한 노력이 배가될 필요가 있다. 말레이시아 정부의 적극적인 문화콘텐츠 산업 육성정책은 문화를 매개로 한 한국-말레이시아 간 교류와 협력을 확대하기 위한 토대가 공고해지고 있음을 의미한다. 문화콘텐츠 산업정책 수립과 집행에 있어 통신멀티미디어부가 차지하는 중심적 역할을 고려할 때 말레이시아와의 문화교류에 있어 핵심 파트너로 설정할 것이 요구된다. 문화콘텐츠 산업에 대한 말레이시아 정부의 이슬람주의적이면서 민족주의적 태도를 고려하여 한류 확산 정책이 수립되어야 할 것이다.

　또한, 한류에 대한 부정적 태도의 출현을 최소화하기 위해 한류가 내포하는 일방향성을 완화하고 문화교류에 있어 호혜성을 부각할 수 있는 정책적 배려가 요구된다. 한국에서 개최되는 국제적 수준의 활동(예를 들면 국제영화제, 국제관광박람회, 국제유학박람회, 국제패션쇼, 국제음악페스티벌, 국제ICT박람회. 게임박람회, 애니메이션영화제, 웹툰경진대회, 만화페스티벌 등)에 참여할 대표를 말레이시아 관광예술문화부와 통신멀티미디어부 등을 통해 보다 적극적으로 섭외하고 홍보할 필요성이 증대하였다. 이를 통해 말레이시아 대중의 한류에 대한 호의적 태도를 이끌어 내고, 사회문화 교류와 협력에서의 쌍방향적, 호혜적 교류와 협력을 확장, 심화할 필요가 있다.

네이버와 삼성전자, 코스모, 웹툰 등에 대한 말레이시아 언론의 호의적 담론이 예시하는 것처럼 말레이시아 문화와 문화콘텐츠, 문화산업의 지속 가능한 발전을 위한 한국의 지속적인 관심과 후원, 상호 교류와 협력의 확대가 필수적으로 요구된다.

전통적 문화콘텐츠뿐만 아니라 새롭게 등장하는 문화콘텐츠를 대상으로 한 검열이 강화되고 있다는 사실을 국내 관련 업계에 정확하게 전달할 필요성 또한 제기되었다. 이런 의미에서 한국의 검열기준과 말레이시아의 검열기준 사이에 존재하는 문화적 차이에 대한 명확한 인식이 요구된다.

또한, 말레이시아 이슬람과 이슬람화에 따른 말레이시아의 문화와 한국 문화 사이에 존재하는 문화적 차이에 대한 인식과 그에 대한 실천적 노력이 필요할 것이다. 젠더와 성sex에 대한 한국과 말레이시아의 인식 차이 및 그에 대한 문화적 차이점과 공통점에 대한 상호 이해는 물론 교육의 중요성에 관한 인식과 그에 대한 실천적 특징과 의미에 관한 인식을 환기시킬 수 있는 다양한 정책적 노력이 필요하다.

특히 성적 소재에 대한 검열기준이 한국보다 훨씬 엄격하게 적용된다는 점을 유념해야 할 것이다. 한국에서 일상적으로 여겨질 노출 수준보다 훨씬 엄격한 기준이 적용되고 있다는 점이나 키스 장면과 같이 가벼운 수준의 신체적 접촉이 검열 대상일 수 있다는 점

그림 11 쿠알라룸푸르에 위치한 롯덴 부킷빈탕

등이 강조되어야 할 것이다. 종교적 문제에 대한 검열기준이 매우 엄격한 편이라는 사실을 고려해야 하며, 단순한 종교 비교, 개종 등과 같은 문제 역시 중요한 검열기준으로 작동하고 있다는 점 역시 유념해야 할 것이다.

정부의 검열 강화가 민간업체에 의해 수용되고 있다는 점 역시 주목되어야 할 것이다. 문화콘텐츠 수입업체와 방송사의 자체 검열로 인해 콘텐츠 수출에 부정적인 영향이 미칠 수 있기 때문이다.

나아가 말레이시아에서 한류의 일상화의 특징과 의미에 대한 비판적 검토와 체계적 분석과 함께 한류에 대한 말레이시아인들의 인식과 반응에 대한 체계적 연구도 필요하다. 말레이시아인의 일상생활에 한류가 미치는 영향을 보다 균형적으로 연구해야 할 필요성을 제기하고자 한다.

마지막으로, 말레이시아 한류의 현황에 대한 긍정적, 부정적 측면과 같은 양면성을 모두 비판적으로 검토하고 체계적으로 분석하여 이를 새로운 도약의 기반으로 삼을 필요가 있다. 이를 위해선 최근 상황에 대한 보다 체계적인 분석과 체계적 평가가 요구되며, 이를 바탕으로 한국-말레이시아의 교류와 협력을 증진시킬 수 있는 현실적인 대안을 마련할 필요가 있다.

또한, 현지에서 개최하는 각종 한류 행사를 관계기관 간 협력을 통해 공동행사로 확대함으로써 시너지효과를 극대화해나가야 할 것이다. 나아가 말레이시아 현지 한류 전도사 역할을 자임하는 현지인 중심의 한류 관련 단체와 기관들을 보다 적극적으로 지원하고, 한류 팬클럽 커뮤니티 간 교류와 협력을 위한 지원을 더욱더 활성화할 필요가 있다. 특히 말레이시아에서 한류 관련 서비스를 준비하는 현지인·현지 기업에 한류 진흥기관과의 공조를 통해 서비스 매뉴얼에서부터 기술·콘텐츠 지원까지 체계적으로 지원하는 노력이 필요할 것이다.

한편, 관광과 한국인 관광객이라는 주제로 한국인 관광객에게 말레이시아가 갖는 문화적 특징과 의미는 무엇이며, 그것이 한국인의 말레이시아 관광에 미치는 영향에 대해 살펴볼 필요가 있다. 한류 열풍의 확산은 말레이시아를 찾는 한국인 관광객과 한국인의 말레이시아 관광에도 직·간접적인 영향을 미치기 때문이다.

우선 말레이시아 내에서 한국 대중문화 확산에 따라 말레이시아의 한국에 대한 인식과 관심 및 호감도가 상승하였다. 신문방송에서 한국 관련 보도가 급증했고, 쿠알라룸푸르와 조호르바루, 조지타운, 페낭, 말라카, 이포 등의 대도시 쇼핑몰과 쇼핑센터 등에 한국 음식점들의 입점이 대폭 증가했다.

한국에 관한 관심 확대를 보여주는 자료 중 하나는 한국을 방문하는 말레이시아인들 관광객 숫자의 급속한 증가이다. 대표적인 예로, 2011년부터 2015년까지 한국을 1회 방문한 말레이시아 관광객의 비율은 77퍼센트, 2회 방문 비율은 13.4퍼센트, 3회는 4.0퍼센트, 4회 이상은 5.5퍼센트로 집계되었다. 2011년에 동남아시아 출신으로 한국을 방문한 관광객 숫자가 124만 4,000명에서 2016년에는 221만 5,300명으로 약 두 배가 증가했다. 이 중 말레이

그림 12 수리아 쇼핑몰

그림 13 수리아 쇼핑몰 내부 모습

그림 14 유명 쇼핑몰 인터마크 내부 모습

그림 15 그레이트 이스턴 쇼핑몰

그림 16 그레이트 이스턴 쇼핑몰 내 스타벅스

시아인 입국자는 2011년 15만 6,000명에서 2016년 31만 1,000명으로 증가했다.

2011년 이후 관광 목적으로 한국을 찾는 말레이시아 입국자가 약간의 증감은 있을지라도 평균적으로 계속 늘고 있다는 사실뿐만 아니라 그들의 방문 횟수 역시 지속적으로 늘어나고 있다는 사실을 통해 한국 방문은 주로 관광 목적의 말레이시아 방문자에 의해 이루어지고 있으며, 그 빈도 역시 늘어나고 있음을 추정할 수 있다.

이처럼 2010년대 한류 확산과 말레이시아 관광객의 급증은 밀접한 상관관계를 가지고 있다. 한국을 방문한 말레이시아인이 한류의 영향을 강하게 받은 집단임을 고려해보면, 관광객 증가는 한류 확산의 토대가 더욱 공고화되고 있음을 시사하고 있다는 사실을 알 수 있다.

한편, 콘도미니엄 등 다세대 주택에서 숙소를 임대하는 경우 현재로서는 건물 관리사무소의 규정을 우선 고려해야 한다. 일부 고급 콘도미니엄에서는 거주민들의 프라이버시와 보안상의 우려로 인해 에어비앤비 운영을 금지하고 있다. 불법과 합법 사이에서 아슬아슬한 줄타기 중인 에어비앤비가 추후 완벽하게 정착하게 된다 하더라도 호스트와 투숙객의 서로 간 다양한 피해 사례에 대한 세부적인 연구와 대처가 지속적으로 필요할 것이다.[8]

---

8 http://koreanpress.net/detail.php?number=3315&thread=22r01

3장

말레이시아의 이주정책과
한인 정체성의 형성과 변화

1. 한국인들의 은퇴이주 대상지로서 말레이시아와
   MM2H 프로그램의 일반적 특징

말레이시아를 대표하는 슬로건은 '진정한 아시아!Truly Asia!'이다. 말레이시아를 방문한 적이 있는 사람들은 '말레이시아, 진정한 아시아Malaysia, Truly Asia'라는 문구를 거리와 상점 등지에서 쉽게 발견할 수 있다. 말레이시아가 '진정한 아시아'라는 말은, 말레이시아가 '아시아의 축소판'이라는 뜻이다. 문화적 다양성과 민족적 복합성으로 아시아 문화의 진수가 말레이시아에 집약되어있다는 말이다. '아시아 문화 모자이크Asian cultural mosaic'는 말레이시아에서 '말레이시아 문화 모자이크Malaysian cultural mosaic'라는 축약어로 구현되어있다.

 '진정한 아시아', 즉 '아시아 문화 모자이크'의 '진정한' 축소판은 오늘날 말레이시아를 대표하는 슬로건으로 자리 잡았다. 이러한 '진정한 아시아, 말레이시아'에서 은퇴 이후 노후 생활을 즐기기 위해 한국인들을 비롯한 수많은 외국인 은퇴이주자들이 말레이시아를 방문하고 있다.

 한국인들의 말레이시아 입국 요인으로 조기유학과 부동산 투자, 그리고 최근 각광 받기 시작한 것이 은퇴이주라고 할 수 있다. 말레이시아 정부는 MM2H 프로그램을 통해 안락한 은퇴 생활을 위해 말레이시아를 찾아오라고 대대적으로 홍보해왔다. 외국인 은퇴 이주자들을 유치하기 위해 정부가 발 벗고 나선 것이다. 특히 한국 인들을 주요 목표로 삼고 말레이시아로의 은퇴이주를 희망하는 한 국인들의 방문이나 체류를 적극 권장하고 있다. 이는 여기에서 말 레이시아의 이주정책의 특징과 의미를 MM2H를 중심으로 다루고 자 한 주요 이유 중 하나이기도 하다.

최근 한국에서도 외국인 은퇴이주자들의 천국으로 불리는 말 레이시아로의 은퇴이주 수요가 증가하고 있다. 특히 말레이시아는 50대 한국인들이 가장 선호하는 은퇴이민 대상국이다. 따라서 한 국인들의 말레이시아로의 은퇴이주를 위한 정보 제공의 필요성 역 시 증대하고 있다. 하지만 한국인들의 말레이시아로의 은퇴이주의 수요에 비해 관련 정보는 매우 미흡한 실정이며, 말레이시아 이민정 책의 특징과 의미에 대한 정확한 정보 역시 매우 부족하다고 할 수 있다. 이에 여기에서는 말레이시아 이민정책의 특징과 의미를 살펴 보고, 이것이 한인의 말레이시아로의 이주에 어떠한 영향을 미치는 지를 고찰한다.

말레이시아는 동남아시아 국가 중 정치적으로나 경제적으로 안 정된 나라에 속하며, 치안이 가장 잘 정비되어있어 가장 안전한 나 라 중 하나로 꼽히고 있다. 보다 격조 높은 생활을 영위하기 위한 매혹적인 주위환경과 다양한 음식뿐만 아니라 각양각색의 다채로 운 문화까지 즐길 수 있다.

MM2H 프로그램은 은퇴 이후 말레이시아로 이주하고자 하는 사람들을 위해 다양한 이주 정착 서비스를 제공하기 위해 말레이시아 정부에 의해 기획되어 실시된 말레이시아 이주정책 중에서도 주요한 정책이다. 10년 장기 체류비자와 거주공간과 차량을 구입할 때 받는 세금 면제 등은 MM2H가 제공하는 수많은 혜택 중 일부에 불과하다. 수천 명의 은퇴자가 이미 현지의 친절한 이웃과 더불어 교민들과 함께 행복한 생활을 영위하고 있는 것으로 보도되고 있다. 말레이시아에서의 은퇴 생활은 한국인들에게 새로운 삶이자 색다른 추억을 선사하는 것으로 받아들여지고 있다.

말레이시아 정부가 나서서 말레이시아 현지로의 은퇴이민을 적극 장려하는 데는 그만한 이유가 있다. 그리고 외국인들이 안락한 노후 생활지로서 말레이시아를 선택하는 데도 그럴만한 특별한 이유가 있다. 우선 여가 생활에 적합한 열대성 날씨를 들 수 있다. 둘째, 급격하게 부상하는 아시안 커뮤니티를 들 수 있고, 셋째 가족 여행지로서 매력적인 조건을 갖추고 있다. 즉 상대적으로 적은 비용으로 질 높은 생활을 추구하기에 적합한 지역으로 한국인 은퇴 이주자들에게 말레이시아가 인기를 끌고 있는 것이다.

필리핀, 인도네시아 등에 비해 생활비가 다소 비싸지만 상대적으로 치안 상태와 영어 통용도가 높은 수준이며, 다문화, 다종족의 특성으로 인해 의식주 문화가 다양하고, 한국에 비해 골프 등 레저 스포츠 시설이 풍부하고 저렴하기 때문에 이웃 동남아 국가들과 비교해 은퇴이주지로서 손색이 없는 것으로 정평이 나 있다.

말레이시아의 수도인 쿠알라룸푸르의 '암팡'이나 '몽키아라'는 한국 교민들이 가장 선호하는 지역으로, 말레이시아의 코리아타운으로 불리는 '암팡에비뉴'에는 한국 상점이 모여있고 한국 대사관 주위에 말레이시아 화인 자본이 한국의 건설업체와 손잡고 개발 중인 복합주거단지가 현재 분양 중에 있다. 또한 동양의 진주라고 불리는 페낭은 해양 생활과 운치 있는 경관을 좋아하는 은퇴자라면 고려해볼 만한 아름다운 지역이다. 스쿠버 다이빙, 등산 등 다양한 레저생활 또한 저렴한 비용으로 즐길 수 있다.

　말레이시아의 의료 서비스 수준은 그 시스템과 의료 전문 인력의 숙련도 측면에서 세계적인 평가를 받아 세계 3위의 의료관광지로 선정되었다.

　더욱이 MM2H 프로그램은 말레이시아 정부가 여유로운 노후 생활을 즐기고자 하는 외국의 은퇴자들을 유치하기 위해 기획한 것으로 이 프로그램을 통해 은퇴이주를 준비하는 사람들은 몇 가지 조건을 충족하면 다양한 혜택을 누리며 편안한 노후 생활이 가능하다. 현재까지 약 1,500명 이상의 한국인이 MM2H 비자를 발급받아 말레이시아에 거주 중이다.

　MM2H는 일종의 장기거주비자라는 개념과 동일시된다. 말레이시아에는 이민제도가 없어 거주를 위해서는 노동비자를 필수로 요한다. 하지만 MM2H를 통하면 노동비자 없이도 어느 정도 수준의 경제력만 증명되면 장기거주를 허가받을 수 있다.[1] 이는 한마디로 말레이시아를 제2의 고향으로 여기는 외국인들의 은퇴이주를 유치하고자 하는 말레이시아 정부의 야심 찬 정책이다. 2006년에는 총

65건의 한국인 MM2H 비자 신청이 있었다. 이 제도가 처음 도입되었던 2001년 이후 2006년 말까지 6년간 모두 213명의 한국인이 이 프로그램에 참여한 데 반해, 2007년 한 해 동안에는 152명이 비자를 신청하였다. 2008년에는 매달 약 700명 정도의 한국인이 이 프로그램에 지원 신청을 하고 있다. 이처럼 한국인들에게 MM2H의 인기는 해를 거듭할수록 높아지고 있다.

MM2H 프로그램은 은퇴 이후 말레이시아로 이주하고자 하는 사람들을 위해 다양한 이주 정착 서비스를 제공한다. 우선 주택 구입 시 특전이 있다. 주택 구입을 알선하고 임대료 할인 등의 혜택을 준다. 또한 주택 입주 시 필요한 전화와 인터넷, 아스트로^{Astro}(위성 TV) 등의 설치 서비스를 제공하기도 한다.

---

1   참고로 MM2H 프로그램은 기준 시한인 5년이 완료된 후에도 본인이 사회비자(social visa pass)를 갱신하거나 수속을 밟는 데 한 달이 채 안 걸린다. 개인은 최근 5년 동안 10만 링깃(한화 약 3,500만 원)을 갖고 있거나 외국에서 7,000링깃 이상의 고정 수입을 받을 수 있는 사람이며, 가족은 50살 이상으로, 최근 5년 동안 15만 링깃을 갖고 있거나 외국에서 1만 링깃 이하의 고정 수입을 받을 수 있는 사람이 가족 구성원에 포함된 경우다. 50살 이하는 최근 5년간 매년 30만 링깃을 갖고 있거나 외국에서 1만 링깃 이하의 고정 수입을 받을 수 있는 사람을 포함해야 한다. 이들은 여권용 사진 두 장과 여권 사본, 신분증명서, 결혼/출생증명서, 수입증명서, 재무 문서, 학생비자, 고용 허가서, 유효한 의료보험증서 등이 필요하다. 신청서 양식은 이민국, 말레이시아 여행사나 말레이시아 관련 공무 대리 사무실에 제출하면 된다.

2. 말레이시아 은퇴이주의 특징과 의미: MM2H의 허상과 실제

1) MM2H의 특징과 그 변용

여기에서는 말레이시아 은퇴이주의 특징과 그 의미를 MM2H의 허상과 실제를 중심으로 살펴보고자 한다. 특히 이 점을 MM2H의 특징과 그 변용이라는 관점에서 고찰하고자 한다. MM2H는 한국 인들의 조기유학 현상과 밀접한 관련을 맺고 있다. 그러므로 여기서는 우선 국제학교[2]에 대해서 살펴보고, 국제학교에서 한국 학생들의 생활과 은퇴이주와의 관련성에 대해 살펴보고자 한다. 우선, 쿠알라룸푸르 암팡 지역의 대표적인 국제학교에 대해 고찰함으로써 말레이시아 내 한국인 조기유학의 특징과 의미가 은퇴이주와는 어떠한 관련이 있는지를 다면적으로 이해하고자 한다.

말레이시아는 미국, 영국, 호주, 캐나다의 3분의 1 정도의 유학비용으로 영어와 중국어Mandarin를 함께 배울 수 있는 메리트가 있는

---

2 국제학교란 한 국가에 직업상 합법적으로 거주하는 외국인들의 자녀들이 국내 수업을 따라가기 힘든 경우에 입학할 수 있는 학교를 말한다. 즉, 국제학교의 설립목적은 외국에서 유학을 오려는 아이들을 유치하기 위한 것이 아니라 직업상 부모가 함께 거주하는 기존의 외국인 자녀들을 위하여 설립한 것이라고 할 수 있다. 말레이시아는 오랜 기간 영국의 식민 지배로 영연방 국가와의 인적 교류를 통해 많은 외국인이 거주하고 있으며, 여러 민족이 나라를 구성해서 살아가고 있어 국제학교 수와 종류가 매우 다양한 편이다. 한국 학생들이 선호하는 대표적인 국제학교는 영국식, 미국식 국제학교로 교과과정이나 교재가 영국과 미국 학교에서 사용하는 것을 그대로 사용하고 있다. 대부분의 학생 구성이 대사관 근무 외교관 자녀들, 다국적 기업 임직원 자녀들이라서 학업 분위기, 학교 시설 등도 매우 뛰어나다. 남들과 다른 차별화된 자기계발, 외국어 능력, 커리어 등을 쌓게 해주고 싶은 부모님 입장에서 봤을 때, 한국의 주입식 교육제도와는 다른 교육이 국제학교를 선택하게 된 동기일 것이다.

곳이다. 2010년 IND의 세계국가경쟁력 보고서에 의하면 조사대상 58개국 중 국가경쟁력 10위를 기록하였고, 또한 동남아 국가 중 싱가포르 다음으로 사회, 경제, 교육이 발전되었으며, 생활 수준 또한 높은 나라이다.

말레이시아는 방학 동안 큰 금전적 부담 없이 환상적이고 이국적인 휴가를 즐길 수 있는 기회 또한 제공한다. 말레이시아의 저가 항공사인 에어 아시아는 매우 저렴할 뿐만 아니라 때로는 무료 항공권을 제공하기도 하며, 태국, 베트남, 캄보디아, 인도네시아 그리고 필리핀에 인접해있어 더 다양한 휴가계획을 세울 수 있다. 또한 말레이시아는 이슬람국가로 술을 마시지 않기 때문에 조기유학의 문제점 중 하나인 학생들의 탈선행위가 상대적으로 적은 편이다.

말레이시아 교육부는 동남아시아의 교육 중심지로 자리매김하기 위해 2015년까지 12만 명의 외국인 유학생 유치를 목표로 하였다. 2009년 통계에 의하면, 8만 명의 외국인 학생들이 유학했던 것으로 알려져 있다(Tham et al. 2013).

말레이시아 국제학교는 매우 다양해 선택의 폭 또한 넓다. 1년 학비만 3,000만 원이 넘는 최고의 커리큘럼과 대학 캠퍼스 같은 시설을 자랑하는 학교, 왕족이 세웠다는 자부심과 최고의 시설을 갖춘 학교, 그리고 저렴하지만 영국식 교육 커리큘럼을 충실히 이행하는 모범적인 학교 등이 있다.

그러나 최고의 커리큘럼과 시설을 갖춘 학교에 들어가기 위해서는 여러 가지 까다로운 조건을 충족해야 한다. 비싼 학비를 지불

해야 하고, 학생의 영어 실력이 우수해야 입학 테스트를 통과할 수 있으며, 자격요건 중 하나인 학부모의 워킹퍼밋working permit이 필요하다. 그리고 1년 이상 대기해야 한다. 반면 눈높이를 조금만 낮추면 학교 시설은 조금 떨어지지만 1년 학비 1,000만 원 내외에 상대적으로 저렴한 비용으로도 우수한 영어교육을 받을 수 있으며, 미국, 영국, 호주, 캐나다 등으로 대학 입학 및 편입이 가능하다.

하지만 조기유학을 선택한 부모들이 원하는 것은 궁극적으로 한국으로 돌아와 명문대학에 입학시키거나 혹은 영국과 미국에 있는 대학으로 입학시키는 것이다. 이 중 후자의 경우는 1년 이상 대기하거나 혹은 부모의 워킹퍼밋을 충족해야 하는 경우이기 때문에 이를 타개하기 위해 말레이시아의 조기유학 여건은 최근 은퇴이민과 밀접하게 연관되어있다. 즉 조기유학의 통로로, 원하는 국제학교에 입학시키기 어려운 경우 부모가 아예 은퇴이민을 선택하여 장기 거주하면서 원하는 국제학교에 자녀를 입학시키는 것이다. 이외에도 자녀의 돌봄과 관련해 변용되어 나타나고 있다. 한국에서 자녀를 돌보기 어려운 상황에 놓이게 된 경우에 자녀를 조기유학 명목으로 홈스테이 가정에 맡기는 대안을 선택하는 것이다. 이런 은퇴이주와 조기유학 관계에 대해 한 한인회 관계자(48세, 남성)는 다음과 같이 말한다.

"조기유학으로 말레이시아를 찾는 사람들은 생활소득이 중하 정도 되시는 분들, 특히 부부가 맞벌이하는 분들이 많더라고요. 처음에는 맞벌이하는 부부들이 애를 데리고 왔어요. 애를 저기 하숙시키고 맡기는 거야. 한인회도 많이 찾아와서 맡아달라 하기도 했어요. [...] 요새 유학이라는 게, 옛날에나 공부하려고 유학 가지 요새는 공부하려고 유학 가는 사람이 몇 명이 있습니까. 부모가 케어가 안 되니까 애들을 외국에다가 갔다 버리는 거야. 외국 캐나다는 돈이 많이 드니까. 가만히 따져보니까, 야 동남아시아 말레이시아 싱가포르 영어를 한다더라. 거기 싸니까 거기로 보내자. 그렇게 되는 거야. 그래서 처음에 그런 분들이 많이 왔어요. 그래서 애들 방 얻어주고 형제 둘 끌고 와서 걔들끼리 먹고 살고, 너네 일 있으면 저 아저씨한테 전화해라 이런 식으로 하고, 그래서 애들 어디에 제일 많이 맡겼냐면 식당에다가 맡기는 거예요. 식당 가면 밥은 있잖아요. 콘도 하나 얻어주고 밥은 식당에서 먹어라. 이래서 교민 경제가 좋아졌죠."

이와 같은 현상은 결국 자녀의 부적응적인 양상과 조기유학생의 상황을 경제적 이득 논리로 접하는 일부 교민들의 문제로 부각되기도 한다. 그 정도가 심각해지면 간혹 조기유학생의 어머니들이 MM2H로 말레이시아로 이주하여 자녀를 돌보는 경우도 있는데, 그 역시 초기 기대에 부응하지는 못하거나 혹은 가족 간 관계에 부정적인 영향을 초래하는 양상으로 전개되기도 한다.

"애들 맡기면 돈을 받잖아. 아줌마들끼리 서로 데려가려고 싸움박질하고 우리 집 방 많아. 이러고 처음에 그랬어요. 그러다 보니까 애들이 문제가 많거든. 그래서 엄마가 오는 거야. 애를 케어하러 오는 거야. 그래서 엄마는 여기 있고.

엄마들이 대부분 장사하시는 분들이야. 시장에서 장사하신 분들이 많아요. 엄마가 장사하다가 여기를 왔으니까 영어가 돼 뭐가 돼. 집에 전화벨 울리면 놀라서 전화도 못 받아. 헬로우 하면 이거 뭐라 그래. 전화도 못 받는 거예요. 그런 엄마들이 온 거예요. 애들 학교 가면 엄마들은 여기서 뭐 해. 그래서 남편한테 매일 전화해. 나 한국 갈래 여기 못 있겠어. 남편은 큰일 나는 거야. 애 케어하는 거 힘들면 좀 힘 좀 주고 거기서 골프나 배우고 좀 해라. 이렇게 되는 거야. 그래서 골프 배우면서 사람들 만나잖아요. 그래서 몰려다니는 거야. 애가 학교 갔다 오면 집에 전화해. 자장면 시켜줄까. 짜장면 먹고 이러다 보니까 엄마들은 적응이 되니까 좋은 거야. 나중에 남편은 짜증이 나. 도저히 혼자 못 있겠어. 들어와라. 나 못 간다. 그때는 못 가는 거예요. 안 가는 거지. 못 가는 거지. 애들은 여기가 너무 좋은 거야. 국제학교 가면 공부하라고 얘기하는 사람도 없고. 애들은 너무 좋은 거야 여기가. 한국에서 지가 왕따야. 맨 뼁 뜯기고 이러던 놈이 근데 여기 와서 지가 왕이야. 지가 뼁 뜯어. 애들 그래요. 그래서 제가 국제학교 강의하러 간 적도 있어요. 모 학교 교장이 연락이 와서 애들 교육 좀 시켜달라고. 무슨 교육? 애들이 너무 욕이 입에 배어있대. 교장이 한국 욕을 다 알아요. 처음에는 욕인 줄 모르고 따라 했다가 우리가 그거 욕이라고 하니까. 그래서 애들한테 한두 시간 얘기하고 온 적도 있다니까요. 그러면서 이제 생활비 계속 올라가니까 아빠들이 감당을 못 하는 거예요. 사람이 돈 떨어지면 못 있잖아요."

경제위기로 환율이 오르고 한국에서의 상황이 예측하지 못한 상황으로 흐를 때 조기유학 혹은 은퇴이민으로 조기유학을 온 가정들은 다양한 부적응적 양상을 보였는데, 그 예로 인터뷰에 응한 사람들은 말레이시아 은퇴이주와 자녀교육과의 관계에 관해 다음과 같이 덧붙였다.

"지금은 조기유학 오는 애들보다는 대학으로 오는 애들이 훨씬 많죠. 대학으로 오는 애들이 우리가 다 파악은 못 하는데 거의 600~700명 정도 되는 걸로 알고 있어요. 대학생 등이 유학을 많이 오거든요. 국제학교, 저희가 보기에는 다 갔어요."

[그러면 국제학교 필요성이 확 달라졌네요?]

"네. 요새 지금 이슈가 대학이죠. 비자 문제라든지 여러 가지. 애네들이 한국 있는 애네들이 그런걸. 알기 시작한 거죠. 옛날에는 몰랐거든요. 이런 제도가 있는지 전혀 몰랐죠. 말레이시아에 이제 2, 3년 전부터 이 나라 학교 애들이 한국 유학 온 애들한테 홍보하고 나서. 어휴 지금은 굉장히 열심히 무지하게 들어와요. 학생들, 대학생들이 무지하게 늘었어요. 매년 여름에 어학연수 한다고 계속 들어오고 있죠. 제가 보기에는 애들 조기유학은 말레이시아는 아마 몇 년 있으면 거의 끝나지 않을까 싶어요. 지금 얘기를 들어보면 애들이 몽골 쪽으로 간대. 영어를 배우러 몽골 쪽으로 간대요. 이건 미친 짓이지, 미친 짓. 여기 장관 들어오면 내가 열변을 토해요. 국회의원들한테 앞으로 이거 통제하라고. 제가 그전에 한 7, 8년 정도 됐을 거예요. 제가 한번 따져본 적이 있어요. 우리 애들이 한국에서 들어와서 도대체 돈을 얼마 쓸까요. 그 당시에 계산하기로는 1년에 300억이야. 캐시로 300억을 이 나라에 쓰고 있는 거야. 애들이 영어 배운다고. 그래서 열변을 토했지. 이거 통제하지 않으면 큰일 난다.

그림 17 외부에서 본 페어뷰 국제학교 옛 건물

그림 18 페어뷰 국제학교 옛 건물의 내부 전경

통제해라."

한편, MM2H는 한국인들의 말레이시아 내 부동산 구입과도 밀접한 관계를 맺고 있다. 부동산 투자를 통한 불로소득과 외국에 집을 소유하고 있다는 과시욕을 동시에 충족시킬 수 있는 대안으로서 MM2H를 통한 부동산 구매가 이루어지는 것이다. 그러나 문제는 말레이시아에서의 부동산 매매가 한국 법률이나 세제 부분과 달라 복잡할 뿐만 아니라 언어문제와 신뢰할만한 중개체계에 대한 접근성 문제로 난관에 처하는 경우가 발생한다는 것이다.

"사실 말레이시아 부동산은 제가 보기에는 굉장히 안전하죠. 돈 내고 사기 당한 거는 전혀 없어요. 일단은 외국 사람들은 소유가 보장되니까. 내 이름으로 되니까. 다른 나라는 그게 안 되니까 형제들 이름으로 구입해서 문제가 생기지만, 여기는 외국인들이 다 소유를 할 수 있거든요. 내 이름으로 다 사고 팔고 할 수 있어요. 부동산은 내가 봐도 상당히 안전한 거래야. 그런데 문제는 한국식으로 돈이 남느냐 이건데, 이거는 거의 어렵다고 봐야지. 여기 부동산은 굉장히 많이 올라요. 근데 문제가 뭐냐면 한국같이 1억 원에 사서 1년 있다가 2억 원이 되어야 하는데 그 정도는 아니에요. 그 정도는 아니고 1억 원에 사면은 1억 한 7,000∼8,000은 돼. 근데 문제가 뭐냐면 한국 사람들이 1억 원에 사잖아요. 적어도 인테리어 하는 데 몇천만 원이 들어가. 뭐 세금 내. 그러면 이게 1억 원짜리가 1억 7,000만 원이 되는 거예요. 1억 7,000에 파는 거 아니야? 7,000만 원 올랐어요. 1억 7,000에 파는 거야. 그래서 안 되는 거야.

재테크가 돼야 하는데 그게 안 되는 거야. 한국 사람들은 여기서 집 구입하면 무지하게 투자를 해, 집에다가. 한국은 그렇게 안 하죠? 그냥 도배 같은 것만 하고 한국은 그러잖아요. 여기는 뜯어서 아예 싹 다 바꿔, 아주 그냥. 집이 1억 원이면 인테리어비가 1억 들어요. 그건 왜 그런 거 같아요. 과시욕이죠, 과시. 그리고 문제가 뭐냐면 인테리어 비용이 한국보다 훨씬 비싸요. 한국은 1,000만 원이면 될 거 여기는 2,000만 원 줘야 되거든. 그러니까 그런 계산을 잘못하는 거야. 그래서 외국에서 집을 사니까 집 구조도 약간 틀리고 럭셔리하고 좋은데, 이게 욕심이 생기는 거야. 욕심에 돈을 막 투자를 하는 거예요. 이게 나중에 올라도 묵히는 거야. 사실은 그래서 오르면 올라요. 부동산이 안 오르는 건 아닌데. 한국식으로 돈을 남기기가 어렵다는 거지. 이제 규제를 강화해요. 올해서부터는 외국 사람들이 100만 링깃 집만 구입할 수 있어. 3억 이상 되는 집만 외국 사람들이 살 수가 있어. 예전에는 그런 게 없었거든. 예전에는 1억 정도면 에비뉴avenue 같은 곳 샀는데, 그런데 지금은 못 사. 외국 사람들은 못 사는 거예요. 저거를 그래서 에비뉴 쪽을 빨리 팔아야 돼. 저거를 나중에 누구한테 파냐고. 원래는 한국 사람이 한국 사람한테 팔았거든. 이젠 못 사는 거예요. 이란 애들한테 팔아야 하니까. 그런데 이란 애들도 이젠 못 사. 외국 사람들은 이제 못 사요. 그러니까 빨리 팔아야 되거든요. 그런 문제가 있는 거예요. 외국 사람들이 해외에서 부동산을 사게 되면 그런 변수가 있어요. 그게 불안한 거지. 자꾸 그런 규제가 생기다 보니까. 지금 양도소득세도 30퍼센트 바뀌었어요."

이처럼 한국인들 사이에 부동산 구입을 위해 MM2H 비자가 이용되는 경우도 있다. MM2H가 한국인들의 말레이시아 내 부동산 구입과 밀접한 관련을 맺고 있으며, 이는 말레이시아 내 부동산 투자가 비교적 용이하다는 사실과 외국인으로서 한국인들이 이용하기 쉽게 되어있기 때문이다. 하지만 MM2H 비자를 부동산 구입을 통한 불로소득 증대와 이를 통한 과시욕을 동시에 포함하고 있다는 점에서 MM2H의 명과 암을 보여주는 사례라고 할 수 있다. MM2H를 통한 한국인들의 말레이시아 부동산 구매와 투자는 언어문제 외에도 말레이시아 이민제도와 법률체계 등과도 밀접한 관련을 맺고 있어 한국인들의 말레이시아로의 은퇴이주를 장려하기도 하고 방해하기도 하는 주요 요인 중 하나가 되고 있다.

2) MM2H의 허와 실[3]

다음은 은퇴이주와 MM2H의 허상과 실상, 그리고 문제점을 잘 보여주는 사례로, 실제 은퇴이주로 말레이시아를 방문했다가 성공적으로 정착한 사례이다. 이를 통해 은퇴이주의 실상과 허상에 대해 살펴보도록 하자.

---

3   이 부분은 현재 관련 자료의 제시와 나열, 서술 정도의 수준에 머물러 있는 상태이지만, 앞으로 이를 바탕으로 분석과 해석을 통해 말레이시아로의 한국인들의 은퇴이주와 MM2H의 특징과 의미에 대해 심도 있게 고찰하고자 한다. 이를 위해선 기존 선행연구의 성과와 이론적 배경에 대한 비판적 검토를 바탕으로 한 분석과 해석이 이루어져야 할 것이다. 이를 바탕으로 이 부분에 대한 대폭적인 수정, 보완이 이루어질 것이다.

"(은퇴이주 전에) 저는 원래 직장 다니고, 와이프가 직장에 다녔거든요. 공무원 생활을 했어요. 저는 철도, 와이프는 도서관. 그러다가 한국에 있을 때부터 외국에 나와서, 이민 가는 게 소원이었어요. 그러다가 미국이나 호주나 캐나다 같은 데 해봤는데, 뭐 나이가 많아서 불리하더라고요. 나이, 학력, 무슨 머 결혼 이런 것. 나이가 많으니까 영어 실력이 그렇고 호주도 한번 해보려고 미국에 아파트도 하려고 했거든요. 미국은 의심스러워서 말레이시아를 선택했어요. 마지막 전 재산까지 다 팔았어요. 그런데 그 당시에 말레이시아에 마이세 컨드홈, MM2H이 있더라고요. 처음에 말레이시아라는 나라를 몰랐어요. 말레이시아가 제2차 세계대전에 나오는 열대 정글인 줄로만 알았어요. 그런데 보니까 우리 주위에 말레이시아 학생이 있더라고요, 괜찮다고. 요즘에 미국 대신에 간다고 해서, 그래서 잘됐다 싶어서 짐 싸 들고 온 거죠. 직장 2년 남겨 놓고 왔어요. 그리고 다닐 필요도 없고." [...] 저는 올 때 말레이시아가 뭔지도 몰랐어요. 아까 얘기했지만 열대 정글의 나라, 후진국인 줄 알았어요. 그런데 공항에 내리니까 와."

[이민 수속하실 때 한국에서 어떤 절차를 받아서 오시게 되셨나요?]

"그니까 여기 어디냐 신문이나 이런 거 보니까 롯데관광에서 답사를 한다고 하길래, 애들도 방학이고 하니까 심심한데 겨울인데 여행이나 가자 해서 왔어요. 처음에 여기 와서 4박 5일인가 5박 6일 동안 니코 호텔에서 잤어요. 그때 네 명이 왔는데 450불 정도 가지고 왔어요. 1월에 와서 한국에 가서 어떠냐고 물어보니까 좋대요. 그래서 보름 만에 짐 싸서 왔어요. 그런데 여기서 누가 안내해줬냐. 저기 학원, 대산학원에서 다 해줬어요. 그래서 거기에서, 또 그때는 또 관광비자로 왔거든요. 그래서 그 사람이 소개를 하더라고요 에이전트에

8,000링깃인가 내라 하더라고. 그러니까 3개월 만에 비자가 나왔어요. 대산에서 다 소개해준 거예요."

[이스트에도 한국 사람들 많죠?]

"네. 몽키아라로 주거지를 옮길 생각은 아직 없어요. 그런데 처음에 와서 우리 애를 좋은 학교 가든Garden 국제학교에 보내려고 했는데, 대기하는 데도 얼마 걸리고 그래서 도저히 안 되겠다 싶어서. 다니다가. 근데 한 1, 2년에 한두 번씩 꼭 가게 되었어요."

위의 사례는 말레이시아 은퇴이주에 대한 정확하고 충분한 정보를 갖고 이주를 결정한 경우는 아니다. 조기유학생의 부모들처럼 외국 생활에 대한 동경과 노후에 자신의 꿈을 이뤄보고자 하는 열망으로 과감하게 은퇴이주를 결정한 경우이다. 그러나 단지 이런 자신의 노후계획만이 이주를 결심하게 한 동기는 아니다. 다른 한편에는 자녀교육에 대한 계획과 영어에 대한 열망이 고스란히 존재하고 있다.

"너무 한국에만 살면 답답하고 대한민국의 교육 현실이 어렵고 졸업해도 취직하기 힘들고 외국 나와서 사는 게 어떤가 해서. 한국에서는 영어로 인한 어려움은 그리 크지 않았는데, 여기 오니까 영어가 중요하더라고요. 영어로 말이 안 되니까 답답하고. 그래서 말레이시아 말도 배우고 일부러 말레이 사람들이랑 놀러 다니고 한국인은 별로 안 사귀고 주말엔 말레이시아 사람들과 낚시나 등산가고 했어요. 페이스북을 영어로 하거든요. 페이스북을 하니까 말레이시아 산악회가 많더라고요. 처음에 왔을 때 이 정글에서 무슨 산악을 할까 그랬는데 그게 아니더라고요. 말레이, 차이니즈, 인도인 여기는 다국적 사람들도 많아요. 필리핀 사람들도 보고 그랬어요."

은퇴이주의 또 다른 목적 중 중요한 것으로 자녀교육을 들 수 있다. 조기유학을 통한 자녀교육은 말레이시아로의 은퇴이주의 또 하나의 중요한 이유이기도 하다.

"여기에 온 목적 중 하나는 애들 뒷바라지를 하는 것이라서, 애들 뒷바라지할 그거 없으면 여기 있을 이유가 없죠. 말레이시아가 좋은 이유는 영어 배우는 데 좋지요. 엉터리 영어라도 미국에서 통하나 봐요. 영어권이라서. 그리고 또 애들이 참 좋아해요. 여기는 공휴일이 참 많아요. 쉽게 말해서 타이트하지 않고 널널한 편이에요. 그래서 애들이 참 좋아해요. 학업 스트레스가 한국하고는 너무 다릅니다. 이게 장점이 되는 게 아니에요? 한국은 너무 빡빡한 편이에요. 여기선 대학교 들어가기가 쉽죠. 그래서 여기 오는 거 같아요. 한국에서는 대학교 들어가기 힘들잖아요. 큰애는 공부 잘하고 작은애는 공부 못해서 한국으로 돌아갔는데, 아마 여기라서 그 정도 들어간 거지 거기에 살았더라면 시골 전문대밖에 못 갔을 거예요. 그니까 그만큼 공부를 어느 정도 해도 대학에 들어갈 수 있다는 거예요. 한국에선 스카이 대학에 들어가려면 잠도 못 자잖아요. 아니 요즘은 인 서울 in Seoul 하려 해도 잠도 못 자고 공부해야 하잖아요. 우리 애들은 학교 갔다 오면 학원 하나 갔다 오고 놀기만 하지 공부하는 거를 못 봤어요. 그래도 여기 애들은 대학교 잘 가더라고요. 홍콩도 가고 영국도 가고."

은퇴이주로 말레이시아를 찾은 한국인들에게 MM2H는 원래의 목적과 달리 이용되고 있다.

"제가 처음에 답답한 마음에 MM2H를 주도하기도 했었어요. 굿모닝 말레이시아 모집공고를 내니까 처음에 열댓 명이 오더라고요. 근데 지금 처음 이제 열댓 명이 왔는데 젊은 사람도 있더라고요. 원래 은퇴이민이라는 게 50세 이상이라는데 지금은 젊은 사람들 그 사람들이 보증금만 주면 되니까. 근데 그 사람들은 비싸지죠. 우리는 50세 이상은 15만 링깃, 50세 이하는 30만 링깃이니까. 젊은 사람들은 돈도 있겠다, 할 일도 없겠다, 애들 교육이나 시켜야겠다. 모임을 했는데 한 서너 번 하다가 해체됐어요. 해체된 이유가 뭐냐면 여기 MM2H로 온 사람들 내가 아는 사람들 한 3분의 2는 돌아갔어요. 이게 뭐냐. 완전히 실패한 거죠. 막연히 노후에 말레이시아에 가면 남은 인생을 매일 골프만 하면서 즐길 수 있다는 말만 듣고 온 거예요. 골프만 하면서 노후를 잘 보낼 수 있다는 거지요. 그렇게 믿고 온 겁니다. 하지만 어떻게 매일 골프만 합니까."

하지만 MM2H의 장점도 있다. 그것은 한국인 은퇴이주자들 사이에서 모임을 가능하게 하는 주요 계기가 되기도 한다.

"저는 이곳에 2007년에 왔는데, 오자마자 MM2H 모임을 주도했어요. 모임에 참석한 사람들 중에 2010년에 한국으로 돌아간 사람도 있고요. 어떤 사람은 석 달 만에 돌아간 경우도 있어요. 특수한 경우인데 자기는 오고 싶은데 와이프는 죽어도 싫다고 해서 석 달 만에 차랑 집까지 샀는데 돌아가는 경우도 있어요. 그리고 젊은 사람들 오는 거 보니까 졸부들인지 돈 쓰면서 애들 ISKL이 제일 비싸잖아요. 두세 명씩 보내면서 돈 쓰면서 다니고. 지금도 계시나요? 지금 돌아갔어요. 한국에서도 MM2H 때문에도 많이 오나 봐요. 그분들한테 공개적으로 말을 하자면 돈이 있으면 한국이 더 낫다. 왜냐면 여기 오는 사람들은 생활비가 덜 드니까 골프를 치고 그러는 거지. 근데 돈이 더 있으면 한국에서 사는 게 낫다고 봐요."

MM2H가 한국인들 사이에 성공적으로 자리 잡기 위해선 우선 언어문제에 관심을 기울여야 한다. 한국인들의 언어문제와 MM2H의 변용과는 밀접한 관계가 있기 때문이다.

"한국인 은퇴이주자들에게 가장 큰 문제는 언어예요. 언어가 제일 문제죠. 그래서 여기 온 사람들이 말레이시아 사람들이랑 어울려야 하는데 잘 안 해요. 저는 외향적으로 놀러 다니는데 사람들이 손짓, 발짓하면 돼요. 그걸 잘 안 하는 거지. 말레이시아 사람들이 쓰는 영어 보면 엉터리라. 걔들하고는 약간씩 통하는데 미국 영어는 아무리 봐도 모르겠더라고요. 제가 연금으로 생활하거든요. 학교 보내면서 생활비는 애들, 그러니까 지금 애들, 큰애는 노팅엄대학 말레이시아 캠퍼스 여기 있어요. 작은애는 한국으로 유학을 했어요. 말레이시아에 있던 7년 경험을 바탕으로 해가지고 재국민 특별전형으로 갔어요. 큰애는 여기서 대학 다니고 작은 애는 한국에서 대학교 다니고."

[자녀가 둘인 경우에는 어르신처럼 대략 생각보다 생활비가 많이 들잖아요. 어르신 경우를 따져보면 한 400~500정도 잡아야 하는 게 아닌가요?]

"애들 학교 선택에 따라 달라지죠. 여기 세이폴은 싸거든요. 세이폴에 두 애들 보냈는데, 그런데 7학년 8학년 되니까 6,000~7,000링킷으로 오르더군요. 그래서 학비까지 합하면 500만 원 잡아야죠. 한국에는 중학교는 돈이 안 들잖아요 그런데 여기는 중학교부터 돈을 내야 하니까. 제 말은 뭐냐면 그 돈을 들이면서 여기를 왜 왔느냐? 영어 때문에, 영어가 뭔지. 여기가 또 대학교 다니기가 쉬워요. 한국 애들이 노팅엄대학 들어가긴 힘들어도 여기서 노팅엄대학 들어가기는 쉽거든요. 아무래도 영어 배우는 데 좋은 거 같아요. 걔들이 영어를 할 줄 아니까. 어제께, 지금 방학이라서 집에 있는데 친구가 와서 호주에 가서 워킹홀리데이를 했대요. 한국 애들은 거기 가면 농장 같은 데서 일하는데 영어 할 줄 아는 애들은 서빙이나 이런 데 커피숍 같은 데를 한데요. 우리 나라 영어가 말하는 영어가 아니라 문법 영어잖아요. 근데 말하라 하면 못 하죠. 그래가지고 저도 처음에 영어공부를 하려고 저기 KLCC 건너편 학원 있잖아요. 테스트를 받아보니까 200레벨이 나오더라고요. 근데 한국에선 딱 레벨이 2레벨밖에 안 나와요. 그래서 우리 나라에서 무슨 영어를 가르쳤나 그런 생각이 들더라고요."

[그래서 자녀분들은 영어에 관해서 성공했네요.]

"만약에 권한다면 어린애들을 데려오는 것을 권하는 거죠! 초등학생도 4~5학년 정도 한국말 어느 정도 깨우치고 난 다음에 오는 게 제일 좋아요. 그런데 둘째 애가 더 잘하더라고요 확실히 어릴 때 배우는 게 빨리 배우더라고요."

또한, 은퇴이민자들의 취미생활 역시 말레이시아로의 은퇴이주라는 맥락 속에서 MM2H의 특징과 의미를 이해하는 데 중요한 의미를 지닌다.

"말레이시아 온다는 사람한테, 일단 저는 여기 온 지 7년인데 이제 이 나라 사람들과 놀러 다닌 게 2년밖에 안 되었어요. 그 전에 골프를 한다든지 가까운 데 여행을 간다거나 낚시를 한다거나 그랬는데 취미생활을 살려야 해요. 취미생활도 없이 살면 갑갑하거든요. 여기 회원권도 샀다가 팔았거든요. 거기 가면 평일에는 한국 사람들이 다예요. 골프밖에 몰라요. 골프도 2년 동안 했더니 지겹더라고요. 골프라는 게 있잖아요. 저는 도박이나 로또를 싫어하거든요. 그런데 꼭 골프를 치면 내기를 하자고 그런 게 싫으니까 골프 하다가 그만뒀어요. 그래서 그다음에 한 것이 낚시인데 낚시도 많이 다녔죠. 거의 매일 하다시피 했어요. 여기서 30분 걸리던지, 1시간 걸리던지 많아요. 취미를 하면서 살아야지 그냥 목적도 없이 동경으로써 사는 것은 실패예요. 여기 와서 오래 살려면 무엇 하나 뚜렷한 것이 있어야 해요. 취미를 살리든지, 어떤 사람은 자원봉사를 한다든지, 근데 나이 먹은 사람들이 할 건 없어요. 한국 사람들이 영어를 잘하면 할 곳은 있죠. 저희 와이프도 영어 좀 해서 여기에서 무슨 영국에서 하는 영어 선생님 자격증도 땄는데, 틸라 난민학교라고 아프간 난민학교 선생 하고 그래요. 그런 거 하면 시간도 잘 가고 노후도 잘 보내는 거죠. 그런 거를 하던지 취미를 살려야지 막연히 동경만 가지고 온다면 실패에요. 지금도 그때 모임에는 열댓 명 왔는데 지금은 한두 명밖에 안 남아있어요. 그리고 우리가 오기 전에 무엇을 했냐면 롯데관광에서 뭐를 추진했어요. 현

그림 19 세이폴 국제학교 전경

지답사를 추진했어요. 그때 일곱 팀 중에서 여섯 팀이 왔는데 지금은 우리만 남고 다 돌아갔어요. 취미활동 같은 경우에도 2년 정도 하면 지겨워지잖아요. 그러니까 한 가지만 하는 게 아니라 낚시를 한다든지 여러 가지를 해야지 한 가지만 하니까 지겨워지더라고요. 현지인을 사귀는 것을 한국인들은 정말 못하거든요. 그래서 저는 페이스북을 통해서 했어요. 영어도 배울 겸 영어로 페이스북도 하고 말레이시아 사람들도 한국 사람들을 좋아해요. 그래서 닥치는 대로 친구 사귀었더니 지금은 200명 정도 돼요. 그 사람들과 등산만 가는 게 아니라 여행도 가고 3월엔 거기도 가요. 히말라야 안나푸르나. 그런데 한국에서 안나푸르나 가려면 250만 원 정도 드는데 여기에서 가면 100만 원 선에 가요. 기껏해야 골프 치러 가더라고요. 그리고 또 여기서 노인회라고 만들었는데 노인회장만 있고 노인들은 없더라고요."

은퇴이주로 말레이시아를 결정하기에는 부부간의 동의 역시 매우 중요한 역할을 한다.

"제 경우는 아내가 오히려 더 적극적이었어요. 자식들과 떨어져 부부만 온 경우도 있는데, 그런 사람들도 많아요. 그런 분들은 주로 골프 이런 거 말고 여가활동은 주로 교회에 나가든지 해요. 저도 여기 오자마자 하도 심심해가지고 한국 사람들 사귀려고 한인 교회라는 교회를 갔었어요. 그런데 제가 적극적으로 권해서 갔는데 2년 다녔는데 제가 교회를 싫어하게 되었어요. 왜냐면 교회가 문제가 많아요. 한국에서도 와이프가 다녀서 가끔 갔는데 가서 싫은 소리 좀 하고 그랬어요. 여기서도 교회들끼리 경쟁을 많이 해요. 큰 교회만 헌금이 들어오고 작은 교회는 신도가 없으니까 도와주고 그래요. 그리고 요즘에 또 교회들이, 말레이시아 교회들이 다를 줄 알았는데 똑같더라고요. 제가 싫은 소리 몇 번 했죠. 돈밖에 모른다고 지금은 안 다녀요."

하지만 교회의 긍정적인 기능도 있다. 교회는 말레이시아 생활 정보 교환의 장일 뿐만 아니라 인적, 물적 교류의 장이기도 하다. 이런 점에서 교회는 한국인 은퇴이주자들에게 말레이시아에서의 생활 적응과 정보, 자료 교류의 장이자 소통의 장으로서의 의미를 지니고 있다고 말할 수 있다.

"교회에서 많은 정보를 교환하는 것은 사실입니다. 저희 애들 같은 경우에도 다녔거든요. 왜냐면 주말에 갈 데가 없잖아요. 그래서 주말에 교회에 가서 나쁜 짓은 안 할 테니까. 애들은 교회 가라 해요. 애들이랑 가서 놀라고, 애들이 거기를 안 가면 놀 데가 없어요. PC방밖에 없어요. 차라리 교회 가는 게 나아요. 근데 저도 한국 사람들 사귀려고 교회 갔는데 한국에서 실망한 것처럼 똑같이 실망했어요. 말레이시아라서 다를 줄 알았는데. 제가 1992년 처음 여기 왔는데 그때만 해도 두 개밖에 없었어요. 그때도 싸우긴 했었지만 지금은 20개가 넘고 문제가 많은데, 지금 목사님들도 많이 오잖아요. 애들한테 제일 중요한 정보를 주잖아요."

나아가 골프를 비롯한 여가생활 역시 한국인 은퇴이주자들의 MM2H 활용 및 그 특징과 의미를 이해하는 데 매우 중요하다.

그림 20 암팡타운 내 한인 교회 앞의 경찰 초소

"암팡에비뉴에 있긴 한데 골프 칠 때 한두 번만 본 사이라서 그 사람들하고 자주 보지 않고 골프 친 지 4~5년 돼서, 왜냐면 골프 2~3년 하다가 끊은 지 꽤 돼서 지금 그 사람들하고 자동적으로 안 만나죠."

[그럼 그분들 말고 친하게 지내시는 분들 없으세요?]

"예. 없어요. 한국 사람들 없어요. 지금 현실이 그런 거죠."

[어르신이 보시기엔 MM2H가 실패라고 보시는 거죠?]

"실패라기보다. 원래 의도를 벗어났다고 보는 거죠. 그렇게 활용되고 있다고 봐야죠. 은퇴비자가 아닌 조기유학을 위한 비자 문제를 해결하기 위한 거라고 볼 수 있죠. 이제 MM2H는 비자 문제에요. 다른 학교 다니는 사람들은 매 1년에 한 번 해야 하죠. 우리는 10년 치니까 애들 학교 다닐 때 오라 가라 귀찮게 안 하고, 그게 자녀가 24세까지 된다고 하더라고. 그런데 아직 큰애가 24세가 안 됐는데 푸트라자야^{PutraJaya} 가니까 바꾸래요. 학생비자로 바꾸래요. 고등학교까지니까 11학년까지는 MM2H가 되는데 대학교 들어가서는 안 된대요. 그래서 바꿨어요, 작년에. 그러다가 MM2H 비자에서 학생비자로 바꾼 거죠. 그런데 그게 한국 사람들 편하게 하라고 그렇게 만든 거잖아요."

한편, MM2H 활성화를 위해선 대사관의 역할 역시 매우 중요하다. 대사관의 역할에 대해서는 다음과 같이 말한다.

"대사관에서 이런 비자 문제를 빨리빨리 해결해줘야 한다고 생각하지만 사실 현재 대사관에는 별로 기대를 안 해요. 대사관 사람들 말을 들어보면 인력이 부족하다고 하거든요. 그런데 보면 교민들에 대한 관심이 없어요. 여기 같은 경우에는 그런 게 중요한데. 교민들에게 좀 더 많은 관심을 가졌으면 좋겠어요. 물론 우리가 일반 서류 떼러 가면 잘해주죠. 지난번에 여행객 보니까 여행을 하다가 날치기당해서 여권까지 날치기당했어요. 그런데 출국 날짜가 이틀밖에 안 남았는데 대사관에 가니까 지금 시간이 끝났다고 안 해줬다고 그러더라고. 그 사람은 얼마나 답답하겠어요. 비행기 타러 가야 되는데, 대사관이 지금 그런 일 있으면 스물 몇 시간 해줘야 되는데, 지금은 담당자가 없다든지 시간이 지나서 못 해준다든지 그러면 안 되죠."

그렇다면 말레이시아로의 은퇴이민의 특징과 의미는 무엇일까. 말레이시아로 은퇴이주해서 적응하면서 살아가기 위해선 어떤 조건과 노하우가 필요한 것일까.

"말레이시아에서 생활하기 위해선, 우선 말레이시아 생활 자체를 누려야겠죠. 글로벌한 경험이죠. 특히 애들한테는 글로벌하게 살 수 있는 좋은 경험이죠. 한국에서는 우물 안 개구리인데 바깥세상을 구경하고 여기에서 동남아 여행하는데 싸요. 인도네시아는 말레이시아 3분의 1도 안 되고 태국도 싸요. 그래서 애들도 구경시키고 애들한테 견문을 넓히는 거죠. 그런데 여기서 살려면 직장 같은 게 있어야 되는데 여기가 급여가 싸더라고요. 경찰도 2,300링깃 정도밖에 안 받으니까 여기서 경찰도 돈 뜯어먹으려고. 나도 경찰한테 두 번 걸렸는데 하루는 골프를 치러 갔는데 하루는 두 사람이 안전벨트를 안 맸는데 잡더라고요. 그래서 50링깃 주면 되겠지 했는데 노우라는 거예요. 두 사람이니까 100링깃이라는 거예요. 여기서 은퇴이민 오면 또 한 가지 좋은 점은 자동찻값이 싸다는 거예요. 면세가 돼서 우리 차가 혼다인데 13만 6,000링깃 했는데 9만 링깃에 샀어요. 면세."

[나중에 팔 때도 중고 가격 그대로 받잖아요?]

"네. 그리고 우리가 집을 샀는데 집도 은행에서 80퍼센트까지 융자를 해줘요. 근데 여기서 보니까 집값이 그때보다 1.5배 올랐대요. 여기를 보더라도 17만 링깃인데 지금은 60만 링깃 한다던데. 은퇴이민도 하기 나름인 거죠? 저는 성공했는데. 실패해서 다들 가고. 이상하게 한국 사람들은 적응을 잘 못하더라고요. 놀려고만 하고요. 한국 사람들끼리만 놀려고 하고, 그리고 노는 방법을 잘 몰라요. 말이 안 되고 말이 통하지 않으니까 한국 사람들끼리만 놀면 한정되어있어요. 골프 처러 가고. 부부끼리만 온 사람들은 돌아가는 경우도 많고 저희 같은 경우에는 애들 교육 때문에 남아있는 거고. 둘이 와서도 자기 취미만 살리면 같이 살 수 있는데 나이가 드니까 뭘 해도 자신이 없고, 현지인들에 대한 두려움도 있고. 왜냐면 대담해야지, 말하지 않으면 어울리려고 하지 않으려 해요."

다른 사례를 통해 MM2H의 특징과 문제점에 대해 살펴보자.

"MM2H와 같은 정책은 말레이시아 정부에서 추진하는 외국인을 위한 이민 정책 같은 거잖아요. MM2H 비자 받는 과정이 무척 힘들어요. 많은 서류가 들어가야 되고, 한국 내 은행 잔고와 재정 상태 같은 것 모두 제출해야 하고, 범죄 사실 등이 모두 깨끗해야 되지요. 한 마디로 돈이 있는 사람이어야 된다는 거죠. 그거를 다 하고 이만큼 서류가 들어가서 끝내고 나면 1년 이내에 하여

튼, 6만 불 남겨놓고 돈을 찾아가게 해주잖아요. 그런데 찾아가는 경우도 이 나라에 쓰는 경우 아니에요. 돈을 찾아가게 해줘요. 바깥으로 안 나가게. 내가 이 나라에서 병원을 간다, 학비를 쓴다, 차를 산다, 집을 산다. 이런 거에는 돈을 쓰게 해줘요. 어차피 투자가 이 나라에 되는 거니까. 그리고 이 비자를 받은 사람은 맘 놓고 왔다 갔다 해라, 10년짜리 줄 테니까. 담보도 가지고 있겠다, 신분도 정확하겠다, 그 이상 좋은 게 없잖아요? 그래서 외국 사람들에게 그거를 하게 하는 거예요. 그리고 그 이외에 관리가 안 되는 것들은 자꾸 바꿔나가잖아요. 제삼국 애들이라든지 이런 애들은 비자를 강력하게 하고 있잖아요. 범죄가 일어나니까. 자꾸 들어오니까 그렇게 되고 있는 게 MM2H 비자고 저도 MM2H 비자로 바꿀라 그래요. 2년마다 갱신하는 게 굉장히 힘들어요. 비자 갱신하러 나가는데 오퍼컴이 계속해나가고 오퍼컴이 연장 자체가 뭐냐면, 이 사람들이 없던 법을 만들어요. 뭐 자본금 백만 불 회사를 만들어라, 그렇게 해서 WRT 그러니까 수출과 관계된 것. 그러니까 그거 관계된 거 말고 외국인 너네가 할 수 있는 게 뭐 있냐? 이렇게 되는 거예요. 그래서 그 라이센스를 받으면 오퍼컴을 만들어줘요. 그런데 이거를 만들려면 서류 들어가지, 돈 들어가지 그런 식으로 관리하는 법이에요. 내가 보니까. 그렇게 되고 한국 사람들이 불법적으로 그랬고. 그래서 한국 사람들한테 더 심하게 그런 것도 있고. 일본 사람들은 옛날부터 잘 지켜왔다 그러더라고요. 근데 한국 사람들은. 걔네들 자체가 어기고 그런 거를 하지 않았다는 거죠. 드물게 누군가가 했긴 했겠지만. 우리 한국 사람처럼 안 했다 이거죠. 그니까 우리 한국 사람만, 물론 대상은 아니겠지만 이 나라에선 법을 찾다가, 관리하다가, 머리를 쓰다가 이런 법을 만들게 된 거 같더라고요, 제 생각엔. 이거에요."

MM2H의 문제점에 대해 한인회 회장은 다음과 같이 말한다.

"옛날에 환율이 여기가 250원대였어요. 한국에서 250만 원 붙여주면 여기가 1만 링깃을 받았는데, 지금 환율이 얼마 전까지만 해도 380원이었습니다. 근데 지금은 많이 내려갔습니다. 그러니까 한국에서 1만 링깃을 붙여주려면 380만 원을 붙여줘야 돼요. 그러면서 환율이 올라가니까 고거를 못 버텨. 여기는 40퍼센트에서 한 50퍼센트가 기러기 가족입니다. 영어권이라 영어를 가르쳐줄 수 있는 최고 싼 나라가 말레이시아입니다. 치안이 좋고. 싱가포르에 가면 비싸게 들고, 생활비가 두 배 단위니까. 그니까 영어를, 자식 영어 가르쳐주고 싶은 나라 중에서 제일 한국에서 가깝고 경비가 싸게 드는 나라가 말레이시아죠. 치안 좋고요. 기러기 엄마들이 한 45퍼센트에서 50퍼센트까지 넘었댔어요. 그때는 250만 원이면 1만 링깃을 받아 생활이 됐는데, 이게 380원 400원까지 가니까 400만 원 붙여줘야 1만 링깃이 되니까, 그 수준의 돈을 아빠들이 못 보내주시는 분들은, 이분들은 딴 나라로 몽골이나 이런 데로 많이 빠졌어요. 이제 몽골도 인터내셔널 스쿨 있으니까 거기로 많이 갔고. 몽골뿐이 아니라 말레이시아도 이 주변에 섬, 그 ○○○나 ○○○ 거기로 가시는 분들도 많아요. 거긴 싸니까. 그리고 이제 380원 400원 때 엄마들이 오시면서, 좀 여유가 있으니까 암팡으로 안 들어가고 이리로(몽키아라) 들어오시는 분도. (암팡에서) 계속 빠져나오고 있고. 그 동네가 가보시면 알겠지만 저녁때 치안이 좀 불안합니다. 그런데 여기는 치안 하나는 좋아요. 일본 사람들이 처음에 암팡에서 잡고요. 말레이시아만 그런 게 아니라 전 세계적으로 일본 사람들이 살다가 다른 동네로 이주를 하면, 이사를 가면 거기를 한국 사람들이 채워줍니다. 여기도 원래 일본타운이었습니다. 암팡도 원래 일본타운. 근데 암팡 일본타운이었다가 일본 사람들이 몽키아라 들어와 사니까 한국 사람들이 암팡으로 다 들어갔어요. 근데 지금 몽키아라 살던 일본 사람들이 수방으로 갔어요. 그니까 또 암팡 있는 사람들이 다 몽키아라 들어오는 거예요. 근데 한국 사람들이 들어올 때 어떤 사람들이 들어오냐면, 이란 사람들이 같이 들어옵니다. 그래서 한국 사람들이 모여 사는 동네 보면 꼭 이란 사람들이 같이 모여 살아요. 여기도 똑같습니다. 서양 사람들 많고, 또 여기가 이슬람 국간데, 이슬람 국가면서 강한 이슬람이지만 오픈된 이슬람이에요, 이 나라가. 그래서 이슬람 애들이 좀 자기네 나라 힘들고 하니까 이제 말레이시아 개발 붐이 나가지고, 이슬람 애들이 믿는 거기 보면 은행에 넣어도 이자를 못 받고 은행에 돈 넣는 사람이 은행에 돈을 내게끔 돼 있는데, 말레이시아는 이슬람 국가인데도 은행에 돈을 넣으면 이자를 주고 그러니까 이슬람 돈이 다 들어옵니다. 건설도 많이 하고. 그게 옛날에는 한국으로 들어가려 했는데 기독교 단체에서 못 들어오게 하는 바람에 말레이시아로 다 뺏겼어요. 근데 그게 들어와야 되는 거예요."

[아랍 쪽에서 이쪽으로 오는 사람에 대한 어떤 혜택이 있습니까?]

"그거는 제가 잘 모르겠습니다. 이것도 지금 말레이시아만, 우리 한국 대학생이 저희가 작년에 잡은 게 700명 잡았거든요. 그러니까 한국에서 고등학교 졸업하고 대학을 이쪽으로 오는 친구들이 많아요. 지금 저희가 1,000명 정도 잡습니다. 많습니다. 대학에 많이 들어가 있고. 또 반대로, 저희같이 여기에 사는 사람은 주재원이 있고요, 그다음에 기러기 엄마, 그리고 저희같이 사는 사람은 원주민이라 하고요. 코리안 원주민이라 하고요. 근데 원주민의 자녀분들이 어렵고 하면 대학을 여기서 1년 휴학을 하고 한국 가서 1년 동안 아르바이트를 합니다. 그러면 한 1,500링깃 정도를 모아 오더라고요, 애들이. 그래가지고 여기 와서 다시 복학하고 학비 내고, 여기서 졸업을 하게 되면 영국하고 MOU가 되어있어서 영국 대학을 나온 거로. 여기서 3년 하고 1년을 거기서 하는가, 6개월을 거기서 하는가 그렇게 준대요. 영국 졸업장으로 미국 졸업장으로. 그래서 많이 들어와요. 저는 2000년에 왔습니다. 처음에 와서는 다른 거 몇 개 하다가 다 까먹고. 다오레는 딱 10년 됐습니다. 한 3년 고생했죠. 그냥 죽기 살기로 했지. 그 당시에는 원래 캐나다로 가려고 했어요. 처음에 저는 한국에서 사업을 했는데, 저는 젊은 친구들 하는 사업을 했어요. 그래서 IMF를 맞았지만 저희 사업장에는 피해가 없었어요. 남의 얘기인 줄만 알았습니다. 부모님들은 힘들지만 애들한테는 용돈을 주니까. 그런데 IMF가 1년, 2년 되면서 애들 용돈이 줄더라고. 줄기 시작했어요. 그게 최악으로 가 힘들 때, 그니까 저희 사업장들도 힘들어지기 시작하고 그래서 끝내 애들이 그 당시에 초등학교 4학년, 1학년. 그래서 집사람이 처제가 캐나다에 있어가지고 캐나다로 가려고 다 준비를 했었어요. 근데 저희 집사람이 겁이 났는지 말레이시아도 영어권이니까 거기 3년만 있다 캐나다로 넘어가자. 영어 좀 가르치고. 그래서 말레이시아로 왔어요, 연고 하나 없이. 옛날에는 2000년, 1999년에는 최고 유망 사업이 이주 그래픽이었잖아요. 그때 간 사람들은 90퍼센트 이상이 다 사기당했습니다. 뉴질랜드 많이 갔잖아요. 뉴질랜드 갔다가 99퍼센트 전부 다 되돌아오고. 우리 집사람 친구가 여기 주재원으로 있었어요. 아니요, 삼성이 아니고 우물 파는 회사였어요. 식수 파는 회사. 그래가지고서 참 좋은 나라라고. 그 당시만 해도 말레이시아 그러면 텔레비전에서 보여주는 게 순 정글, 지금도 그래요. 지금도 한국에서 티브이 보면 말레이시아 보여줄 때 순 정글, 시장통, 시내는 안 보여줘. 그 면은, 그 당시 처음에는 말레이시아 하면, 지금은 좀 덜하지만 말레이시아 간다면 뭐 말라리아 주사 맞고 가라, 약 갖고 가라. 근데 저도 2000년에 김포공항에서 비행기를 탔습니다. 김포공항에서 비행기를 타고 딱 내리니까 지금 내린 그 KL, 그 공항에서 내렸어요. 어, 공항에 기차도 다니네, 여기. 거, 인천공항에서 비행기 탔지? 비슷하지 않아? 여기를 보고 벤치마킹한 거야. 그다음에 우리가 지금 대한민국에서 하고 있는 세종시, 세종시도 이 나라 ○○○○○ 벤치마킹해서 바로 간 거야. 그래서 ○○○○○ 벤치마킹할 때 노태우(?) 대통령이 와서 벤치마킹할 때, 여기 말레이시아 사는 분들, 저걸 벤치마킹하면 안 되는데 안 되는데 그랬어요. 저는 이 동네에 처음 들어왔어요. 그때는 한국 가정이 한 10가구도 안 됐어요. 그 당시에 다 암팡 살아가지고. 저도 컨설팅 통해서 들어왔는데, 이 컨설팅 애들이 절대 한국 사람들 많이 사는 데다 안 갖다 놓습니다. 정보를 아니까. 한국 사람들 없는 데다 던져봐요. 한국 사람들 못 만나게. 그래야 자기들이 오래 빼먹잖아. 학교 보낼 때 얼마 빼먹고, 뭐 서류 떼어달라 하면 빼먹고. 그래서 컨설팅 애들이 절대 한국 사람들 있는 동네는 사람을 안 넣어요. 그때는 여기 사람이 없었어. 한국 사람이. 욕도 많이 먹고 있습니다. 암팡에서 욕 무지하게 먹고 있습니다. 옮겨가니까. 당연하죠. 그분들도 서운하죠."

은퇴이주 광고가 널리 퍼져서 많이 알려진 것은 사실이지만, 현실적으로 매우 어려운 상황에 처해있다. 한인회 회장은 다음과 같이 말한다.

"저는 처음에 와서는 사람을 못 사귀었어요. 아는 사람이 별로 없고 그래가지고. 저는 컨설팅업체가 투자하라는 데 투자해서. 근데 저희는 컨설팅 박람회를 간 게 아니고 저희 집사람이 한국에 있는 말레이시아 대사관을 갔어요. 그래서 말레이시아 이주 가고 싶은데, 한국에 있는 말레이시아 대사관을 보면 한국 직원들이 있습니다. 그러면 이제 가고 싶다면 그 친구들이 도움을 줄 줄 알고 갔더니 거기서 이제 컨설팅업체 소개시켜주는 거예요. 나중에 제가 알아보고 이제 이 친구들이 도망가서, 그 직원들하고 다 커넥션이 있는 거예요. 그 직원이 소개시켜준 데 가서, 강남에 있는 사무실 가서 설명 듣고. 사무실도 죽여요. 원래 사기 치는 분들은. 커튼 리모컨으로 열리고 닫는 건 처음 봤어요. 그래서 얼마 투자, 얼마를 주면 한 달에 얼마를 주는 거 사업을 하면 대리 운영을 해주고. 그렇게 해서 돈을 주고 들어왔는데 한 3개월 있으니까 얘네들이 딱 없어진 거야. 사업체도 없어지고. 근데 저만 당한 게 아니라 많이들 당했으니까, 그 당시에. 위안이 되는 거는 저랑 회사로 한 네 명이 들어왔는데, 거기에 보면 옛날 삼성 비서실에서 실장 하던 분들 당하고. 그래서, 야 저런 분들도 당하는데. 그래서 다른 것 좀 하다가 안 돼서 이 동네에서 식당을 한다고 했는데, 그때 돈도 다 까먹고 없고 해서, 저희 집사람 교회 다니니까 아는 사람들이 조금씩 보태줬나 봐요. 운 좋게도 인테리어 하시는 현지인, 중국 사람인데, 할아버지였는데 절 잘 봤는지 할부로 해준다고, 12개월. 그래가지고서 그 당시에 한 6,000만 원 정도, 한 10년 전에. 그래서 테이블 10개 놓고 식당을 시작한 거예요."

한국인들은 주로 한국 식당을 운영하고 있다. 한국 식당으로 성

공한 한인회 회장의 말은 다음과 같다.

"은퇴이민이 지금 제일 많은 나라가 일본 사람이고요. 한국 사람들 많지가 않습니다. (NM2H 적용) 되긴 되는데 어르신네들이 많이는 이쪽으로 안 오세요. 외롭고 하니까 가시는 분들은 가시고. 오셨다가도 한국 갔다가 겨울에만 한두 달 있다 가시고. 은퇴이민은 한국 분들한테는 성공한 케이스는 아니고, 일본 사람들이 은퇴이민 많이 와 있어요. 외로우셔서 그런 것 같아요. 일단 딱 두 분이 오셔가지고, 처음엔 좋죠. 처음에 2년은 되게 좋아하세요. 매일 골프장 가고 두 분이 손잡고. 그리고 이제 딱 넘어가면 되게 갑갑해하세요. 친구도 보고 싶고. 한국을 자주 왔다 갔다 하시면 들어오는 횟수가 점점 적어져요. 그 옛날 보면 어르신네들 요양원이라 하나, 그게 전부 산속에 있다 요즘 시내로 다 나온대잖아요, 어른들 실버타운이. 옛날에 실버타운이 다 산속에 있었잖아요. 근데 지금 다 시내로 나왔잖아요. 어른들 모여있게끔만 하면 되는데 그게 안 되니까. 은퇴이민이 어려운 거예요. 말레이시아에서도 이와 비슷한 현상이 나타나지요."

한국인들이 말레이시아로 은퇴이주해 오기를 원하는 이유에 대해 한인회 회장은 다음과 같이 말한다.

"하지만 말레이시아 같은 경우는 다른 나라하고는 다른 점이 있어요. 여기는 이슬람 국가입니다. 애들 말로 탈선할 수 있는 공간이나 여지가 없다고 보면 돼요. 많지가 않다고 보면 돼요. 애들이 나가서 갈 데라고는 어딨냐. 쇼핑몰밖

그림 21 한인들이 선호하는 암팡 인근 유명 쇼핑몰 암팡포인트

에 없어요. 백화점, 백화점에서 햄버거 사 먹고 영화 보고. 그런데 한국은 음지로 들어갈 수 있는 데가 많잖아요. 말레이시아는 이슬람 국가라 의미가 없습니다. 피시방, 근데 문제가 뭐냐면 옛날 5, 6년 전까지만 해도 안 그랬었는데, 한국 애들이 외국 애들하고 어울렸어요. 한국 애들 많지가 않았으니까. 근데 한 6년 전부터 한국 애들이 막 들어오면서 한국 애들이 한국 애들하고만 어울려요. 그게 큰 문제에요."

"학비가 싸니까요. 한국이 최고 싼 나라입니다. 전 세계에서 한국처럼 싼 데가 없어요. 실제 미국 가면 딱 1년에 1억이 들어요. 영국 가면 7,000에서 8,000만 원이 듭니다. 1년에 방, 기숙사 포함해서. 한국 1년에 900만 원입니다. 여기 고등학교 애들이 학비가 한 2,000만 원 할걸요, 인터내셔널 스쿨이. 근데 나도 우리 애들이 인터내셔널 스쿨 다니다 대학 딱 들어가니까, 야 학비 싸서 좋더라고요. 우리 애들 보니까 한 학기에 900만 원 정도 잡더라고요. 두 종류가 있습니다. 12년 특례를 받는 애들이 있고. 애들은 여기서 초등학교부터 고등학교 나온 애들인데 영국이나 미국 가려고 그래요. 그쪽으로 가려고 하고. 3년 애들은 한국으로 좀 나오려고 하고요."

말레이시아로 이주한 한국인들은 현지에서 체류자 신분이다. 이에 대해 한인회 회장은 이렇게 말한다.

"이 나라에는 동포 2세, 교포 2세가 없어요. 왜냐면은 말레이시아는 비자를 안 줍니다, 영주권을 안 줍니다. 그니까 살다가 가라는 거예요. 여기서 애들이 공부를 하고 말레이시아 와서 취직을 하는 게 아니고 공부를 하고. 그래서 여기는 동포 2세가 없어요. 와서 할 것도 없고. 베트남은 교민만 해도 지금 10만이 넘잖아요."

말레이시아로 조기유학 온 학생 S군(19세, 남성)은 한국인들의 말레이시아로의 은퇴이민의 주요 이유에 대해 이렇게 말한다.

"나이 드신 분은 골프 치러 와요. 은퇴이민으로 MM2H 많이 했잖아요. 그렇지요. 저는 나이 든 분들이랑 대화를 잘 안 해서 잘 모르겠어요. 저는 한국에서 은퇴하고 여기로 노후를 보내려고 오는 사람들에 대해 많이 들어본 적이 없어요. 그런데 나이 많이 드시지 않고 적당하게 드신 분들은 은퇴 후 사업하러 많이 오신다고 하더라고요. 그런데 사업 아이템은 별로 많이 없지 않아요. 그런데 잘 모르고 오시는 분들이 많아요. 지나가는 소리로 사업이나 해보겠다. 근데 다 조사해봤는데 별로 없어요. 그나마 PC방 하다가 망한 경우가 많다고 들었어요."

3. 은퇴이주지로서 말레이시아의 양면성

최근 MM2H 프로그램의 효과는 쿠알라룸푸르를 포함한 말레이시아 반도 내에서보다는 보르네오섬 북부에 위치한 동말레이시아, 특히 사바주에서 더욱 두드러지게 나타나고 있다. 사바주는 주도州

鄕인 꼬따끼나발루를 중심으로 면세 지역으로 지정되어 수많은 외국인 은퇴이주자들이 선호하는 거주지로 부상하였다. 그들이 사바에서 여유로운 삶을 즐기게 하기 위해 해외의 유수 부동산업체들이 나서고 있으며, 황혼에 만나는 전원의 삶을 풍요롭게 하기 위한 안락하고 편안한 주거공간을 제공하기 위해 세계적 수준의 유수 건설업체에 의해 콘도미니엄과 리조트 건축 프로젝트가 시행되고 있다.

사바 지역은 지난 수 세기 동안 까다잔족을 비롯한 복합적인 종족들의 다채로운 문화를 보존, 개발해왔으며, 이는 토착 문화의 상품화를 가져왔다. 예컨대 사바 지역에서 오래전부터 유명한 보리수는 상인들의 교역 장소였다. 보리수에 얽힌 전설, 민담, 신화, 설화 등은 정부의 적극적인 문화산업정책으로 인해 사바 지역의 문화콘텐츠로 탈바꿈하고 있다. 보리수는 이제 한국인과 현지인들이 함께 어우러져 시간을 보낼 수 있는 열대의 초호화 주거공간으로 재탄생하고 있다.

싱그러운 열대의 자연과 푸르른 남중국해로 둘러싸인 곳, 천연의 자연이 숨 쉬는 사바 지역은 삶의 여유와 열대의 아름다움을 자랑하는 정경, 설계, 조경, 디자인이 서로 어우러져 조화를 이루고 있으며, 다양한 종족과 문화가 공존하는 말레이시아 문화의 특색을 반영하는 '작은 말레이시아little Malaysia'로 거듭나고 있다.

그렇다면 한국인 은퇴이주자들에게 말레이시아는 은퇴 이후 퇴직금으로 은퇴 이후의 새로운 삶을 경험할 수 있는 진정한 낙원인가? 아니면 단순한 여행지인가? 그들이 꿈꾸는 풍요로운 삶과 세련된 생활양식을 보장할 것으로 선전하는 말레이시아의 주거 환경은 한국인들로서는 좀처럼 꿈꾸기 어려운 현실이기에 은퇴 이후의 새로운 삶을 위해 말레이시아를 찾는 한국인 은퇴이주자들의 귀를 솔깃하게 만들 매력적인 제안임은 틀림없지만, 이것이 그들의 은퇴 이후 말레이시아에서의 성공적인 삶을 바로 보장해주는 것은 아니다. 한국인 은퇴이주자들에게 MM2H의 성공 여부는 좀 더 지켜볼 일이다.

마지막으로, 한국인들의 말레이시아로의 은퇴이주라는 주제는 말레이시아 내 한국 문화의 일부로 간주될 수 있을 것이다. 말레이시아 내 한국 문화의 일부로서, 전체적으로 말레이시아 내 한국 문화 중에서 한국인들의 말레이시아로의 은퇴이주라는 주제가 어떠한 특징과 의미를 지니는지를 분석한 것이다. 이를 통해 한국인들의 말레이시아로의 은퇴이주의 특징과 의미를 조망하고자 한다. 이는 한국인들의 말레이시아로의 은퇴이주를 역사적, 사회문화적 맥락 속에서 이해할 수 있는 좋은 계기를 제공할 것이다.

이 글은 말레이시아로 은퇴이주를 떠나려는 한국인 은퇴이주자들에게 말레이시아로의 은퇴이주를 위한 기초 자료의 성격을 지닌다. 이를 통해 그들의 은퇴이주의 특징과 의미를 사회문화적 맥락 속에서 깊이 있게 이해하는 자료와 정보를 제공하는 데 기여할 것이다. 또한 이 글은 말레이시아 이민정책과 성공적인 은퇴이주를 위한 정확한 정보를 제공하는 데도 기여할 것이다. 나아가 말레이시아 내 한류 콘텐츠를 다양화하는 데도 기여할 것으로 기대된다. 이를 통해 말레이시아에 한국 문화에 대한 정보 제공 및 한국에 말레이시아 은퇴이주에 관한 정보 제공을 통해 말레이시아-한국 간 쌍방향의 교류와 협력을 위한 교두보를 구축하는 데 일조할 수 있을 것이다.

말레이시아 정부가 스스로 나서서 외국인, 특히 한국인들의 말레이시아로의 은퇴이주를 장려하는 것은 말레이시아의 다문화 사회의 특징이 잘 반영되어있는 부분이다. 말레이시아 이민정책은 문화적 다양성을 인정하는 데서부터 시작된다.

이러한 연구결과는 말레이시아를 새로운 은퇴이주 대상지로 삼고자 말레이시아를 찾는 한국인 은퇴이주자들에게 말레이시아 이민정책에 관한 기본적인 정보를 제공하는 기초 자료로 활용될 것이다. MM2H가 제공하는 혜택과 지원 내용에 대해 상세하게 소개함으로써 말레이시아에서의 은퇴이주 생활에 불편함이 없도록 하고, 은퇴이주와 관련된 시행착오 과정을 조금이라도 줄여주는 역할을 할 것으로 기대된다.

또한, 본 연구의 연구결과는 최근 동남아시아에 이미 정착했다고 평가받는 한류 콘텐츠를 다양화하는 데도 기여할 것으로 평가된다. 그것은 말레이시아에 한국 문화를 널리 알리고, 한국에 말레이시아로의 은퇴이주를 장려하도록 하는 주요 통로와 창구 역할을 할 것으로도 기대된다.

말레이시아는 이슬람을 신봉하는 무슬림인 말레이인을 비롯하여 화인과 인도계, 사라왁의 이반족, 사바의 까다잔족, 그리고 오랑 아슬리라 불리는 원주민 등 문화적 다양성과 종족적 복합성을 지닌 다양한 종족들이 살아가고 있는, 소위 '다문화 사회'이며, 이러한 역사와 전통을 오랫동안 보유해온 국가이기 때문에 한국인 은퇴이주자들을 포함한 외국인에 대한 혐오감이나 거부감, 또는 경계심이 거의 없는 나라로 널리 알려져 있다. 이런 이유로 말레이시아는 외국인들이 선호하는 은퇴이주 대상 국가에서 항상 높은 수위를 차지하고 있는 것이 아닐까 싶다.

이상에서 살펴본 결과 한국인들의 말레이시아로의 은퇴이주의 특징과 의미는 과연 무엇이며, 그에 대한 평가는 어떠한 것일까? 이런 의미에서 한국인 은퇴이주자들에게 MM2H는 양면성을 지닌 정책이라고 할 수 있다. 은퇴이주에 관한 많은 기사들은 동남아로의 은퇴이주를 통해 마치 귀족과 같은 생활을 꿈꾸는 비현실적인 기대를 저버리라고 권한다. 자칫 낭패를 당하기 십상인 은퇴이주 문제를 예방하기 위해서는 사전답사나 관련 정보에 대한 충분한 자료수집이 선행되어야 할 것을 강조한다.

이와 같은 조언은 본 연구에서도 공통적으로 나타나고 있다. 말레이시아 거주 한인들의 인터뷰에서도 은퇴 후 이민을 위해서는 사전준비와 마음가짐이 필요하며, 본 연구에서 한국인들의 말레이시아로의 은퇴이주의 특징과 의미를 고찰하는 것은 관련자들에게도 많은 도움을 제공할 것이다. 또 이는 한국인들의 말레이시아로의 은퇴이주를 현대 말레이시아의 사회문화적 맥락 내에서 이해할 수 있는 계기를 제공할 것이다.

한국 사회 내에서 고령화, 은퇴 등에 대한 사회적 관심이 고조되고 있으며, 말레이시아로의 은퇴이주가 하나의 대안으로 받아들여지고 있는 현실을 고려해볼 때, 본 연구의 의의는 크다고 하겠다.

결론적으로, 본 연구의 결과는 기본적으로 심층 인터뷰와 관찰 등의 연구 방법에 전적으로 의존하여 시도된 질적 연구의 일환으로 이루어졌기에, 관련 통계 자료나 표본 및 표집 조사, 빈도수 조사, 설문조사, 구조화된 질문지 조사 등의 양적 연구 방법을 추가적으로 병행하지 못함으로써, 연구 자료에 대한 분석 결과의 타당도와 신뢰도에 있어서 일정 정도의 한계점이 있을 것으로 생각되며, 이 점은 본 연구의 한계로 남아있다. 이에 관해선 향후 연구과제로 남겨두기로 한다.

4장

초국가 시대의 재마 한인 사회와 한인 정체성

1. 조기유학 대상지로 부상한 말레이시아

암팡 한인 사회는 이전에 일본인들이 거주하던 지역이었다. 그러나 일본인들이 신개발지역인 몽키아라로 빠져나가고 한인들이 그 자리를 채우면서 현재의 안팡 한인 사회가 만들어졌다.

암팡은 현지 신문에 'Ampang, 한인 사회'라고 나올 만큼 한국 사람이 많이 사는 곳이다. 현지 말을 몰라도 전혀 불편함이 없을 정도로 한국인을 위한 모든 시설이 갖춰져 있는 곳이다. 간판도 모두 한국어로 되어있으며, 10개가 넘는 한국 식당, 커다란 한국 슈퍼마켓, 한국 아이들을 위한 학원 등이 있다.

이곳에는 말레이시아에서 일하는 사람들도 있겠지만, 가장 많은 부분을 차지하는 것이 아이들을 교육시키기 위해서 한국에서 온 기러기 엄마들이다. 암팡 주변에는 아이들을 위한 국제학교들이 많이 있고, 생활하기 편리하기 때문에 기러기 엄마들이 이곳에 많이 산다. 말레이시아의 국제학교에 입학시키기 위해 이곳에 오는 한국 기러기 엄마들의 수는 점점 늘어가는 추세이다. 아직은 한국 사람들에게 낯선 말레이시아에 왜 한국 엄마들의 수가 늘어나는 것일까?

말레이시아는 말레이계, 화인, 인도계 및 기타 소수 종족으로 구성되어있는 다종족 국가이다. 말레이어가 공용어이긴 하나, 워낙 다양한 민족이 살다 보니 영어가 보편적으로 사용되고 있다. 동남 아시아를 돌아다녀 본 사람은 말레이시아가 외국인에게 얼마나 편리한 나라인지를 실감하게 된다. 동남아 대부분의 국가에서는 영어가 통하지 않는다. 하지만 말레이시아와 싱가포르에서는 택시, 상점, 지나가는 길거리 사람들에게 영어로 질문했을 경우, 바로바로 영어로 대답을 들을 수 있다. 말레이시아 대부분의 국민들이 영어를 자유롭게 구사하는 것을 볼 수 있다.

영어와 중국어를 함께 배울 수 있어 영어, 말레이어 외에도 중국인들 사이에서는 중국의 각종 방언(호키엔Hokkien, 광둥어Cantonese, 하카Hakka, 만다린Mandarin)이 사용되며, 인도인들은 타밀어Tamil, 힌디어Hindi를 사용한다. 이곳에서는 같은 중국인들끼리도 중국어가 아닌 영어로 대화하는 것을 쉽게 볼 수 있다. 중국어 또한 종류가 워낙 다양하다 보니 자신들끼리도 중국어로 대화가 통하지 않기 때문에 영어를 사용할 수밖에 없는 것이다.

다종족, 다민족이 살다 보니 말레이에서 라디오를 듣다 보면 정말 많은 언어를 접할 수 있다. 말레이, 중국인, 인도인들을 위한 영어, 중국어, 힌디어, 타밀어, 말레이어로 방송되는 프로그램을 쉽게 들을 수 있다. 이렇게 다양한 언어에 노출될 수 있다는 것은 말레이시아가 가진 매력 중 하나일 것이다. 이런 언어적 환경에 의해 말레이시아인들에게 두세 개 국어를 하는 것은 너무나 당연한 일이다. 말레이시아 차이니즈들은 보통 4개 국어를 한다. 영어, 말레이어,

북경어, 가족의 고향 중국어를 자유롭게 구사한다. 한국에서 4개 국어를 구사한다는 것은 대단한 일이지만, 이곳에서 4개 국어는 그리 대단한 일이 아니다. 이렇듯 아이들이 다양한 언어를 자연스럽게 습득할 수 있다는 점이 한국 엄마들을 말레이시아로 불러들이고 있다. 영어와 함께 중요시되고 있는 중국어를 습득할 수 있기 때문이다.

비록 말레이시아 영어가 완벽하진 않더라도 다른 국가에 비해 싼 비용으로 아이들을 교육시킬 수 있는 점, 영어뿐만 아니라 중국어를 습득하기 좋은 환경과 국제학교들이 서구권 학교들과 비교해도 전혀 떨어지지 않을 정도로 높은 수준이기 때문에 호주, 캐나다로 조기유학을 가던 기러기 엄마들이 말레이시아로 발길을 돌리고 있다. 앞으로 이러한 경향은 점점 증가할 것으로 보인다.

한편 1990년대 후반, 당시 몽키아라는 신개발 프로젝트에 따라 급속한 발전을 이루는 중이었다. 본래 미개발 지역이었던 이곳에 대규모 주택 단지가 만들어지고 학교, 국제학교, 병원 등 인프라가 구축되고 상권이 형성되었다. 이에 따라 일본인들을 비롯한 다양한 국가 출신의 이주민들이 몽키아라에 터전을 잡게 된 것이다. 이런 점에서 한인들의 몽키아라로의 이주 또는 이전은 이러한 흐름에 한 박자 늦은 출발이었다고 할 수 있을 것이다.

한인들이 본격적으로 몽키아라에 이동하여 새 터전을 잡기 시작한 것은 현재로부터 10여 년 전인 2000년대 후반부터였다. 몽키아라에서 회식이나 모임을 가지면서 혹은 사업상 오가면서 이곳을 알게 된 사람들에 의해 몽키아라가 알려지기 시작했고, 한인들 사이에서 몽키아라가 살기에 쾌적한 곳이라는 인식이 만들어졌다.

1990년대 중후반부터 말레이시아는 새로운 조기유학 대상지로 한국 어머니들에게 선호 국가로 부상했을 뿐 아니라 크게 각광 받는 나라 중 하나다. 말레이시아는 조기유학 대상지로서뿐만 아니라 '보다 나은 교육여건을 지닌 나라'라는 인식이 생겨나면서 심지어 영국, 뉴질랜드, 호주 등과 같은 나라로 조기유학을 떠났던 사람들이 조기유학 대상 국가를 말레이시아로 변경하는 경향이 나타나기도 했다.

2005년만 하더라도 필리핀, 말레이시아를 비롯한 동남아시아 국가로 조기유학을 떠난 청소년은 약 11.4퍼센트 수준에 머물렀다. 그러나 2008년 10월 통계청이 발표한 '2007학년도 초중고 유학생 통계'에서는 전체 초중고 출국자 수(해외 이주, 부모 파견 동행 포함) 중 미국 출국자가 1만 4,006명(32.3퍼센트)으로 가장 많았고 그다음 필리핀, 싱가포르, 말레이시아 등 동남아시아가 7,421명(17.1퍼센트)으로 뒤를 이었다. 중국은 6,880명으로 3위를 차지함으로써, 캐나다(5,453명), 호주(2,030명), 뉴질랜드(1,833명)보다 앞섰다. 즉, 불과 2, 3년 사이에 동남아시아로의 유학 선호 현상이 두드러진 것이다.

말레이시아가 한국 어머니들의 조기유학 대상지로 선호되고 있는 주요 이유는 우선 미국이나 영국, 캐나다, 뉴질랜드 등과 같은 선진국보다 상대적으로 저렴한 학비에 다닐 수 있는 미국, 영국 및 호주 계통의 국제학교가 많기 때문이다. 전국적으로 30개가 넘는 국제학교에 100개국 이상의 나라에서 유학 온 5만여 명의 학생들이 이처럼 다양한 국제학교에서 공부하고 있다.

한국 학생들의 비율은 전체 외국인 학생의 10퍼센트를 차지하고 있다. 일부 국제학교에 개설된 영어특별반Intensive English Program, IEP이라 불리는 준비반의 경우 80퍼센트 이상이 한국 학생들로 알려져 있다. 등하교 때 모습을 보면 마치 한국 학교라는 착각이 들 정도로 한국 학생 비율이 높은 국제학교가 최근에 급속히 늘고 있다.

말레이시아에서 국제학교에 다니는 한국 학생들은 2018년 이미 2만 명을 넘어선 것으로 추산된다. 거의 매주 초중고 학생 자녀들을 동반한 한국 어머니들이 속속 말레이시아에 도착하고 있다. 그 때문에 '한인 사회'도 팽창되었고, 그 구성원은 점점 젊어지며, 이들의 자영업 형태와 업종도 점차 다양하게 확대되어가고 있다. 현재 2만여 명인 한인 규모가 요즘 같은 증가추세로라면 머지않아 두 배 이상 증가할 것이라고 기대하는 사람들도 많다. 말레이시아가 한국인들에게 인기를 끌고 있는 이유는 크게 조기유학과 '부동산 투자' 바람, 그리고 한국인 은퇴이민자들을 위한 말레이시아 정부의 MM2H 프로그램 실시 등으로 집약될 수 있다.

또한 말레이시아에서는 전 인구의 약 25퍼센트를 차지하는 화인들과 함께 생활하면서 영어와 중국어를 동시에 배울 수 있는 조건이 갖춰져 있다는 점이 강점으로 작용하고 있다. 특히 최근 이미 전 세계적으로 영어교육의 중요성이 강조되고 있는 상황에서 한국 정부의 영어교육 강화 정책이 발표되면서 영어공용화정책에 대한 논란이 불거졌고, 그에 따라 조기유학에 대한 관심이 폭증하면서 말레이시아가 새로운 조기유학 대상지로 부상하게 되었으며, 따라서 말레이시아를 찾는 한국인 유학생 규모가 눈에 띄게 늘고 있는 실정이다.

하지만 일부 국제학교에는 정원에 비해 한국 학생이 너무 많아 한국인 비율을 특별히 제한하는 곳도 생겨나고 있다. 예컨대 쿠알라룸푸르 국제학교International School of Kuala Lumpur, ISKL와 우따마 국제학교Utama International School, UIS가 그 대표적인 예에 속한다. 국제학교에 입학한 후에야 학교 시설이나 수업내용이 당초 기대한 수준에 못 미치는 것을 알고 후회하는 경우(세이폴 국제학교의 경우 학교 시설이 낙후되어 이에 대한 불만이 상당한 편이다)도 있다.

암팡 지역의 대형 콘도미니엄들에 한국인들이 거주하는 비율은 다른 민족들에 비해 압도적으로 높은 편이다. 말레이시아 현지에서는 한국 어머니들이 조기유학을 목적으로 말레이시아에 지속적으로 입국할 것이라고 판단하고 있으며, 이를 위한 콘도미니엄 건설에 박차를 가하고 있다.

이와 같이 말레이시아는 선진국에 비해 상대적으로 저렴한 생활비와 학비, 그리고 영어와 중국어를 동시에 습득할 수 있다는 언어 문화적 환경의 장점, 지리적으로 한국과 상대적으로 가까운 '영어권'에 속한 나라라는 점, 치안이 동남아시아의 다른 지역에 비해 상대적으로 안정되어있고, 이슬람을 신봉하는 말레이인들이 총인구의 다수를 차지하고 있어 세속적인 문화로부터 일정 정도 거리가

그림 22 암팡 한인타운 앞 학생들의 등교 모습

그림 23 암팡 한인타운 앞 학생들의 하교 모습

있는 '깨끗하고 건전한' 사회라는 인식, 인종차별이 덜하고, 한국인들이 상대적으로 우위에 설 수 있다는 장점 등이 작용하여 새로운 조기유학 대상지로 부상하였다.

물론 흔히 '마글리시Maglish'[1]로 인한 영어 발음 문제, 말레이시아 자체에 대한 한국인들의 인식 부재 또는 부족, 말레이시아의 후진국 이미지 등이 말레이시아행을 꺼리게 하는 것도 사실이지만, 친지나 지인들의 소개 또는 회사 동료의 권유, 인터넷 정보, 말레이시아와의 개인적 인연 등으로 말레이시아를 선택하고 있다.

사실 자녀들의 조기유학 결정 이전에 한국 어머니들에게 말레이시아의 교육체계에 대한 정보와 관심은 매우 일천하다. 말레이시아 정부 입장에서 교육 분야는 다문화 사회라는 목표를 달성하고 국가통합을 위한 효과적인 교육 내용 전수라는 측면에서 매우 중요한 사업 또는 산업 중 하나로 인식되고 있지만, 이에 대한 한국 어머니들의 관심은 체계적이지 못할 뿐 아니라 정보조차 매우 제한되어있어서 막연한 기대와 무지의 상황이 서로 결합된 상태에서 유학 대상지로 인식되었던 것이 사실이다.

하지만 말레이시아의 말레이 신新중산층의 출현은 영어 사용 강화를 필두로 하여 영어교육의 새로운 변화를 예고하고 있어서, 말레이시아에서 영어를 배우고자 하는 아랍 지역 가족들을 포함한

---

1 Malaysia+English=Maglish, 말레이시아식 영어, 즉 말레이시아 잉글리시를 줄여서 만들어낸 조어로 말레이 영어를 일컫는다.

외국인들, 특히 한국 어머니들의 관심을 끌기에 충분하다.

　말레이시아 정부는 교육 분야에서 경쟁력이 있고, 뛰어난 품질의 전문적이고 특화된 과정뿐 아니라 다양한 고등교육 과정들을 제공하고 있다고 선전, 홍보하고 있다. 이것의 근본적인 토대는 영국과 호주의 유명 대학들이 현지에 분교 캠퍼스를 만들고 있는 현재의 경향으로 엿볼 수 있으며, 미국, 캐나다 호주, 프랑스, 독일 및 뉴질랜드의 대학들은 말레이시아 교육기관들과의 파트너십을 통해 트위닝 프로그램twinning program이라 불리는 편입 제도 및 외국 대학과 양해각서MOU를 체결하고 그 대학의 학위 프로그램을 개발해 학생들에게 제공한다. 말레이시아 교육체계의 이러한 특징은 말레이시아가 한국인들의 새로운 조기유학 대상지로 부상하게 된 주요 원인 중 하나이기도 하다.

2. 영어교육의 글로벌한 현장으로의 이주

말레이시아 한인 사회에서 영어는 단순히 자기 자녀들이 국제화 시대를 살아가는 데 필수적인 수단이라든지, 자녀들의 사회적 지위를 상승시켜 출세에 도움을 주는 데 필요한 언어적 도구가 결코 아니다. 영어는 말레이시아로의 '탈출'과 한국의 교육체계 및 가부장적 가족 질서로부터의 '해방'을 보장하는 여권이나 보증수표 이상의 의미를 지니고 있다.

한국 어머니들이 말레이시아에서 자기 자녀들의 영어교육을 실천하고자 하는 의지와 그것과 관련된 일련의 시도들은 조기유학 감행의 형태를 띠고 나타난다는 점에서, 표면상으로는 글로벌 교육 기획의 일환인 것처럼 보이지만, 실상은 그 속에 자신들의 욕망이 도저하게 잠재해있으며, 그것은 영어와 자녀의 영어교육을 포함한 일상생활 전반에서 재현된다. 미국식 영어 발음에 대한 이들의 욕망은 마글리시에 대한 부정적 인식과 '영어는 영어다'라는 이중적 잣대를 통해 투사되어 나타난다.

한국 어머니들은 한편으로는 마글리시의 발음과 문법에 지나칠 정도로 민감한 반응을 보이면서, 마글리시의 교육 효과에 대해 부정적인 인식을 강하게 드러내는 경우가 있다는 것 역시 부인하기 힘든 사실이다.

"처음에는 말레이인이 영어 하는 것을 한마디로 알아듣지 못하겠더라고요. 문장 끝에 무슨 -라^{lah}, -마^{ma} 같은 말을 붙이는데 처음에는 영어가 아니라 말레이말인 줄 알았어요. 그리고 발음도 문제지만, 더 큰 문제는 문장으로 말하지 않고 단어와 단어로 말하는 것이었어요. 우리 아이가 이런 식으로 영어를 배우면 어떻게 하지? 라는 생각을 많이 했어요."

한국 어머니들의 마글리시에 대한 이러한 불만과 불안감은 학생들에게 별다른 여과 장치가 없으면 자연스럽게 전이된다. 교사들이 주로 현지인들로 구성된 한 학교에 다니는 학생은 마글리시에 대해 이렇게 말한다.

"제가 다니는 학교 선생님들은 거의 말 그대로 로컬 사람들이에요. 발음은 말할 것도 없고 선생님들마저 문법을 틀리게 말하는데, 어디 가서 분풀이할 데도 없고 진짜 너무 싫었어요. 게다가 수업 시간 중간중간 말레이어로 농담도 하고, 어법에 안 맞게, 말레이 짱깨 발음으로 영어 하는데 진짜 너무너무 싫었어요. 한 번도 들어보지 못했던 영어 발음들은 정말 의욕을 200퍼센트 저하시켰어요. 그 영향을 받아서인지 모르지만, 나도 모르게 '-마', '-라' 하면서 문장을 끝내는 경우가 종종 있었는데, 얼마나 싫든지 생각하기도 싫을 정도예요. 반 전체에 외국인은 저랑 브루나이에서 온 애 딱 둘이어서 선생님들마저 로컬 위주의 수업을 하셨어요. 이런 작은 것이 많이 짜증 나게 했던 기억이 나요."

하지만 한국 어머니들 사이에는 "마글리시는 영어가 아니다"라는 인식과 "미국식 영어나 영국식 영어는 아니지만, 마글리시도 영어다"라는 인식이 공존한다. 이로 인해 실제 자녀들의 조기유학을 위해 말레이시아를 찾은 한국 어머니들에게 마글리시의 발음이나 어휘는 문제가 있는 동시에 문제 될 것이 없다는 이중적 태도를 낳는다.

한국 어머니들의 '완벽한 미국식 영어 구사'에 대한 욕망과 그러한 욕망이 충족되지 않으면 어쩌나 하는 불안감은 학생들의 현지 문화 이해에 그대로 반영되는 경우가 허다하다. 하지만 다른 한편으로는 이러한 '여과되지 않은 욕망'이 전승되어 초래하는 결과에 대해 걱정하는 한국 어머니들이 그리 많지 않은 것도 그다지 놀라운 일은 아니다.

위의 예에서 확인한 것처럼 사실 마글리시가 발음이나 어휘에 문제가 있다고 인정하지만 이것이 말레이시아에서의 영어 또는 영어교육을 향한 그들의 욕망을 제어할 정도는 아닌 것이다. 마글리시는 영어의 다양성, 변이성, 가변성 등의 특성을 모두 지니고 있는 변종 영어에 속하지만 영어 속성상 마글리시가 존재하며, 따라서 이것이 말레이시아 사람들의 일상생활에서 영어를 구사하는 데 큰 장애 요인이 되지 않는다.

한국 어머니들은 한국으로부터의 탈출을 욕망하고, 자녀의 영어교육을 통해 자신의 영어에 대한 열등감과 부채의식을 변제하려는 강한 욕구를 가지고 글로벌한 교육 현장에 '진입한' 사람들이다. 한국이라는 민족주의적 영토를 탈출하여 말레이시아라는 영어교육의 글로벌한 현장으로 이주하는 데 성공한 사람들인 것이다. 이들의 사회적 욕망은, 한편으로는 자녀의 영어교육을 위한 국제학교나 현지 학교의 선택과 영어학원과 강사진의 선택을 통해 재현되지만, 다른 한편으로는 말레이시아 현지 사회에서의 적응 과정을 통해 재현되기도 한다. 그들에게 영어는 일종의 결핍된 욕망의 복합체이다.

이런 의미에서 한국 어머니들에게 영어가 과연 무엇인가라는 질문을 던지고 그에 대한 대답을 듣고 해독하는 과정은 그 자체로 하나의 문화적 재현이 된다. 영어가 세계 각지에 널리 유포된 역사적,

지리적 과정을 볼 때, 영어에는 태생 이후 수많은 변이가 존재해왔음을 알 수 있다. '영어'보다는 '영어들'이라는 표현이 더 적절하다고 할 수 있다.

따라서 영어는 오늘날 전통적인 '구 영어', 즉 영국식 영어와 미국식 영어와 같은 '구 영어'에서부터 인도식 영어, 싱가포르식 영어(싱글리시), 말레이시아식 영어(마글리시) 등과 같은 '신 영어'에 이르기까지 매우 다양하게 존재한다. 영어는 이와 같이 광범위한 지리적, 사회문화적 맥락 속에서 사용되었기 때문에 서로 다른 '영어들' 사이에 상당한 언어학적 변이가 일어날 수밖에 없었다.

마글리시는 상이한 발음과 어휘, 문법적, 화용적 특질 측면에서 영어의 새로운 변이 중 하나이다. 이 용어는 종종 말레이시아 사람들이 사용하는 발음과 어휘, 문법 등의 변이만을 가리킬 때 사용되기는 하지만 실제로 그것은 말레이시아 사람들이 사용하는 영어의 모든 하위 변이들을 포괄하는 용어이기도 하다. 이런 점에서 마글리시는 다양한 영어의 일부로, 일종의 다 언어적 영어라고 할 수 있다.

한국 어머니들에게 영어는 자녀에 대한 교육열 및 자신들은 물론 자기 자녀들의 사회이동에 대한 참을 수 없는 욕망을 실현할 수 있는 가장 효과적이면서도 확실한 투자 대상임에 틀림없다. 한국의 가부장적 가족체계에 억눌린 지위 상승의 욕구와 외국 유수 호텔의 아침 식사 이미지와 함께 일상으로부터의 탈출과 자유로움을 대표하는 주요 상징이다.

이런 점에서 그들에게 영어는 해외 생활에 대한 꿈을 실현하기 위한 기본 도구임과 동시에 자신을 타인과 '구별짓기distinction'를 통해 자신의 욕망을 극대화할 수 있는 문화적, 상징적 자본이라는 해석도 가능할 것이다. 영어에는 억눌린 그들의 욕망이 자녀의 자유로운 영어 구사에 대한 희망과 기대 사이에서 꿈틀거리고 있는 것이다.

"저는 영어에 대한 안 좋은 기억이 많아요. 어릴 적에는 길에서 외국인을 만나면 도망치기 일쑤였고, 혹시라도 말을 걸어오지 않을까 겁을 낸 적이 한두 번이 아니었어요. 그런데 대학에 입학하고 나니 너도나도 영어학원이다 수업이다 해서 영어공부에 열을 올리는 거예요. 저도 몇 번이나 시도했는데 모두 실패했어요. 우리 아이들은 처음에는 영어를 잘 못했지만 2년 정도 지나면서 곧잘 해요. 이제 슈퍼마켓이나 병원에서 말하는 것은 아이들이 다 알아서 해주기 때문에 참 편해요. 뭐니 뭐니 해도 아이들에게 이런 경험을 하게 해준 것은 잘한 일이라고 생각해요. 남편도 그렇게 생각하고요."

이처럼 자기 자녀들의 영어와 영어교육에 대한 한국 어머니들의 욕망은 무한하다. 최근 중국어 붐이 불면서 영어와 중국어를 함께 배울 수 있다는 점에서 말레이시아가 한인 사회 내에서 화젯거리가 되고 있다. 어떤 한국 어머니들은 자녀들이 말레이시아에서 영어와 중국어를 모두 습득할 수 있는 조건을 갖춘 것을 말레이시아를 조기유학 대상지로 선택한 주된 이유라고 밝히기도 했다.

사실 말레이시아는 영어와 중국어를 모두 배울 수 있는 좋은 조건을 지니고 있다. 이 점은 말레이시아 정부가 대내외적으로 널리 홍보하고 있는 내용이기도 하다. 현지인의 약 30퍼센트를 차지하는 화인들로 인해 중국어에 대한 수요는 최근까지도 지속적으로 늘어나고 있으며, 만다린을 배우고자 하는 한인 학생들이 늘어나면서 관련 학원들도 성업을 이루고 있는 중이다.

또한 말레이시아는 미국, 영국, 호주, 캐나다 등지의 유수 대학으로 가는 경유지로서의 의미도 있다. 말레이시아의 국립대학이나 사립 전문대학들은 자체적인 프로그램에 의해 미국과 영국, 호주 등지의 대학들과 교류 협정이나 양해각서를 체결한 경우가 많고, 더욱이 유명 대학의 분교를 설립한 경우가 많아 미국이나 영국으로 가는 '길목'으로서 말레이시아 대학의 위상은 매우 견고하며 튼실한 것으로 정평이 나 있다.

하지만 한국 어머니들과의 인터뷰 과정에서 느낀 점 중 하나는 이들의 조기유학 배경을 이야기하는 과정에서 자신들의 교육관이나 교육철학의 특수성을 강조하는 경우가 많았다는 점이다.

"제 경우는 일반 한국인들의 조기유학과는 다릅니다. 다른 이들은 아이들이 학교 공부를 못하거나 성적이 낮게 나오거나 학교가 싫거나 해서 학교생활에 적응이 안 돼서 많이 나온다고들 하던데, 제 경우는 아이들이 공부도 잘하고 학교생활에 적응을 잘하고 있지만, 보다 넓은 세계를 보여줄 기회가 그리 많지 않고 지금이 오히려 그런 것을 해주기 위한 적기가 아닐까 싶어서 나왔습니다. 제 경우는 특별하지요!"

이런 식으로 이야기하는 경우가 그 대표적인 경우인데, 이 경우에도 한국인들의 타인을 바라보는 '냉소주의'적 시선이 느껴진다. 왜 이런 것일까? 정녕 한국인의 코드에는 '냉소주의'에 근거를 둔 '6·25 멘탈리티'와 같은 것이 있으며, 한국 어머니들 역시 "최악을 준비하는 삶의 자세"라는 냉소주의에 근거를 둔 '6·25 멘탈리티'에 의해 추동되어 말레이시아로의 조기유학을 실행에 옮긴 것일까?

한국의 공교육을 불신하고 사교육 시장에 의존하는 한국 어머니들은 말레이시아로의 조기유학을 사교육의 연장선에서 이해하고, 그러한 논리에 따라 자녀들을 가르치고 길러내고 있다. 이는 한국 어머니들의 교육열과 무관하지 않으며, 말레이시아에서도 예외가 아니다. 한국 어머니들은 자신의 욕망이 자녀들에게 그대로 혹은 제대로 전이되기를 원한다.

"이곳 암팡 지역은 이스트^{East}, 노스포인트^{North Point}, 사우스뷰^{South View}에 사느냐에 따라 약간의 수준 차가 있고, 이것이 거주자들 사이의 경제적 차이를 나타낸다고 생각하고는 있지만, 한국의 강남과 강북 구분 같은 것은 없다고 생각해요. 강남 같은 분위기가 없기 때문에 이곳에서 아이들 교육하기가 한국보다 쉬운 것 같아요. 또 한국에 비해 더 마음 편하게 아이들 교육을 시킬 수 있는 것 같아요. 저 역시 한국에 살 때 강남에 사는 어머니들과 함께 어울려보았는데, 자녀교육에 대한 관심이 지나치다 싶을 정도로 이상했어요. 좋은 학원, 좋은 강사에 대한 정보를 갖고 있는 아주머니를 중심으로 움직일 때가 많아요. 그런 정보를 갖고 있는 강남 엄마들은 때로는 으스대기도 하고, 때로는 정보를 공개적으로 알려주지 않으면서 자신만의 노하우를 갖게 되지요. 어떨 때는 그들의 행동이 얄밉기도 하지만 어쩔 수 없이 많은 어머니들이 그들에게 정보를 구하기 위해 만나는 경우가 많아요."

암팡에 거주하는 한국 어머니들은 위의 사례에서 알 수 있듯이 한국 강남의 사교육 시장이 강남 어머니들에 의해 움직이고 있다는 사실을 인정하고 있다. 그들은 한국의 이러한 분위기가 싫어 말레이시아를 찾아왔다. 하지만 말레이시아 역시 한인 사회의 경우 이러한 사교육에서 자유롭지 못하다. 이는 한국 어머니들의 영어와 자녀의 영어교육에 대한 욕망과 불안이 자녀의 미래를 위한 투자 심리를 동반한 교육열과 긴밀히 연계되어 불협화음의 이중주를 만들어내고 있기 때문이다.

"제가 우리 아이에게 영어를 가르치기 위해 말레이시아로 조기유학을 온 이유는 우리 아이가 영어를 잘해서 잘 먹고 잘살게 될 수 있다고 믿어서가 아니에요. 저는 영어를 곧잘 구사하게 되면 나중에 한국에 돌아가서라도 밑바닥 생활은 하지 않을 것이라고 생각해요. 설마 영어를 잘하는데 바닥으로 추락하지는 않을 것이라는 거예요. 누구는 영어가 국제화 시대를 사는 데 필수적인 수단이라고 하지만 저는 그렇게 생각하지 않아요. 영어를 잘하면 최소한의 밥벌이는 할 수 있지 않을까 생각해요. 좀 더 자세하게 말하자면 교수가 되거나 대기업에 취업하지 못해도 최소한 영어 강사라도 해서 자기 밥벌이는 할 수 있다는 거지요. 제게 영어교육은 최소한의 것이지 출세나 취업을 위한 최대의 것이 아니에요. 하지만 이런 생각으로 영어를 가르치는 것도 그렇게 쉽지만은 않더군요."

한국 어머니들이 자녀에게 영어를 교육시키기 위해 한국보다 나은 환경으로 선택한 말레이시아는 이러한 그들의 욕망을 충족시켜주는 매개물로서 존재하는가? 영어권으로서 상대적으로 저렴한 생활비와 미국이나 캐나다는 가지 못하지만 아이들의 영어교육을 위해 말레이시아와 같은 영어권인 해외로 조기유학을 오는 경우에 그들의 기대와 꿈과 희망은 어느 정도 만족스러운 수준에 도달해있는가? 이에 대한 대답은 한국 어머니들의 교육열, 특히 영어교육열에서 찾아야 할 것이다.

"저는 2003년에 두바이에서 산 이후 말레이시아에서 두 번째 타향살이를 시작했습니다. 이번에는 두 아들과 같이 한 말레이시아 생활입니다. 암팡에비뉴에 집을 정하고, 어느 정도 생활이 안정되자 저는 두 아들의 공부에 관심을 갖고 자료를 수집하였습니다. 인터내셔널 스쿨에 보내느냐 혹은 중국계 로컬학교에 보내느냐를 결정하는 문제에서 한국에 있는 제 남편은 인터내셔널 스쿨을, 저는 로컬학교에 보내자고 의견 차이를 보였습니다. 그러나 제 의견대로 아들을 로컬학교 중 하나인 라이밍 학교에 보내기로 하였습니다. 물론 적응을 잘 못하면 인터내셔널 스쿨로 전학시키기로 하였습니다."

사실 말레이시아의 '기러기 가족'이 겪는 가장 심각한 문제 중 하나는 가족 간 불화의 심화라고 할 수 있다. 남편과 아내가 서로 떨어져 장기간 생활하다 보면 예기치 못한 문제들이 많이 발생하기 마련이다. 자녀교육을 위해 별거를 감수하면서까지 말레이시아에 많은 기대를 갖고 왔지만 실상은 남편과의 불화가 심화되는 경우가 많다. 남편은 한국에서 돈을 벌기 위해, 외로움을 이겨내기 위해 어려움을 감수한다고 하지만 아내는 아내대로 어렵다.

하지만 이런 의견만 있는 것은 아니다. '기러기 가족'에 대한 편견에 저항하는 경우도 있다. 어떤 이는 '기러기 가족'이기 때문에 가족 간 불화가 더 심화되는 것은 아닌가라는 질문에 이렇게 답하였다.

"'기러기 가족' 생활이 어렵고 힘들다고 해서 나쁜 것은 아니라고 생각해요. 기러기 가족에 대해 국내 언론이 너무 부정적인 면을 부각시키는 것은 못마땅해요. 아이들의 유학이 필요할 경우 아이들만 뚝 떨어뜨려 홀로 유학을 내보내서 여러 가지 탈선의 위험에 노출시키는 것보다는 부모 중 한쪽이라도 함께 지내며 곁에서 보호하는 것이 더 낫지 않나요? 물론 부부간의 신뢰와 인내가 필요하고, 고국에서의 남편의 꾸준한 재정적 뒷바라지와 현지에서 아내의 적극적인 현지 적응과 학업 뒷바라지가 이루어질 수 있도록 가족 모두가 사랑으로 뭉쳐 함께 노력해야 하지만요."

"아이가 잠들고 나면 내가 이 생활을 계속할 수 있나 하는 외로움이 밀려와요. 날씨가 더워 항상 에어컨을 틀고 있지만 가슴 한구석이 뜨거운 김에 쐰 것처럼 화끈거리는 경우가 많아요. 이럴 때는 어디 가서 맥주라도 한잔하면서 수다를 떨고 싶은데, 외출하기가 무섭고, 아이를 재운 상태에서 어디 돌아다니는 것은 아이도 위험하고, 남 보기에도 안 좋고 해서 그냥 참는 경우가 많아요. 혼자서 술을 마시는 것은 못 하고 해본 적이 없기 때문에 동년배 동성 친구는 아니더라도 말벗이라도 있으면 좋겠는데, 이곳에서는 서로 친해지기가 한국에 비해 더 어려워요. 아이들 학교나 학원 관련된 이야기가 아니면 말 붙이기가 어색한 그런 분위기가 있어요."

위의 사례에서 한 한국 어머니는 '기러기 가족'의 가장 큰 어려움으로 "함께 말할 수 있는 친구가 귀한 것"이라는 말을 했다. "이곳은 서로 친해지기가 어려운데, 사정상 개인 이야기를 하는 것이 무례하게 비칠 것 같아서만은 아니고, 조그만 사회니까 금방 말이 돌고 그것이 주로 안 좋거나 나쁜 이야기로 확대되어 걷잡을 수 없이 빠르게 퍼져나가기 때문"이란다. 이는 암팡 사회의 고립성과 폐쇄성과 관련이 있다. 암팡 거주자들 대부분이 '모자녀 가족'인데, 아이를 돌보는 문제나 교우관계, 종교활동, 경제적 거래, 성 문제 등을 둘러싸고 이런저런 소문에 휩싸이는 경우가 많은 편이다. 이것은 암팡의 한인 사회가 한국 사회의 축소판이기 때문이기도 한데, '제한된 욕망'이 사람들 사이의 관계를 확장하거나 심화하는 데 장애 요인으로 작동한다.

한국 어머니들에게 수다는 효과적인 스트레스 해소 수단이다.

그들의 수다가 작동하는 곳은 한국 아파트촌과는 달리 매우 제한되어있으며, 그나마 작동하는 곳이 최근 문을 연 황토찜질방이나 클럽하우스에 있는 사우나실 정도다. 그만큼 심리적 스트레스를 해소할 사회문화적 공간이 절대적으로 부족한 실정이다. 해소되지 않은 스트레스는 자녀들의 영어교육에 투사된다.

"막상 현지 생활이 시작되자 사전답사를 통해 결정했던 아이들의 학교가 문제로 떠올랐어요. 학교 근처로 거주지까지 결정한 상태였지만, 막상 아이들을 입학시키고 나서야 현실에 한 발짝 다가설 수 있었어요. 답사 당시 홍보지나 브리핑을 통해서만 소개받았던 국제학교의 시설은 만족스러웠지만, 수업 내용은 기대한 것에 비해 너무나 실망스러운 수준이었어요. 심지어 교사가 수업에 참여하지 않고 야외수업으로 대체하는 일까지 벌어졌어요. 할 수 없이 학교를 옮기기로 결정할 수밖에 없었어요. 결국 한 학기를 고스란히 버리고 남은 반 이상의 학기를 집에서 과외를 시키며 겉모습보다는 내실이 있는 학교를 물색해야 했습니다. 다행히도 현재 아이들을 보내고 있는 학교는 시설면에서 '최고'라고 말할 수는 없지만 매일 체크하고 있는 아이들의 노트필기 등을 통해 성의 있는 수업을 엿볼 수 있어 다행이라고 생각하고 있어요."

이 사례는 어머니가 자녀의 학교생활에 대해 간섭하거나 모든 것에 대해 알려고 안달하지 않고 학교 측에 의탁하는 경우이다. 하지만 한국이나 이곳이나 자녀가 저학년일수록 봉사활동이나 예체능 수업 준비 등을 위해 자녀의 학교에서 살다시피 하는 엄마들이 많은 것이 사실이다. 대신 방과 후 아이들을 직접 픽업하고 숙제 지도와 취미생활을 함께 하기 위해 노력하고 있다.

이분의 남편은 한국서 개인 사업을 하며 빠르게는 한 달 반, 혹은 두 달에 한 번꼴로 말레이시아를 오가고 있다. 남편도 '기러기 가족'에 대해 아내와 의견을 같이했지만, 화상채팅을 통해 매일 얼굴을 본다고 해도 사랑하는 아이들을 매일 쓰다듬고 안아주지 못하는 아쉬움과 '두 집 살림'을 위한 재정적인 애로사항은 분명 존재한다고 말한다. 한국 어머니들이 처한 어려움은 대체로 비슷하다.

"비자를 연장하고자 할 때 말레이시아의 법을 제대로 모르니 스스로 해결할 수도 없고, 많은 일이 체계적으로 이루어지지 않아, 답답할 때가 많다. 학교의 규칙을 적용하는 경우에도 일률적이거나 어떤 기준에 따라 체계적으로 진행되지 않을 때가 많아 학교 역시 신뢰하지 못할 점들이 많다. 아이들을 타국에서 홀로 키우고 있는 만큼 가족이 큰 사고 없이 안전하게 생활할 수 있도록 높은 분들이 노력해주셨으면 한다."

위 사례의 한국 어머니는 국내 대기업에 근무할 때 영어를 잘하지 못해서 당했던 경험이 있다. 그녀는 영어에 대한 열등감이 자신을 외국으로 내몰았고, 그에 대해선 아무런 후회가 없다고 했다. 고등학교 친구 중에 모든 면에서 자신보다 성적이 좋지 않았던 친구가 영어를 잘한다는 이유로 사회적으로 성공하는 것을 보고, 자기 자녀들에게는 영어를 못해서 당하는 불이익을 당하게 하지 않으려고 '영어권' 나라를 찾아왔다고 했다. 그녀에게 영어는 도저히 참을 수 없는 사회이동을 위한 욕망을 재현하는 현실적 장치이기도 한 것이다.

글로벌화의 진전에 따라 오늘날 점점 더 많은 사람에게 지리적 공간이 정체성과 일상생활의 가장 중요한 거점으로서의 의미를 상실해가고 있다. 그들은 대신 사회적, 직업적, 이념적 공통점들로 연결된 '초국가적 가족'과 같은 '탈지역화된 공동체deterritorialized community'에 진입한다.

탈지역화된 공동체는 새로운 것이 아니다. 나라가 망한 뒤 세계 각지에 흩어져 살았던 유대인들이 그런 초국가적 공동체의 고전적인 예가 될 것이다. 현재 글로벌화를 통해 진행되고 있는 정신적 분산은 수많은 사람이 일상적으로 체험하고 있다. 이 점은 말레이시아에 조기유학 온 한국 어머니들의 일상을 통해서도 확인할 수 있다.

현재 새로운 민족국가 개념에 근거한 '초국적 가족'과 '신글로벌 가족'이 생겨나고 있는 것이다. 일정한 경계선 내의 영토, 고유의 국민, 그리고 문화를 가진 고전적 유럽 모델과는 달리, 이 신종 민족국가는 지역보다는 구성원들에게 의존하며, 이들의 생활하는 터전이 어딘지와는 무관하다. 이른바 탈지역화된 민족국가는 여러 나라에 흩어져 사는 국민들이 정치, 경제, 사회, 문화적으로 조상의 민족국가의 일부로 남아있을 수 있게 한다. 탈지역화된 민족국가는 전형적인 포스트 식민지 시대의 현상이다. 그것은 일상생활 속에서 나타난 결과이며, 지금까지 이민자들이나 고국의 정부가 새로운 정체성의 형식 내지는 정치적 모델로서 논의해본 적 없는 개념이다.

초국가적인 이민자들의 정체성이 아직 민족 개념에 종속되어있는 반면, 말레이시아 내의 '한인 사회'라는 공감대는 고국의 지리적 공간 대신, 말레이시아 사회 내에서 겪었던 차별의 공동 경험에 입각해있다. '한인 사회'의 문화는 말레이시아의 '다문화주의에 대한 대항문화'인 동시에 영어권 사회의 이데올로기에 문제를 제기한다.

한국 어머니들의 조기유학으로 인한 이주 체험은 가족 내 이주 전략의 성별 구도 변화를 초래했을 뿐만 아니라 자녀 돌봄을 포함한 가사 노동의 다양화를 가져옴으로써, 소위 '이주의 여성화 feminization of migration' 현상에도 심대한 영향을 미쳤다.

또한, 이러한 이주 경험은 한국 어머니들의 시간 감각을 실질적으로 변화시켰다. 종종 한국 어머니들은 말레이시아에서 살다 보면 시간이 어떻게 흘러가고, 계절이 어떻게 바뀌고, 나이를 어떻게 먹는지를 잊는다고 한다. '가족'을 떠나 '기러기 가족'을 만들면서 살아가는 이주자들로서 한국 어머니들에게 시간은 직선이나 선형이 아니라 나선이나 방사선형으로 체험되고 있다.

그래서 한국에서의 시간과는 다른 성격과 의미를 지닌 시간을 체험하고 있으며, 이러한 체험은 그들의 욕망과 결합하여 한국 생활에 대한 향수와 망각하고 싶은 욕망, 금의환향하고 싶은 욕망과 귀환 불가에 대한 불확실성에 대한 불안감, 즉 '욕망과 불안의 이중주' 속에서 '춤추고' 있는 것이다.

이런 의미에서 말레이시아를 조기유학 대상지로 선택하여 자녀와 함께 조기유학의 길을 찾아 나선 한국 어머니들은 '외국 생활'이라는 꿈을 이루기 위해 '기러기 가족'이 되는 것을 감수하고 있다는 점에서 말레이시아 현지인들과 한국인들 사이에서 '고향을 상실하고 새로운 고향을 창조하길 욕망하는 특권층'이라는 수식어를 붙이는 것이 가능할 것이다. 이들에게 삶의 거점으로서의 국가 개념은 예전에 비해 점차 그 중요성을 상실해가면서 새로운 의미로 전환되고 있는 기로에 서 있는 것으로 보인다.

그들의 욕망 속에는 한국의 기존 질서에 저항이나 반항은 아닐지라도 탈출과 일탈의 흔적들이 고스란히 잔존해있다. 어떤 측면에서 조기유학은 불행한 현실을 탈출하기 위한 구실이나 수단이었는지 모른다. 말레이시아에서 그들의 '탈주의 욕망'은 가족 간 불화라는 장애물을 안고 시작된 것이며, 조기유학이 아이들의 미래를 담보하고 있는 '위험한 상상'일 수 있다.

하지만 말레이시아의 일상생활 속에서 자녀들의 유학 생활을 때로는 주도적으로 관리하고, 때로는 보조적인 역할을 수행하면서 그들의 욕망은 '사회화'하여 재현된다. 무릇 문화적 재현은 매우 이질적이고 모순적이며 정치적, 경제적 세력의 이해관계의 역학에 따라 중층적이면서 다면적 성격을 지니는 법이다.

한국의 가부장적인 가족 시스템, 남편과의 문화적 코드 차이로 인한 갈등, 시댁과의 심리적, 정서적 갈등, 흔히 교육열로 표현되는 아이들의 영어교육에 대한 과도하리만치 집요한 열망, 주부로서의 자경심^{self-esteem}과 아이 교육의 보조자로서 콤플렉스의 이중적 변주 속에 숨겨진 자유를 향한 갈망 등은 말레이시아에서 외톨이가 되었기 때문에 자녀들이 학교생활을 성공적으로 마쳐주길 바라는 기대와 희망 사이에서 줄타기하듯 진자운동을 계속한다.

영어를 통한 의사소통이 막혔을 때의 막막함과 어디 숨을 곳이라도 있으면 쥐구멍이라도 찾고 싶을 정도의 모멸감에 가까운 창피함, 하고 싶은 말이 목까지 치밀어 오르는데 영어를 잘 못한다는 이유로 이를 꾹꾹 눌러 참아야 했던 잊지 못할 경험들은 한국 사회로부터 벗어났다는 해방감이나 자유로움을 향한 비상구를 발견했다는 즐거움과 함께 말레이시아에서 일상생활을 하는 데 있어 소외감이나 정처 없어 떠도는 집시 같은 신세로 전락했다는 느낌, 그리고 새로운 정체성을 찾기 위한 지난한 추구의 형태로 나타난다.

이런 의미에서 최근 불어 닥친 글로벌 차원의 경제위기에도 불구하고 새로운 조기유학 대상지로서 말레이시아에 대한 한국 어머니들의 관심과 욕망이 급속히 위축되거나 소멸되지는 않을 것으로 전망된다.

3. 자녀의 더 나은 교육 기회와 경쟁력 확보를 위해 조기유학을 택한 사람들

동남아시아로의 조기유학에 관한 연구들에서 확인할 수 있는 특징 중 하나는 조기유학생의 아버지나 기러기 아빠인 남편들 역할의 변화이다. 아내가 자녀의 조기유학을 적극적으로 원하여 마지못해 한국에 남아 자녀의 유학비를 송금하는 소극적인 이미지의 아버지 모습과는 달리 최근에는 아버지들이 적극적 권유자로 등장하고 있다.

자녀의 조기유학으로 한국에 남아 자녀와 가족의 교육비, 생활비를 책임지는 기러기 아빠들과 현지에서 자녀를 돌보는 역할을 담당하는 기러기 엄마들을 포함한 기러기 가족들의 자녀교육에 대한 희망과 갈등, 경험에 대한 연구들에 의하면, 기러기 가족의 자녀 조기유학에 대한 표면적인 이유는 외국어 능력 향상, 한국의 과도한 경쟁 및 사교육비 부담으로부터의 탈출이다(성정현·홍석준 2009a, 2009b, 2013; 홍석준·성정현 2009, 2011). 즉 한마디로 말하면 한국교육에 대한 불만족이 주된 이유라고 할 수 있다.

그러나 이면에는 세계화, 정보화의 진전에 따른 무한경쟁의 도입과 영어교육의 중요성 부각, 치열한 입시경쟁과 기대하고 있는 대학에 입학하기 어려운 현실, 그리고 미국 대학 졸업자에 대한 사회적 가치 부여 등이 조기유학을 더 매력적으로 만드는 요인으로 작용하고 있다.

이런 명분으로 기러기 아빠들도 자녀의 미래라는 명분 때문에 이별을 하고 적어도 한국보다는 나을 것이라는 기대감 때문에 조기유학을 떠나보내지만, 시간이 흐를수록 정보 부족과 경제적 문제, 가족 간 유대의 약화와 공허감, 그리고 불확실성의 증대와 같은 부정적인 경험을 하며, 심지어는 선택에 대한 회의감까지 경험하기도 한다.

먼저 A를 보면, 남편이 직장에서 어떤 이들이 조기유학을 가는지, 누가 은퇴이민을 가는지, 어느 곳이 좋은지 등을 자꾸 언급하여 '가야 되나보다'라고 생각을 했고, F도 아들의 성적문제로 수년을 고민하던 중 남편이 직장 동료들로부터 말레이시아 조기유학이 좋다는 이야기를 듣고 와 아이들과 함께 가라고 하여 말레이시아에 왔다. C와 D, G는 남편이 사회생활을 하면서 영어로 인한 불이익을 경험한 적이 있고, 자녀에게 영어학습의 기회를 열어줘야겠다는 생각을 하게 되어 기러기 어머니가 된 경우이다. 이와 같이 말레이시아로의 조기유학 결정은 비단 어머니들의 주장에 의해서만 이루어지는 것이 아니라 자녀를 위해 영어를 학습할 기회를 줌으로써 자신들이 경험한 영어로 인한 불편함을 대물림하고 싶지 않은 아버지들의 열망도 깔려있음을 알 수 있다.

A 남편이 "누구의 누가 가고, 그래 나가면 좋다더라, 말레이시아가 은퇴이민으로도 좋고, 영어 배우기에도 좋다더라"라고 해서 나왔어요. 본인이야 자식 조기유학 보내니까 자존심도 살고 또 실제로 자랑거리가 되고, 남들처럼 나도 조기유학 보낼 수 있다는 생각에 기분도 좋고 하니까 나가라고 한 거죠. 남들에게 자랑도 하고, 실제 말레이시아가 살기에도 좋고, 영어권 나라니까 영어 배우기에도 좋다고 하면서 일단 나가보라고 했어요. 애들 아빠는 꿈이 커요. 애들 공부나 숙제는 하나도 안 봐주면서도.

C 남편이 외국인과 사업을 많이 하는데 영어가 딸리니까 애들이라도 제대로 배우게 하고 싶어 해 나오게 됐어요. 아빠가 애들한테, 영어가 안 되니까 갑갑하고 해야 되지 않느냐고 설득했어요.

F 큰애가 자꾸 공부가 밀리니까 남편이 주변에서 한국보다 자유롭게 공부하는 게 낫다는 얘기 듣고, 영어 하나라도 잘하면 먹고살 수는 있지 않을까 싶기도 하고, 또 직장 후배 부인이 말레이시아를 좋게 얘기하고 해서 이리 오게 되었어요.

A, C, F의 사례에서 나타난 바와 같이 남편들은 자녀의 조기유학을 더 이상 외화 유출로 인해 부끄러운 사안이 아니라 조기유학 정도는 보낼 수 있는 아버지이자 남편이라는 존재감을 내세울 수 있는 사건으로 인식하고 있다. 회사의 직장 동료나 이웃 가정에서 자녀의 조기유학에 관한 정보를 자주 접하면서 본인도 조기유학을 보낼 수 있는 정도의 아버지나 가장이라는 범주에 들어가기를 희망하는 것이다. "나도 보낼 수 있고 나도 실제로 보냈다"라는 일종의 허위의식이 강하게 작용한다고 볼 수 있다. 이런 동기와 기대로 아내에게 암암리에 남들처럼 자녀교육의 매니저로 나서줄 것을 원하고, 이것은 어머니들이 갖고 있던 열망과 어우러지면서 실제 자녀와의 분거 생활이 시작되는 것이다.

자녀의 조기유학을 결정하는 시기는 주로 자녀의 학령기 진입 시기와 대학과 연계되기 시작하는 중학교 2학년 때이다. 전자는 보통 7, 8세에 조기유학을 결정하여 길게는 한국 나이로 초등학교 3, 4학년 시기까지 해외에 머문다. 한국의 초등교육에서 학업이 어려워지는 시기가 보통 4, 5학년 때부터이기 때문에 그 이전에 영어 과목을 다른 학생들보다 앞서놓고, 어느 정도 한국에서 배우는 공부를 함께 병행해주면 귀국 이후에 국제중학교나 혹은 외국어고등학교로 진학할 수 있다고 생각하기 때문이다. 심지어는 3년 특례 요건이나 국제학교 개교 시기를 미리 알아보고 조기유학을 선택한 경우도 있다.

H 여기는 자유롭게 공부시키려고 온 게 아니라 애한테 날개를 달아주려고 온 거예요. 초등학교는 국제학교에 다니게 하는 게 좋은 경험이 되고, 아이 프로필을 무시하지 못하니까, 어린 시절을 말레이시아에서 보낸 것은 스펙이고, 한국에서 우월감을 갖게 하죠. 한국 가면 지금도 애는 외국에서 온 애가 돼요.

저학년부터 자녀의 스펙 관리에 관심을 갖고 그 일환으로 조기유학을 선택하는 것은 저학년부터 스펙을 관리하는 것은 장기적으로 자녀의 향후 학업 및 직업 선택에 있어서 유리한 상황에 놓이도록 하고자 하는 의도 때문이다. 그리고 심리적으로는 해외에서 공부한 특별한 경험을 통해 또래보다 자신감과 우월감을 갖도록 하는 데 목적이 있다. 이처럼 부모의 자녀 학업 관리는 장·단기적으로, 그리고 사회심리적으로 치밀하게 계획되고 있다.

저학년과 달리, 고학년 중에는 중학교까지의 성적을 평가해보고

목표했던 대학교에 진학하기가 어렵다고 판단되어 조기유학을 결정한 경우도 있다. 부모들은 학력 차별이 심각한 우리 사회에서 지방이나 수도권 대학보다는 외국 대학이 더 높은 평가를 받을 것이라 생각하고 있으며, 말레이시아에서 영어뿐 아니라 중국어까지 능통하게 된다면 그 프리미엄 효과를 기대할 수 있을 것이라고 생각하고 있다.

A 공부는 안 해도 되지만, 언어는 중국어까지 하면 굶어 죽지는 않겠지 하고 생각했어요. 처음에는 한국에서 소위 '핫바리 대학'[명문대학이 아닌 낮은 수준의 대학을 비하하는 말]에 가는 것보다 여기 와서 외국 대학 보내는 게 나으니까 나왔는데.

G 여기 나온 애들 중에 그렇게 뛰어나게 잘하는 애들 별로 없어요. 9학년 때 엄마들이 많이 나와도 10, 11학년 때 아주 잘하지는 못하고. 그러니까 고학년 엄마들은 처음 와서 1, 2년은 많이 울어요. 말도 못 하고, 그렇다고 다시 돌아가지도 못하고, 여기 와서 자꾸 유급이 돼서 다시 한국으로 가서 검정고시 보는 애들 많아요. 엄마들 많이 울어요.

G 얼마 전에 유학원에서 지방 국립대 특례입학 설명회가 있었는데 그것도 좋겠다는 생각을 했어요. 영국이나 캐나다에 가면 좋겠지만, 애들 군대 문제가 나빠지고, 비용도 너비 비싸서 이번 설명회가 아주 인기였어요. 저학년primary 엄마들은 우습게 여기지만, 10학년, 11학년 엄마들은 본인들의 아이를 인

정하니까 한국의 저기라도 갔으면 좋겠다고 생각하죠[한국 대학으로 유턴 U-turn 하는 조기유학생들]."

하지만 이들 중에는 G의 경우와 같이 자녀의 학업 문제로 인한 불안감과 교육비 걱정, 한국으로 되돌아가지 못하는 현실, 그리고 해외에 체류하면서 대학진학에 대한 충분한 정보를 수집하기 어려운 현실 등으로 인해 마음고생을 하는 경우도 있다. 특히 남학생을 둔 부모들은 자신들 세대의 연고주의 경험, 그리고 외국 대학으로 보낼 때 발생하는 학비 문제 때문에 다시 한국 대학에 입학하기를 희망하기도 한다.

말레이시아로 조기유학을 온 기러기 어머니 중에는 한국 가족과 교육에 대한 문화적 압력으로부터 탈출하기 위한 목적으로 오는 경우도 있다. 이들 중에는 자녀의 학업 문제 이외에 본인의 애로점 때문에 하나의 출구로서 조기유학을 선택한 경우도 적지 않다. 자녀의 학업 문제로 조기유학을 고민하는 연령대는 대부분 30대 후반부터 40대 초반이다. 이 시기는 대부분 가족이 자녀의 학업 문제에 몰두하고 관리자로서의 어머니 역할의 중요성도 커지는 때이다. 이와 함께 조부모 세대가 점점 자녀 세대의 관심과 돌봄을 필요로 하게 되는 시기이기도 하다. 따라서 전형적인 샌드위치 세대로서 그 역할과 책무에 대한 부담감을 느끼게 되는데, 이런 부담감을 여성들은 대부분 본인이 다 감당해야 한다고 인식하고 있다. 이 시기의 남성들은 생산성이 정점에 이르는 시기인 반면, 여성들은 대부분 가족 문제를 지향하는 정도가 커지기 때문이다. 게다가 전통적인 관계에 의한 특성들을 많이 보유하고 있는 조부모 세대와 고학력에 풍요로움과 적은 자녀 수를 가진 30대 후반의 여성들은 한국 사회의 전형적인 가족관계에 대한 부담감을 감내하는 데 스스로 의문을 제기하는 것이다.

A 아이들을 앞세운 목적 중 대부분은 시댁이에요. 열 명 중 다섯 명은 시댁과 등졌다 하고, 안 만난다고는 못 하니까 애 공부를 명분 삼아 내세워 오는 거죠. 적당히 영어 시키고, 적당히 시댁 안 만나고, 적당히 여유 즐기고 하는 게 목적이죠. 어떤 사람은 나는 시댁이 없는 데면 아프리카든 어디는 살아 하니까.

B 결혼해서 시댁과 함께 살았는데 문제가 많았어요. 장남이라 바라는 것도 많았고 주말에도 쉬지 못하고 가봐야 하고, 시어머니가 송곳 같아서 몸은 하나인데 해야 할 일은 많고, 요즘은 안부 전화만 해도 되고 누가 와도 얼굴 안 비쳐도 되고 하는 점이 좋아요. 예전에는 못 가보면 힘들고 가면 내 시간이 없고 그랬는데. 이제 그런 거에서 해방감을 느껴요.

D 한국은 지금 많이 바쁠 때인데, 여기는 안 그렇죠. 한국은 경조사비가 있는데 여기는 안 들어가고 누가 이사해도 음식 만들어서 같이 먹는 정도라 생활비도 단순해지고, 부대비용도 세이브가 되고.

이처럼 인터뷰 대상자들은 한국에서 생활하는 데 있어서 가족

관계 이외의 사회적 관계도 복잡하고 부담스럽다고 평가했다. 시부모 문제를 둘러싼 형제간의 갈등과 사회적 관계에서 많은 경조사를 치러야 한다는 점, 체면치레 등이 '복잡함'으로 인식되는 것이다.

이들 중에는 '일하는 어머니'의 죄책감으로부터 탈피하기 위한 목적으로 오는 경우도 있다. 결혼 이후에도 지속적으로 직장생활을 해왔던 여성들은 직장을 그만두고 자녀의 조기유학을 위해 분거를 선택했다. 이것은 전업주부만이 조기유학을 선택할 가능성이 있다고 판단했던 것과는 다른 사실이다. 이들이 직장을 그만두고 조기유학을 선택한 데에는 직장을 다니면서 가정 일을 병행하는 것이 한계에 다다른 점도 영향을 미쳤다. 맞벌이를 하지만 남편이 가사노동이나 자녀 양육 및 교육에 참여하는 정도는 매우 낮아 도움이 되지 못하는 반면, 요구는 홑벌이 가정과 별반 다를 것이 없다는 생각을 하면서 남편에 대한 불만이 분거의 요소로 작용한 것이다.

B 아빠는 한창 일할 나이고, 하나도 도와주지 않고 남자랍시고 직장생활 한다고 변화가 하나도 없고, 그래서 나는 일하고 가정일하고 다 힘드니까 외국으로 나가겠다, 나도 공부하겠다며 싸우고 그랬다. 물론 남편은 처음에는 말리고 그랬지만.

자녀의 학년이 올라가지만, 학업을 충분히 지원해주지 못하는 것에 대한 불안감도 작용하였다. 직장을 다니는 엄마로서 전업주부만큼 충분히 지원해주지 못한다는 인식이 자녀의 낮은 학업성적에 대한 미안함과 죄책감과 연계된 것이다. 특히 본인 자녀와 비슷한 연령대 학생들의 학업을 지원하는 학습지 회사에 다닌 B는 직장에서는 우수한 학생들을 지도하지만 집에서는 자신의 자녀들조차 충분히 지도하지 못하는 것에 대한 회의감을 경험하면서 유학을 결정했다. 자녀가 한 명일 때는 감당이 됐는데 두 명 이상이 되고 어린 자녀가 부적응 행동을 보일 때는 일과 가정을 양립하는 데 대한 실질적인 애로점이 컸던 것으로 나타났다.

이와 같은 사실은 고학력 기혼여성의 취업에 장애가 되고 있는 일과 가정 양립지원책의 문제점을 고스란히 반영한 것이라는 점에서 조기유학을 단지 교육의 문제로만 보는 데서 나아가 가족정책 차원에서 재검토할 필요성이 있음을 시사한다.

A 여기는 엄마들이 일하기 싫어 오는 거 같아요. 반은 시댁이지만, 40퍼센트는 일 안 하려고 들어오죠, 피아노 강사, 영어 선생 등 한국에서 혼자 벌어서는 안 되고, 또 일을 하면 애들을 잘 못 봐주고, 그래서 일하고 싶지 않아 오는 엄마들, 미안하고 하니까.

B 직장 엄마들이 항상 마음속에 짐이 있어요. 남의 자식 가르치느라 내 자식 못 가르친다는 짐이 크죠. 엄마가 뭐 하는 건가 하는 죄책감이 들고, 올인하지 못하고 그러다가 둘째가 초등학교 들어갈 때 불만이 커졌어요. 하교 후 애가 사라지고 친구 집에서 놀다 오고 그래서 혼란스러워서 직장을 그만두기로 했죠.

직장생활을 하기 때문에 전업주부보다 더 많은 시간의 노동을 하면서도 가족과 자녀에게 미안해하고 죄의식을 느끼게 되는 것은 자녀교육과 관련된 어머니 역할에 대한 인식 영향이 크다. 과거처럼 공부는 자기가 알아서 해야 하는 세대가 아니라 자녀의 학업 성취를 위해서는 조부모의 경제력과 어머니의 정보력, 그리고 아버지의 묵인이 중요하다는 말이 공공연할 정도인 현 상황에서 정보력이 취약한 어머니로서는 무엇을 하고 있든지 간에 가족, 자녀 앞에서 늘 미안하고 특히 자녀의 학업 성취도가 낮을 때는 죄책감마저 든다고 자신의 속마음을 토로하기도 한다. 또한, 자녀 양육에 전적으로 책임을 지는 상황에서 자녀의 학업성취가 낮으면 사회적 비난으로 이어진다. 좋은 어머니에 대한 문화적 기대와 기준이 어머니들, 특히 일하는 어머니들로 하여금 항상 최선을 다하지 못하고 있다는 죄책감을 느끼게 하는 것이다.

자녀의 조기유학을 통해 '공부에 대한 한恨'을 해소하기 위한 목적을 지닌 경우도 있다. 차별에 대한 논의가 과거보다는 성숙해졌음에도 불구하고, 학력 차별의 전형적인 세대인 부모들은 여전히 그 인식과 기억을 가지고 있다. 실제 그 현장에서 경제활동을 해온 세대이기 때문에 자녀에게만큼은 대물림하지 않고 자녀에게 '올인'하는 경향을 보인다.

이런 이유로 자녀의 조기유학 속에는 부모의 공부에 대한 한이 내재되어있는 것이다. 명문대, 높은 학력을 선호하는 사회에서 인터뷰 대상자들은 본인뿐 아니라 배우자까지도 학벌, 특히 영어로 인해 애를 먹었던 경험을 가지고 있다. 학벌 위주의 사회 풍토가 바뀔 것 같지 않고 부모세대만큼 살기도 힘들어지는 사회적 분위기 속에서 영어와 중국어를 동시에 배울 수 있는 기회가 주어지는 동남아시아 조기유학은 그야말로 자녀를 해외에서 공부시키는 부모라는 평가와 영어로 말할 줄 아는 자녀라는 궁합을 완벽하게 만들어줄 기회인 것이다.

A 엄마들이 한이 있어요. 자기가 공부를 잘했다는데, 나도 잘했는데, 어느 학교인지도 모르고 다 잘했다고들 하니까. 어느 대학 나왔냐고 물으면, 너는 어디냐 하니까 묻기도 그렇고 영문과라는데 발음이 거지고, 미대 나왔는데 고지서도 못 보냐고 하고, 나 같은 고졸은 입도 뻥긋 못해요.

D 한국에서는 못해도 스카이[sky: 서울대, 연세대, 고려대의 이니셜을 따서 부르는 약어] 대학을 생각해요. 아빠가 스카이가 아니라서 더 그런 거 같아요. 학력을 무시한다 무시한다 해도 막상 살다 보면 그게 아니니까.

그렇다면 자녀교육을 통해 부모들은 어떻게 한을 풀 수 있는가? 자녀가 공부를 잘하면 자녀가 잘하는 것이고, 학력도 자녀의 것일 뿐 사실 어머니가 공부를 잘한 것도 아니고, 어머니의 학력이 높아지는 것도 아닌데도 불구하고 자녀의 학업을 통해 부모의 한을 푸는 방식은 어떻게 가능한가? 그것은 부모, 특히 어머니와 자녀를 일체로 인식하는 우리 사회의 가족문화에서 자녀의 학업은 공부 잘하는 누구누구의 어머니라는 새로운 역할과 지위 획득을 가능하게 하는 가장 유효한 도구이기 때문이다.

말레이시아로 조기유학을 온 한국 어머니들의 '어머니 노릇'의 실재는 어떠한가? 한국 어머니들은 좋은 어머니에 대한 이미지를 과거의 헌신적인 어머니 모습과는 다르게 보고 있다. 본인들이 자랄 때 옆에서 지켜줬던 전업주부였던 어머니의 지위와 역할에서 더 나아가 이제는 직업이자 매니저, 그리고 교육자로서의 역할을 해줄 수 있는 어머니가 필요하다고 인식하고, 실제 그런 기능을 수행하는 면에서는 취업주부보다 전업주부가 더 적합하다고 평가한다. 이와 같은 경향은 자녀교육에 대한 지원과 그 성과 면에서 어머니의 취업은 자녀에게 별로 유리하지 않으며, 어머니 자신에게도 일과 가정의 양립 노동뿐만 아니라 자녀교육에 대한 불충분한 지원이라는 부적절한 심리적 부담까지 초래할 가능성이 있다.

> D 어렸을 때 전업주부는 순종하는 엄마라고 생각했는데, 지금은 전업주부는 직업이고 매니저죠. 자기 아이를 더 우월하게 만들기 위해서 엄마들이 투션 tuition에 관한 정보들을 잘 알려주지 않으니까(스스로 알아봐야죠). 그런 점에서 지금은 전업주부로 사는 게 좋죠.

현시대에 요구되는 어머니의 역할에 대한 인식은 실제 어머니들에게 새로운 지위를 부여하는 양상으로 나타나고 있다. 즉 '공부 잘하는 아이의 엄마', '못하는 아이의 엄마', 그리고 '고학년 엄마', '저학년 엄마' 등과 같이 자녀의 학업 정도와 학년에 따라 구분된 새로운 이름과 지위를 갖게 된다. 이것은 어머니 자신이 과거에 얼마나 학업이 뛰어났든, 혹은 어느 정도의 교육을 받았는지 등과는 무관하게 오로지 자녀의 학업으로만 성취되는 새로운 지위이다. 이것을 통해 어머니들은 또래 자녀의 어머니들 사이에서 정보를 줄 수 있는 사람이 되기도 하고 정보를 얻어야 하는 사람이 되기도 하는 새로운 정체성을 수립하게 된다.

> A 엄마들은 '모 아니면 도'라고 해요. 잘하는 애 엄마, 못하는 애 엄마. 엄마들이 같이 놀지 못하게 하고, 말도 못 하게 하고, 그룹이 싹 나뉘었어요. 큰 애는 모 그룹, 작은 애는 도 그룹.

어머니 노릇에 대한 인식의 변화는 실제 조기유학 중인 자녀의 학업을 위해 수행하는 어머니의 역할에서 구체화된다. 즉 자녀를 위해 다양한 교육 기회를 제공하기 위한 목적의 일환으로 많은 것을 뒤로하고 떠난 조기유학이기 때문에 자녀의 학업과 관련된 제반 측면들에 대한 전반적인 관리에 돌입하는 것이다.

그렇다면 기러기 어머니들의 자녀 학업 시간 관리는 어떠한가? 조기유학 중에 어머니들의 역할은 가사와 자녀교육을 위한 정보수집으로 집약된다. 한국에서처럼 만날 사람이 많지 않고, 그 만남도 정보수집을 위한 만남으로 목적이 제한되기 때문에 자녀교육을 위한 매니저로서의 역할에 충실해질 수 있는 것이다. 이런 매니저 역할은 시간의 활용계획에서부터 만나는 사람, 그리고 정보수집의 종류 등에 이르기까지 치밀하다.

먼저 시간 관리와 그 내용을 보면, 인터뷰에 응한 사람들은 대부분 5시 30분경에 기상하여 자녀의 도시락과 아침을 준비하고, 자녀가 등교한 이후에는 인터넷 검색을 통해 한국에 관한 정보와 소식을 접한다. 때로는 오전 9시경에는 한국 친구나 가족과 통화하면서 그들의 일상을 점검하고 관계를 유지하며, 12시경에는 자녀와 같은 또래나 같은 학년의 학생을 둔 동료 어머니들과 일정한 관계를 유지하기 위한 모임에 참석하거나 정보 교환이나 일상적인 생활에 대한 수다를 떨기 위한 만남의 시간을 갖는 경우도 있다. 한편, 쇼핑을 하거나 운동을 하는 것, 사람을 만나는 일은 자녀의 귀가 시간인 오후 2시 이전에 대부분 마무리된다. 그리고 2시 이후부터는 다시 자녀가 해야 할 공부에 맞춰 시간을 관리하고 학업 내용을 관리하는 매니저 역할로 되돌아간다.

B 하루 5:30~6:00 사이에 일어나서 도시락 싸고, 등교시키고, 컴퓨터로 인터넷 검색하고, 아이들 스케줄 관리하고 간식 체크하고 리딩 랩reading lab에서 픽업해서 집에 데려오는 걸로 하루가 끝나죠.

D 5시에 일어나서 도시락 싸고 애 깨워서 아침 먹이고, 7시에 나가서 애 학교 보내요. 들어와서 청소하고 엄마들 다니는 영어학원 갔다가 애가 1시 20분에 끝나니까 학교 가서 데려와요. 그리고 애 피아노학원, 바이올린, 영어 튜션하

고, 5, 6시에 집에 도착하면 밥 먹이고 8시에서 9시 사이에 재워요.

어머니뿐만 아니라 학생들의 일과도 이른 시간에 시작된다. 학생들은 보통 6시 30분경에 등교하여 2시 전후 하교한다. 따라서 한국 어머니들은 5시 30분을 전후로 기상하여 아침식사와 학교 등교 채비를 돕는다. 사실 인터뷰 참여자들이 자녀교육을 지원하기 위한 일상의 일은 식사, 도시락, 집 안 청소, 빨래 등과 같은 전형적인 가사노동이지만, 이 일들은 오로지 자녀만을 위해 수행되는 노동이라는 점에서 어머니나 자녀 모두에게 중요한 의미를 지닌다. 특히 한국에서 직장생활을 했던 참여자들의 경우는 외국에 머무는 동안 이와 같은 가사노동을 통해 자녀들에게 느꼈던 미안함을 해소하고, 스스로 어머니 역할을 다한다는 자족감을 느낀다.

E 아이들 수학은 일주일에 두 시간씩 튜션하고, 영어와 중국어는 각각 한 시간씩, 그리고 스포츠 댄스하고 골프를 하죠. 한국에는 방학 때 한 번 나가서 수학은 한 학년 것을 선행하고 와요. 개인교수로 한 달 반 정도 하는데 이번에는 청도로 갈 생각이에요. 아는 엄마가 뉴질랜드 산골에서 공부하다 싱가포르로 왔는데, 다시 중국어 때문에 청도로 갔어요. 우리도 이번에는 청도로 가볼 계획이에요.

한국 어머니들에게 자녀의 학업능력 향상을 위한 정보(망) 관리는 매우 중요한 역할이다. 자녀교육에 있어 어머니의 정보력은 자녀의 학업능력만큼이나 중요하다. 정보력은 실제 자녀의 학업 효율성을 높이는 방법일 뿐만 아니라 어머니의 존재와 능력, 정체감을 확인시키는 일이기도 하다. 심층 인터뷰를 한 사람들이 정보를 수집하는 원천은 크게 인터넷, 사람, 그리고 교회이다.

F 정보를 얻는 게 거의 엄마들의 생활이라고 할 수 있죠. 엄마들 정보력이 보통이 아니에요.

G 애들 교육에서 중요한 것은 엄마의 정보력과 아이에 대한 관심이죠.

F 교회를 안 다니면 차단이 너무 많아요. 교회 가면 거의 엄마들끼리 대학 순위 보고, 대학 다녀본 엄마들한테 주로 정보 듣고, 튜션 연계해달라 하고, 시험 언제 보는지 알아보고 하죠.

B 여기 오자마자 초기에는 칼잠 자고, 아침에 학원 다녔어요. 학원 원장님들한테 도움받고, 엄마들을 통해 도움받고, 8개월 동안 어떻게든 통로는 하나가 필요한 것 같아서요. 그러다 요즘엔 교회에 나가요. 믿음 때문이 아니라 여기서 교회는 하나의 의사소통 통로로 활용되는 것 같아요. 외로우니까. 교회 행사나 모임도 많고, 친해지면 애들 생일파티가 엄마들 모임도 되고 하니까.

'능력 있는 엄마=정보력=공부 잘하는 아이의 엄마'라는 공식에 맞추어 정보는 주로 학년에서 학업 성취도가 높은 어머니를 만나는 일부터 시작된다. 그러나 자녀교육이라는 목적을 위해 고국을 떠나온 이들인 만큼 정보를 얻기란 그리 쉽지 않다. 교육비가 싸고 질 좋은 교육을 하는 튜션 선생님을 구하는 것에서부터 좋은 학원 구하는 것, 그리고 한국 교육에 관한 정보를 알아내는 것에 이르기까지 쉬운 일이 아니며, 특히 말레이시아에 온 지 얼마 되지 않은 어머니들의 경우는 학교와 교사에 대한 정보, 시험, 그리고 알림장을 파악하는 일 하나하나가 만만치 않다. 특히 알림장의 경우 아이가 제대로 적어오지 않거나 교사의 지시를 이해하지 못한 경우, 결국 또래 학년의 어머니에게 의존해야 하고, 공과금은 고지서를 이해하는 일부터 공과금을 내는 곳에 이르기까지 모두 낯선 일들이다.

말레이시아는 말레이어와 영어가 공용어로 되어있고, 중국어도 널리 쓰이고 있지만, 공과금 고지서는 말레이어로 되어있다. 공과금 고지서가 말레이어로 되어있어서 말레이어를 모르는 한국 어머니들은 상당히 어려움을 겪고 있으며, 이와 관련되어 많은 에피소드가 발생한다. 공과금 고지서 관련 에피소드는 말레이시아 생활의 어려움의 한 단면이기도 하다. 공과금은 대개 우체국에서 내며, 수도세는 아파트 관리실에 6개월분을 따로 내도록 되어있다. 말레이시아에서의 조기유학 생활은 말레이어와도 어느 정도 관계가 있다. 하지만 대부분의 한국 어머니들은 자신뿐만 아니라 자녀들의 말레이어 학습에 무관심한 편이다. 이런 이유로 어머니들은 밥을 사거나 선물을 하는 등과 같은 선심 전략을 쓰거나 혹은 교회에 참석하는 방법을 활용한다.

한국 어머니들에게 이른바 '구별짓기'를 통한 '문화 자본'의 확충이라는 의미 역시 매우 중요한 것이다. 말레이시아에서 어머니들이 사람을 만나고, 만남을 철회하고, 다양한 정보를 수집하는 모든 행위는 사실 자녀의 학업 성취도와 연관이 있다. 이렇게 목적이 분명하기 때문에 어머니들은 자신의 자녀에게 보다 유리한 정보를 줄 수 있는 사람을 선호해 자녀의 학업이 낮은 어머니들과는 일종의 '구별짓기' 전략을 활용한다. 만나도 도움이 안 되고, 알고 있는 것을 알려줘야 하는 손해를 감수할 필요가 없다고 생각하기 때문이다. 이런 '구별짓기'는 어른뿐 아니라 아이들에게도 적용된다.

어머니들 간의 '구별짓기'는 한국에서와 유사한 상황으로 연출된다. 자녀의 성적과 가정의 사회경제적 지위, 어머니의 취업 여부와 정보력 등에 따라 그룹에 속하거나 혹은 속하지 못하는 경우가 발생하는 것처럼, 말레이시아에서도 어머니들의 정보력을 따라가지 못하는 사람들은 다시 소외와 배제를 경험한다. 게다가 부모의 학력이나 한국 내 거주지 또한 정보력과 '구별짓기'를 보다 정교화하는 수단으로 활용되고 있다.

A 그동안 전업주부 삶을 모르는 면이 있어서 너무 휘둘려요. 집에 있는 엄마들이 머리가 너무 잘 돌아가고 일하는 사람들은 못 따라가요. 서울 엄마들은 정보는 다 쏙쏙 빼가고 문어발식으로 정보망을 만들어놓고 해서 지방 사람

들은 더 힘들어요. 서울 엄마들 무서워서 지방 엄마들은 집에만 있어요.

B 엄마 학력에 따라 아이들 교육문제를 대하는 데 차이가 있어요. 직장생활 경험자는 좀 더 경제적이고 무대포가 아니고, 가정주부는 본인이 직접 안 하고, 돈을 쓰고, 정보가 있을 때는 잘 대해주고.

　이외에 자녀의 연령 또한 어머니들 간의, 소위 '구별짓기'의 주요한 기준이 되고 있다. 자녀의 연령은 어머니의 연령을 대변하는 것이므로 자녀의 연령에 따라 교육관, 자녀관, 그리고 추구하는 정보 등에 따라 많은 차이가 있을 수 있다. 하지만 무엇보다 큰 것은 한국의 교육체계로 다시 돌아갈 수 있는가의 문제이다. 즉, 초등학생 자녀를 둔 경우는 언제든지 한국으로 되돌아갈 수 있는 상황에서 자녀의 심화된 영어학습을 지향하지만 중고등학생 자녀를 둔 어머니들은 한국으로 되돌아가기 어려운 상황에서 만약 학업성적이 기대에 미치지 못하면 또 다른 이동을 계획해야 하기 때문이다. 이런 이유로 고학년의 어머니들은 때로 가슴이 먹먹해지고 잠을 이루지 못한다고 호소하기도 한다.

　한국 어머니들에게 자녀의 인생 설계와 자기 합리화는 서로 연계되어있다. 최근에는 한국 교육에 대한 불신과 불만, 영어에 대한 열망, 그리고 자녀교육을 통한 부모의 열망의 재현이라는 거대한 목표가 숨어있는 조기교육의 종착점이 달라지는 경향을 보이고 있다. 조기유학의 목적지인 미국의 아이비리그 대학들Ivy League

Universities에서 점점 국내 대학으로 유턴U-turn 하려는 현상들이 나타나고 있는 것이다. 외국 대학으로 입학했다가 국내 대학으로 편입하거나 혹은 외국에서 고등학교를 다니다 국내 대학으로 수시 전형을 하는 경우가 그 예이다. 이렇게 국내 대학으로 다시 돌아오는 현상이 늘어나는 것은 자녀의 성별과 학업, 외국 대학으로 진학한 사례에 관한 정보, 그리고 우리 사회의 연고주의 등이 원인이다. 우선 자녀가 남자인 경우 군대 문제와 사회생활 중 대학 동창의 중요성을 무시하기 어렵다는 부모들의 인식이 영향을 미친다. 그 대상이 되는 조기유학생들은 주로 중학교 이후에 조기유학을 떠났던 학생들이다. 즉, 국내 대학에 입학할 때 외국의 교육 경험을 유리하게 이용하고자 하는 전략을 생각한 경우라 할 수 있다.

C 남들은 굳이 외국까지 나와서 왜 한국으로 대학을 가냐, 취업도 외국이 빠른데 하지만 남자들은 인맥이 중요하니까 외국에서 자라도 다 한국으로 보내고.

F 아이들을 한국에서 끼고 있지 않으려고 이리로 데리고 나왔지만, 발판을 한국에서 밟아야 한다고 생각해서 특례로 아이들을 많이 보내요. 12년은 꿈의 특례라고 하고, 여기선 주로 3년 특례를 활용해요. 우리 애도 특별전형 알아보고, 수시를 보게 할 생각이에요.

하지만 이런 결정의 이면에는 자녀의 학업성적, 학비 등과 같은 또 다른 요인이 내재되어있다. 초기에 원했던 대학으로 진학하기에는 우선 성적이 안 맞고, 조기유학을 하면서 지출한 비용이 초기에 생각했던 것보다 많은 상황에서 외국 대학 학비를 감당하기가 어렵다는 점이 영향을 미친다.

> G 여기 와서 그렇게 뛰어나게 잘하는 사람 별로 없어요. 그러니까 일전에 지방 국립대에서 총장과 교무처장이 와서 지방 국립대 입학과 유학 관련 각종 프로그램에 관한 특강을 했는데 엄마들 난리가 났었어요. 어느 대학이라도 나와서 정보를 줬으면 좋겠어요. 영국, 캐나다 가면 남자애들은 군대 문제가 나빠지고 비용도 너무 쎄서.

최근에는 말레이시아에서 다른 나라로 조기유학을 떠났다가 말레이시아로 다시 이주하는 기러기 가족들이 늘어나고 있다. 이들은 대부분 싱가포르나 호주, 뉴질랜드, 캐나다 등지에서 되돌아온 사람들로, 처음 조기유학을 떠났을 때보다 경제 여건이 나빠져서 조기유학 대상이나 지역을 바꾼 경우이다. 이들은 이전에 머물렀던 나라의 교육과 말레이시아의 교육을 비교하며 장점을 찾으려고 노력한다. 또한 현재 상황에 대해 긍정적 합리화 과정을 통해 말레이시아로의 이주는 자녀 학업의 성공이라는 목표를 향해 나아가는 다양한 과정과 방법 중 하나며, 결과는 자녀의 성공이라는 하나의 목표로 결정된다고 믿고 있다.

> B 말레이시아에서 유학하든지, 싱가포르에서 하든지는 별로 중요하지 않다

고 생각한다. 그야말로 서울의 리라초등학교 나온 사람이나 시골 초등학교 나온 사람이나 결국 서울대 들어간 사람이 최종적으로는 승리한 사람 아니냐.

하지만 고학년의 어머니들은 심리·정서적 면에서 한국에서보다 더욱 심각한 상황을 경험하기도 한다. 인터넷 전화를 통해 하루에도 몇 번씩 수시로 전화를 걸어 남편과 통화하고 자녀문제를 논의할 수는 있지만, 대면 상황이 아니기 때문에 남편은 어머니만큼 자녀 문제의 심각성을 인식하지 못하며, 어머니들이 조기유학을 고집하였는데 특별히 성과가 눈에 보이지 않으면 조바심을 느낀다. 또 고학년의 경우 자녀가 유급되거나 혹은 오 레벨O-level을 앞두고 좋지 않은 성적이 나올 경우 불안감과 중압감은 더욱 커진다. 외국 대학으로의 진학을 원해서 조기유학을 감행했지만, 실상 외국에서 대학에 대한 진학정보를 얻는 것은 매우 어려운 일이고, 또 곧바로 미국이나 영국, 호주 등과 같은 나라의 대학으로 진학하는 것은 성적이나 경제적 측면에서 그리 만만한 일이 아니다. 말레이시아에서 트위닝 제도twining system를 통해 대학 간 교류가 원활하다 해도 말레이시아의 2년제 대학으로 진학하는 것과 말레이시아 4년제 대학에 진학하는 것은 조기유학을 떠난 사람으로서의 면면을 살리기가 어려운 점이 있다. 이런 복합적인 요소들 때문에 실제 고학년의 어머니들이 '신체화 증상psycho-somatic symptoms'을 보이는 경우도 있다.

B 여기 와서 가슴앓이도 생겼어요. 여기서도 일인다역一人多役이긴 마찬가지

고, 그 스트레스 말도 안 통하니 화도 못 내고 해서 그만 화병이 생겼어요. 가슴 터놓고 말할 사람도 없고, 누굴 믿고 누굴 믿지 말아야 하나, 무언가 말해도 들어줄까 하는 불안감, 사람들 겉으로 사귀니까 속은 외롭고.

D 엄마들은 자꾸 아프다고들 하죠. 내가 다 해야 한다는 중압감 때문에 건강이 나빠지고.

조기유학 초기에는 대부분 자녀의 외국 대학 입학, 어머니 본인의 영어 관련 자격증 취득, 어린 자녀의 국제중학교 입학 등과 같은 장기적인 계획을 수립한다. 하지만 실제 외국 생활을 하면서 이 목표를 모두 달성하기는 어렵다. 얼마 전 조기유학 1세대의 성과에 대한 추적조사를 실시한 『조선일보』에서는 표제를 "절반의 성공"으로 제시했다(조선일보 2009.06.23.). 이것은 학업이나 취업 등의 측면에서는 기대만큼 성과를 이루지 못했어도 청소년기 동안 자유롭고 다양한 사회를 경험하였다는 것은 매우 중요하고 의미 있다는 평가에 근거한 것이다. 하지만 본래의 목적이 학업성취였기 때문에 그 목표치에 도달하지 못했다면 성공은 아니기에 절반의 성공이라 명명한 듯하다. 마찬가지로 말레이시아로의 조기유학도 복합적인 동기에 의해 추동된 것이기 때문에 자녀의 학업을 통해 그 성과가 드러나야 하지만 실제 본인뿐 아니라 자녀도 외국의 학교생활이나 학업 성취도에서 만족스러운 결과를 가져오지 못하는 경우들이 나타나고 있다. 이런 경우 조기유학 기간 동안 전적인 책임을 담당했던 어머니로서는 자녀의 미래와 외부 시선에 대한 부담감과 불안 때문에 편치 못한 상황에 이르게 된다.

그러면 조기유학 중인 한국 어머니들의 자녀교육에 대한 인식에 대해 살펴보자. 조기유학 중인 어머니들은 대부분 남편의 권유와 자신들의 다양한 욕구, 즉 자녀의 교육지원에 '올인'하고 싶은 욕망, 한국 안에서의 복잡한 관계로부터 벗어나고 싶은 욕구, 자녀의 학업성취를 통해 자신이 갖고 있던 공부의 한을 풀고 싶은 욕구, 그리고 직장에 다니던 어머니의 경우 자녀교육에 소홀한 부분에 대한 미안함과 죄책감을 덜고 싶은 욕구 때문에 조기유학을 선택한 것으로 나타났다.

조기유학 중인 어머니들은 자녀의 학업 지원에 충실하고, 정보를 충분히 수집, 관리하는 어머니를 '능력 있는 어머니'이자 '좋은 어머니'라고 인식하고 있었다. 실제 자녀교육을 지원하기 위해서는 자녀의 학업 및 일상생활 시간을 관리하고, 자신의 생활을 철저히 자녀의 시간에 맞추며, 자녀의 학업에 관한 정보를 확보하기 위해 이국이지만 교회에 다니거나 성인반 학원에 다녀 학부모들과 연계를 맺고, 공부를 잘하는 어머니들과의 연계를 통해 정보를 공유하는 한편 공부를 잘하지 못하는 어머니들과는 본인뿐 아니라 자녀까지도 거리를 두는 '구별짓기' 전략을 활용하는 것으로 나타났다.

하지만 조기유학을 통해 기대했던 자녀의 학업성취 및 좋은 어머니, 능력 있는 어머니로서의 정체성 확립이라는 과제가 때로 흔들리는 경우도 있고, 사교육비나 대인관계로 인해 갈등에 놓이는 상황도 나타난다. 외국 대학 진학을 목적으로 유학을 선택한 고학년의 어머니들은 입시정보의 부족과 정보 접근의 어려움, 기대에 미치지 못하는 자녀의 학업성적, 그리고 외국 대학에 진학할 경우 경제적 비용 문제 등으로 인해 심리·정서적 문제를 경험하거나 '신체화 증상'을 경험하고 있었으며, 일부는 자녀의 인맥 형성이라는 이유로 한국 대학에 입학하기를 희망하는 것으로 나타났다. 대인관계 면에서는 말레이시아에서 유학하던 중, 호주나 뉴질랜드와 같은 다른 나라로 이주하는 어머니들 때문에 상실감과 불안감을 경험하는 양상도 나타났다. 즉 본인들이 희망했던 나라로 더 나은 교육을 위해 떠나는 어머니들을 다시 확인하는 데서 오는 불안감과 친밀감을 상실하고 남겨지는 것에 대한 상실감 등이 복합적으로 작용한 것이다. 이런 문제는 떠날 사람, 즉 단기유학을 계획하는 사람들과는 처음부터 거리를 둠으로써 정을 주지 않고 다시 '구별짓기'를 하는 방식으로 표출되었다.

이와 같은 결과를 바탕으로 몇 가지 논의점을 제시하면 다음과 같다. 첫째, 말레이시아에서 자녀의 조기유학으로 분거 생활 중인 한국 어머니들이 조기유학을 선택한 이유는 부모의 영어 경험, 공부에 대한 한, 복잡한 관계로부터의 해방, 그리고 일과 가족을 양립하는 데 따른 자녀 양육 및 교육시간 부족으로 인한 죄책감과 미안함 이외에 자녀의 영어학습뿐만 아니라 국제사회에 적합한 인재가 되도록 다양성을 경험하도록 하고자 하는 열망까지 매우 복잡하고 복합적이다. 이들 중에는 경제적 한계로 미국과 캐나다, 호주 등지로 떠나지 못한 사람들도 있고 따라서 조기유학 중에도 끊임없이 호주, 뉴질랜드와 비교하지만 외국 교육을 통해 자녀에게 다른 아이보다 좀 더 많은 경쟁력을 확보하고 기회를 넓혀주기 위해 조기유학을 선택한 점에서는 다른 나라를 선택한 여느 기러기 어머니들과 다르지 않다.

'내 자식들에게 날개를 달아주고 싶다'라는 인식에 근거하여 직장을 그만두고 자녀를 위해 시간 관리와 정보망 관리, 그리고 주변 인물에 대한 '구별짓기' 전략을 시도하는 어머니 노릇은 자녀를 중시하고 자녀의 인생을 마치 부모 자신의 인생과 동일시하는 데서 비롯된다 할 수 있다. 자녀를 통해, 그리고 자녀를 위해 모든 것을 지원하는 것이 곧 부모 역할이며 그것을 통해 자신의 인생도 완성된다고 믿는 것이다. 자신이 못다 이룬 꿈을 자녀가 이룰 가능성이 있다고 판단한 어머니들의 경우 이런 동일시 현상은 더욱 뚜렷하게 나타난다.

또한, 반대로 기대에 미치지 못할 때 부정적인 현상으로서 '신체화 증상'이나 불안, 우울감, 미래에 대한 걱정 등이 더욱 커진다는 사실은 자녀교육을 통한 어머니 자신의 정체성 형성이나 세칭 '길 찾기'라는 연구결과와는 사뭇 다른 경향을 보인다. 즉, 자녀교육을 통해 어머니 자신을 되돌아보기보다는 오히려 새로운 출발선에 선 자녀를 통해 새롭게 시작해보고자 하는 일종의 투영이자 전폭적인 투자라는 점에서 기대만큼 위험도 크다고 할 수 있다.

둘째, 2017년에 한국동남아연구소에서 조기유학을 보낼 의향이 있는지를 알아본 조사에서는 그럴 의향이 있다고 응답한 사람들의 반 이상이 한국에서 명문대에 진학할 수 있어도 보내겠다고 응답하였다. 이것은 조기유학/해외유학은 공교육 실패의 부산물이 아니라 조기유학에 대한 인식의 변화를 반영한 것이다. 즉, 지금까지 지적되어 온 공교육, 사교육비 부담의 문제를 넘어 더 나은 교육 기회와 경쟁력 확보를 향한 부모들의 선택으로 그 공이 넘어간 것이다.

이것은 더 좋은 교육이 부모와 자녀세대의 사회문화적, 경제적 가치를 실현시켜줄 수 있다는 믿음에 근거한다. 하지만 본 연구에서 나타난 바와 같이, 이와 같은 믿음은 사실 과정 중에 있으며, 정확한 근거를 바탕으로 확인되거나 확정된 것이 아니다. 아직까지는 일종의 기대 수준에 머물고 있는 것이다. 그럼에도 불구하고 이런 믿음과 기대에 머무는 것은 자녀들에게 보다 나은 조건을 제공하는 것이 '어머니 노릇'에서 매우 중요한 위치를 차지하고 있다고 믿기 때문이다.

한국 어머니들은 자신들이 여건이 허락한다면 조기유학은 영어를 습득할 수 있는 좋은 조건을 제공하는 것이며, 이를 통해 자녀들이 보다 나은 미래에 보다 좋은 조건을 갖춘 인생을 누릴 수 있을 것이라는 기대를 충족시켜주는 기회가 된다고 믿는다. 영어만 제대로 구사할 수 있다면 세상이 아무리 험난하고 어렵다고 해도 무난히 헤쳐나가서, 소위 성공이나 출세, 또는 '먹고 사는 데 지장을 주지 않는 삶'을 누릴 수 있으리라 확신한다. 거의 확신에 가까운 믿음을 갖고 있다. 영어를 중심에 두고 철저히 기획되고 계산된 삶의 구도를 자녀들에게 사실상 주문, 나아가 강요하고 있다고 할 수 있다.

한편, 자녀와 함께 조기유학 길에 오른 어머니들이 한국에서와 마찬가지의 일상과 사교육 지원으로 인한 부담감, 그리고 혼자 감당해야 한다는 중압감에서 벗어나지 못하는 현실에도 불구하고 많은 어머니들이 한국으로 되돌아가지 않거나 가기를 희망하지 않는 것은 무엇을 의미하는가? 외국에서 어머니들의 해줄 수 있는 것은 시간관리, 정보수집, '구별짓기', 그리고 자녀의 고충을 들어주고, 전적으로 자녀만 생각하며 하루, 한 달, 1년을 보내주는 것, 다시 말해 자녀교육에 '올인'하는 것인데, 이것이 어머니들에게 어떤 의미를 부여하는가? 이 문제는 두 가지로 해석해볼 수 있다.

하나는 한국의 주입식 교육과 입시지옥으로부터 자녀를 벗어나게 하고 좀 더 자유롭고 다양하게 공부할 기회를 주기 위해 조기유학을 선택했다 할지라도 실제로는 그와 같은 여건이나 교육방식을 선택하기가 매우 어렵다는 것이다.

말레이시아에서 조기유학 중인 자녀들은 여전히 세계를 향해 경쟁하기보다는 한국인들끼리 경쟁하고 있고, 또 조기유학 기간 또한 잠정적이며, 자녀들의 최종 경쟁은 대부분 한국에서 이루어진다. 따라서 외국에서 공부한다 할지라도 한국에서의 공부 방식을 간과할 수 없고 그렇기 때문에 오히려 한국식 공부와 외국의 국제학교 공부, 영어학습이라는 무게를 안고 가야 되는 것이다.

다른 하나는 어머니들의 교육에 대한 주관적 경험 때문이다. 고등교육의 수혜를 받은 중년의 어머니들, 특히 취업 경험을 했던 어머니들은 인생의 주기에 있어 장년기라는 샌드위치 세대이기도 하지만 시대적으로도 과도기에 있는 세대이다. 지금의 주부들보다 교육 혜택을 받지 못한 시대의 전업주부와 현모양처 이데올로기, 자녀를 위한 치맛바람 세대에 이어 현재의 교육받은 세대들은 자신의 교육적 성과에 따른 차별적 경험, 즉 사회적 성공에서의 성패 차이를 경험한 세대이다.

이들은 학력 차별로 인해 불리했던 경험의 유산을 자녀에게 물려주지 않기 위해 자신들이 경험한 교육의 노하우를 덧붙여 오히려 자녀교육의 양상을 더욱 정교화시키는 경향을 보인다. 자신들을 향한 조부모 세대의 교육지원에 대한 간접적 경험과 자신의 교육 자산, 그리고 고등교육을 받은 성인으로서 그 역할과 기능을 사회적으로 발현하기 어렵게 구조화되어있는 사회체계, 학벌 위주 사회에 대한 경험, 자녀와 부모를 동일시하는 현상 등이 중첩되어 자녀교육을 향한 '어머니 노릇'이라는 역할을 통해 재생산되는 것이다. 이것은 성공만 한다면 확고한 역할과 지위를 재생산하고 또 시간이 갈수록 빛을 발할 수 있는 매력적인 것이라는 점에서 더욱 유인 효과가 크다고 볼 수 있다.

결론적으로, 한국 어머니들의 자녀교육과 '어머니 노릇'에 대한 인식에는 그들의 사회를 향한, 특히 한국 사회를 향한 과시욕이 중요한 변수로 작용하고 있는 것으로 파악된다. 조기유학의 대상 국가 또는 지역은 일류대와 강남에 대한 열망을 따라잡을 수 있는

'상상의 공간'으로서 의미를 지닌다. 명예와 돈, 권력을 모두 가져다줄 수 있는 것으로서의 교육, 학벌이라는 세속적 욕망에 기인한 한국 어머니들의 과시욕은 자녀의 교육, 나아가 삶 자체에 투사되어 현실화되는 것처럼 보인다. 하지만 실제 현실은 한국 어머니들의 욕망과 그 실현 내용과는 상당한 차이가 있을 수 있다.

요약하면, 말레이시아는 다문화주의의 흥미로운 장을 대표한다. 국가가 이슬람 문화 프로그램을 후원하는 것에 대한 지속적인 긴장에도 불구하고, 다양한 민족성과 믿음을 가지고 있는 말레이시아인들은 여전히 평화롭게 살 것을 선택하고 있다. 1969년 이후 민족 집단 간 갈등과 종교 간 갈등이 없었던 것은 무차별 폭력을 뛰어넘어 평화를 원하는 이 나라의 의도를 입증하는 것이라 할 수 있다.

앞서 언급한 바와 같이, 최근 한국 사회에서 자녀교육을 위해 부부가 초국적인 상황에서 별거를 마다하지 않고 헤어져 살면서 남편은 한국에 남아 돈을 송금하고 아내는 자녀들과 함께 외국에서 체류하면서 자녀들의 조기유학을 돕는, 소위 '기러기 가족'이 급속히 늘어나고 있는 현상은 이미 낯설지 않은 것이 되었다.

한국의 이러한 '기러기 가족'은 '신글로벌 가족'으로서, 남편은 한국에 남고 부인이 아이들과 함께 조기유학을 위해 외국으로 떠난다는 점에서 종전의 '생계형 글로벌 가족'과는 그 성격과 내용이 현저하게 다르다고 할 수 있다. 남편은 한국에 남고 아내가 초등학생이나 중학생 자녀를 데리고 아이들 교육을 위해 한국의 '기러기

그림 24 말라카 전경

그림 25 국립 말라야대학교

가족'이 말레이시아에 속속 입국하고 있다.

　말레이시아에서 한인들이 많이 거주하는 것으로 유명한 암팡 지역에 거주하는 한국 '기러기 가족'의 경우, 90퍼센트 이상이 어머니와 자녀가 사는 '모자가정'이다. 한국 어머니들이 남편과의 별거를 감수하면서까지 자녀들을 데리고 말레이시아를 찾는 이유는 과연 무엇일까?

　2008년에 발생한 글로벌 차원의 경제위기로 인해 잠시 주춤했던 것이 사실이지만, 그럼에도 불구하고, 이후 새로운 조기유학 대상지로서의 말레이시아에 대한 한국 어머니들의 관심과 욕망이 급속히 위축되거나 소멸되지는 않았던 것으로 분석된다. 이러한 현상은 계층이나 세대, 연령대, 젠더 등에 따라 일정 정도 차이를 보이면서 지속적으로 진행 중이며, 이는 앞으로도 지속과 변화를 겪을 것으로 전망된다.

한인 사회와 한인 정체성의 변화

: 암팡에서 몽키아라로

1. 한인 사회 내부의 지리적, 사회경제적, 사회계층적 분화

현재 한인 사회는 큰 변화 과정 속에 놓여있다. 많은 수의 한인이 이미 암팡 한인 사회에서 신개발 지역인 몽키아라 지역으로 이전한 상태이며, 이제 새로이 말레이시아에 들어오는 사람은 암팡 지역을 거치지 않고 곧바로 몽키아라에 정착하는 경우가 급속히 늘어났다. 이에 따라 몽키아라 지역에는 새로운 한인 집거지 및 상권이 만들어졌으며, 이곳은 제2의 한인 사회 또는 신新한인 사회라 불리고 있다. 기존에 암팡 한인 사회라는 하나의 지역에 국한되어있던 한인 사회의 근거지 또는 본거지가 두 곳으로 분할된 것이다. 이로 인해 현재 한인 사회 내에는 눈에 띄는 변화가 나타나고 있다.

특히 눈길을 끄는 지역이 몽키아라이다. 쿠알라룸푸르 내에서 몽키아라는 개발 호재가 많은 편으로 투자자들이 주목하는 신흥 지역이다. 현지 언론에서도 "말레이시아 투자 괜찮나, 개발 호재 많은 몽키아라 주목"과 같은 기사 제목으로 개발 및 투자 유치를 위한 홍보에 많은 관심을 기울이고 있는 지역이 바로 몽키아라이다. 그 대표적인 예로, 말레이시아 현지 건설사 선라이즈Sunrise에서 개발하는 몽키아라 콘도미니엄을 들 수 있는데, 단지마다 수영장이 필수로 갖춰져 있다.

단지마다 설치된 수영장에서 수영을 즐기고 헬스클럽에서 운동하는 한인들의 모습은 흡사 미국 베벌리힐스나 유럽 고급 주택가를 연상케 한다. '몽키아라 아만Aman' 단지에 거주하는 교민 J 씨는 "서울 강남엔 몇십억 원짜리 주택이 즐비하다지만 이곳 편의시설을 따라올 순 없을 것"이라며 "강남 아파트 전세금 정도면 수영장 딸린 고급 아파트를 구입할 수 있어 주거 질은 웬만한 선진국 못지않다"라고 말한다.

말레이시아가 동남아시아의 새로운 부동산 투자처로 떠올랐다. 최근 말레이시아 정부가 문을 활짝 열어놓고 개방을 해 외국인 부동산 투자가 줄을 잇는 중이다. 세계금융위기가 닥친 2008년 전해인 2007년에 한국인이 말레이시아에서 취득한 부동산은 모두 415건, 2006년(71건)보다 무려 여섯 배가량 증가했다. 총 투자액 기준으로도 미국, 캐나다, 싱가포르에 이어 4위다. 하지만 신고 없이 구입하는 경우가 많아 실제 투자 건수는 이를 훨씬 능가할 거라고 현지 주민들은 얘기한다.

말레이시아 부동산 투자엔 특별한 난관이 없는 편이다. 말레이시아 정부에서 자유화정책에 입각하여 외국자본이나 외국의 자국 내 부동산 투자 유치에 적극적으로 나서고 있기 때문이다. 우선 동남아시아의 다른 국가와는 달리 말레이시아에서는 '프리홀드Free Hold' 지역을 지정해 외국인에게 토지와 건물에 대한 '완전 소유권'을 인정해주고 있다. 이 밖에 직계가족에 대한 증여, 상속세도 전혀 없고 분양권 전매제한 규정 역시 찾아보기 어렵다. 선시공 후분양을 조

그림 26 암팡에비뉴 클럽하우스 내 수영장

건으로 부동산 개발 승인 기간도 보통 3~5년이 걸렸지만, 말레이시아 정부에서는 이를 6개월로 줄였다.

MM2H 프로그램도 힘을 더했다. 말레이시아에는 이민제도가 없어 거주를 위해서는 노동비자가 필요하다. 하지만 일종의 장기거주 비자 개념인 MM2H를 통하면 얘기가 달라진다. 노동비자 없이도 일정 수준의 경제력만 증명하면 장기거주를 허가받을 수 있다. 그만큼 말레이시아 정부가 외국인 이민자를 끌어들이는 데 발 벗고 나섰다는 얘기다.

말레이시아에서는 외국인이 주택을 구매할 때 금리 5.5~6.5퍼센트에 대출도 70~80퍼센트까지 가능하다. 이러한 대출 덕분에 쿠알라룸푸르 시내 외국인 대상 주택시장 규모는 지속적으로 수요가 늘고 있는 실정이다. 양도세가 없고, 외국인도 80퍼센트까지 대출이 가능하다. 말레이시아 성장세를 봐도 향후 부동산시장 전망은 밝다. 말레이시아는 경제성장률이 높고 물가상승률이 안정되어 있다는 점에서 싱가포르와 부르나이와 함께 동남아 국가들 가운데 비교적 살기 좋은 나라로 손꼽힌다.

특히 말레이시아는 '이슬람 금융권 중심지'로 급부상 중이다. 현재 개발이 한창인 중동 국가와 주변 싱가포르, 인도네시아 자금이 같은 이슬람권인 말레이시아로 꾸준히 유입되고 있기 때문이다. 중동을 비롯한 주변 국가의 유동자금이 말레이시아로 유입되면서 성장세에 힘을 보태고 있음을 볼 수 있다.

지역별로는 쿠알라룸푸르가 최우선 부동산 투자처로 꼽히고 있다. 쿠알라룸푸르 중심지인 KLCC 주변 신축 콘도미니엄의 경우 3.3제곱미터당 1,000만 원대로 가격이 급등했다. 연간 상승률만 15~20퍼센트에 달한다. '말레이시아의 강남'으로 불리는 몽키아라도 급부상하고 있다. 이곳은 한국 분당신도시 개념의 신흥개발도시로 KLCC에서 불과 7킬로미터 떨어져 있고, 무역센터와 대법원, 국세청, 왕궁 등 주요 관공서들이 밀집돼 있다.

58개 국적인이 거주하면서 외국인들에게 인기가 많다. 몽키아라에 위치한 국제학교의 경우 대기자가 넘쳐 입학하기 위해서는 1년 6개월 이상이 소요될 정도다. 미국 최초로 메릴린치에서 몽키아라 지역에 대한 대규모 투자계획이 발표되기도 했을 정도로 몽키아라에 대한 외국인들의 관심이 높은 편이다.

집값은 아직 저렴한 편이다. 현재 한국인이 많이 거주하는 '몽키아라 아만' 단지의 경우 215제곱미터(65평)가 4억 원 수준이다. 이보다 더 넓은 평수도 3.3제곱미터당 700만~800만 원이면 구입할 수 있다.

현재도 몽키아라는 지속적으로 개발 중이다. 몽키아라에서 약 3킬로미터 떨어진 데사파크시티Desapark City도 주목받고 있다. 몽키아라는 선라이즈 등 여러 건설사들이 필지마다 개별적으로 공사를 진행하는 반면, 데사파크시티는 말레이시아 삼링Samling그룹이 192만 제곱미터(58만 평) 규모 부지를 독점 개발 중이다. 전체 부지가 외국인 투자에 유리한 '프리홀드' 지역으로 개발되고 있는 것도 장점으로 볼 수 있다.

말레이시아 한인의 초국가적 삶의 현실과 이상을 고찰함으로써, 현재 재마 한인들의 초국가적 삶의 사회문화적 특징과 그 의미를 초국가적 맥락 또는 국민국가적 맥락 측면에서 조명하고자 한다. 또한, 말레이시아 한인 사회와 한인 정체성의 형성과 변모 과정을 암팡 한인 사회 지역에서 몽키아라 지역으로의 이동이 갖는 지역적, 사회경제적 의미의 변화라는 측면에서, "초국가 시대의 말레이시아 한인 사회와 한인 정체성의 형성과 변화"의 관점에서 고찰한다.

말레이시아 쿠알라룸푸르 한인회 부회장인 H 코세이KOSAY 사장은 "보통 이슬람권 자금은 같은 종교계 국가로 흘러 들어가는 경향이 강하다"라며 "중동을 비롯해 주변 국가의 유동자금이 말레이시아로 유입되면서 성장세에 힘을 보태고 있다"라고 밝힌다. 그는 "몽키아라 바유Bayu 단지의 경우 분양가와 비교해 59퍼센트 정도 웃돈이 붙었다"라며 "단지마다 최소 20퍼센트 이상 웃돈이 붙으면서 분양 시 투자했다가 입주 전 되팔아 차익을 남기는 투자자들이 많다"라고 전한다. 이처럼 몽키아라는 2002년 이후 본격 개발되기 시작했다. 다만 투자할 때 주의할 점이 몇 가지 있다. 말레이시아 부동산 투자 시 양도세가 없더라도, 매도하고 국내로 양도차익을 들여올 경우 국내 양도세율 기준으로 과세를 한다는 데 유의해야 한다. 지역별로 보면 쿠알라룸푸르와 주변 지역 집값만 뛰고 있을 뿐 외곽 지역은 미분양 물량이 많아 위험할 수 있다.

실제 말레이시아 주택시장의 미분양률은 17.7퍼센트에 달한 적도 있었다. 또 한국과 부동산 거래 시스템이 다르기 때문에 이를 반드시 확인해야 한다. H 사장은 "말레이시아는 은행, 변호사들이 매매 당사자를 대신해 모든 계약이나 제반 업무를 진행하는 '에스크로제'로 부동산 거래 시 불안감을 없앴다"라며 "다만 분양하는 현지 건설사의 경영 여건과 분양실적 등을 확인해야 한다"라고 설명한다. 선라이즈의 한국 분양 협력사인 KCB앤컴퍼니 J 사장은 "1억~2억 원의 자금만 있으면 대출을 받아 5억 원 내외 집을 구입할 수 있다"라며 "외국인 수요가 많은 곳이라 임대를 통해 월 몇백만 원씩 고정 수익을 얻는 경우도 많다"라고 설명한다.

2. 한인 사회 내의 사회계층적 분화의 특징과 의미

한국의 콩글리시처럼 이곳에도 마글리시라고 불리는 현지화된 영어들이 많다. 이런 영어습관을 고치고자 신문에서는 잘못된 영어 표현을 고쳐 쓰는 법에 대해 연재를 하기도 한다. 말레이 영어의 특징은 중국어의 영향으로 영어의 끝에 la를 붙이는 일이 많다. 예를 들면, sorry la~, ok la~ 이런 식으로 중국어처럼 영어를 쓴다. 또한 영어를 간단히 줄여서 말하는 경향이 있다. 대부분의 영어는 can, cannot으로 대화가 가능할 정도로 can에 많은 의미가 첨가되었다.

또한 다민족국가인 말레이시아 영어는 인도계 영어, 중국계 영어, 호주계 영어, 미국식 영어, 영국식 영어, 아프리카 영어, 중동식 영어, 필리핀 영어, 스리랑카 영어, 미얀마 영어, 싱가포르 영어, 홍콩식 영어 등 전 세계 영어 60 국가 공용어로 사용하는 영어를 알아들을 수 있고 경험할 수 있는 가장 유리한 환경의 국가다.[1]

플라자 몽키아라Plaza Mont Kiara 바자는 몽키아라의 리조트 사무용 복합 단지로, 30개국 이상의 국적을 자랑하는 수많은 외국인이 거주하고 있는 초국적 공간이다. 특히 전체 거주 인구의 거의 절반을 차지하는 일본인, 한국인 및 싱가포르인이 주요 거주민들이다. 플라자 몽키아라 바자는 2000년 3월에 시작된 Mont Kiara Funday 'Arts, Bric-a-Brac & Crafts'(ABC) 마켓을 조직하여 광장에 3만 8,000평방피트(3,500제곱미터)의 분수대 안뜰에 100개의 전시장 포장마차를 설치하였다. ABC 시장은 골동품, 서적, 빈티지 의류, 의류, 가정용 장식용품, 교육 장난감, 아동복, 공예품, 보석류, 가방 등 문화, 예술 및 공예품의 아말감을 특징으로 하는 'Made-in-Asia' 신발, 화분, 과일, 아시아 음식 전시장이다.

주간 시장은 일요일에 개최된다. ABC 시장은 하루 종일 최소한 3,000명의 사람을 끌어모으고 있다. 'Sunrise Berhad'는 말레이시아 예술 및 공예품을 홍보하기 위해 주로 운영된다. 수년에 걸쳐 시장은 플라자 몽키아라 바자 거주자들의 라이프 스타일의 일부가 되었다. 매주 목요일 분수 안뜰에서 플라자 몽키아라의 피에스타 나이트Fiesta Nite라는 야시장도 열린다.

---

1   국민일보 쿠키뉴스(www.kukinews.com) 참조.

그림 27 몽키아라 지역 내에 있는 몽키아라 플라자

그림 28 몽키아라 플라자 안뜰

한편 1990년대 후반, 당시 몽키아라는 신개발 프로젝트에 따라 급속한 발전을 이루는 중이었다. 본래 미개발 지역이었던 이곳에 대규모 주택 단지가 만들어지고 학교, 국제학교, 병원 등 인프라가 구축되고 상권이 형성되었다.[2] 이에 따라 일본인들을 비롯한 다양한 국가 출신의 이주민들이 몽키아라에 터전을 잡게 된 것이다. 이런 점에서 한인들의 몽키아라로의 이주 또는 이전은 이러한 흐름에 한 박자 늦은 출발이었다고도 할 수 있을 것이다.

한인들이 본격적으로 몽키아라에 이동하여 새 터전을 잡기 시작한 것은 지금으로부터 10여 년 전부터였다. 몽키아라에서 회식이나 모임을 가지면서 혹은 사업상 오가면서 이곳을 알게 된 사람들에 의해 몽키아라가 알려지기 시작했고, 한인들 사이에서 몽키아라가 살기에 쾌적한 곳이라는 인식이 만들어졌다.

한인회 부회장 사실 몽키아라 지역은 깨끗하잖아요. 암팡은 주로 말레이타운이고 여기는 외국 사람들이 모여 사는 동네잖아요. 특히 여자들이 좋아하지요. 지금 솔라리스가 사실 몽키아라의 상가 지역인데, 갑자기 한국 가게들이 많이 생기는 바람에 한인타운 비슷하게 변모해가고 있는 거지요. 암팡, 거기 계속 있으면 잘 모르는데, 여기 몽키아라로 가끔 밥 먹으러 오면 사람들의 인식이나 생각이 달라져요. '아니, (말레이시아 쿠알라룸푸르에) 이런 세상이 있구나' 지금은 암팡에 살던 교민들이 여기로 이사를 엄청 왔어요. 그래서 여기를

---

2 [위키백과] Sri Hartamas (http://en.wikipedia.org/wiki/Sri_Hartamas)

제2의 한인타운이라고 하는 거예요.

한인회 전 회장 한인들이 암팡 한인타운을 떠나 몽키아라로 이동하는 데 중요한 요인으로 작용한 것은 주거 및 편의시설이에요. 암팡 한인타운에서 전통적인 한인 거주지였던 암팡에비뉴는 지은 지 25년 이상 되어 이제는 낙후한 상태라고 할 수 있죠. 그래서 현재 녹물이 나오거나 벽이 갈라지는 등의 문제가 생긴 지 이미 오래되었어요. 따라서 몽키아라의 현대적인 주거환경과 상가시설은 한인들에게 매력적인 곳으로 인식되었어요.

필마트 사장 옛날에 여기 암팡에비뉴에는 한인 중 50퍼센트 이상이 살았어요. 이 주변에 3,000명 이상이 살았었다고 해요. 근데 지금은 1,000명도 채 안 되는 한인들이 살고 있지요. 모두 몽키아라로 이사를 갔어요. 당연히 새집에서 살려고 그러지요. 여기는 이미 오래되어 낙후되었기 때문에 녹물이 나오는 곳이 많아요. 수도관이 노후되어서 녹물이 나오는 거죠. 그래서 새 콘도가 모여있는 몽키아라로 이사를 많이 가게 된 거죠.

물론 현재 암팡 한인타운에는 암팡에비뉴에 비해 신형 아파트라고 할 수 있는 암팡블러버드, 암팡푸트라, 암팡엘리먼트(암팡E-콘도) 등이 건축된 상태이며, 암팡 지역에 거주하는 많은 한인이 이곳에 거주하고 있는 것이 사실이다. 그러나 주거 시설만이 아닌 주변 편의시설 또한 한인들의 거주에서 주된 고려 대상이 되고 있는 것도 사실이다.

그림 29 암팡 한인타운

그림 30 암팡 한인타운 식당가

그림 31 암팡 한인타운 내 식당가 모습

앞에서 언급한 바와 같이 암팡은 KLCC에서 멀지 않은 거리에 위치해 있기 때문에 병원, 오락시설 등을 이용하거나 쇼핑이나 지인과의 만남, 모임 등에 참석하기 위해 시내에 접근하기가 용이하지만 대중교통을 이용해야 한다는 번거로움이 있는 것 또한 사실이다. 그러나 몽키아라 같은 신개발지역은 이러한 시설이 지역 내에 거의 구비되어있기 때문에 자가용이나 대중교통을 이용해야 하는 번거로움을 피할 수 있다는 장점이 있다. 이런 이유로 한인들은 몽키아라를 암팡에 비해 더 선호한다는 의견도 있다.

주거 환경상의 이러한 차이가 나타나는 것은 암팡 한인타운 인근이 주로 가난한 현지인들이 거주하는 말레이타운인 데 반해, 몽키아라는 애초에 부유한 외국인들을 대상으로 조성된 곳이기 때문이다. 또한 몽키아라는 계획적으로 조성된 곳이다 보니 말레이타운에 비해 거리와 건물들이 잘 정돈되어있다. 외국인들이 주로 거주한다는 점은 암팡 한인타운에 거주하는 한인들의 큰 걱정거리인 치안 문제를 해결해주는 이점도 있다. 조기유학 붐이 일어나면서 한인들을 대상으로 하는 날치기나 소매치기 등과 같은 범죄 행위가 성행하고 있기 때문이다. 이는 한때 한인들의 자경회[3] 활동으로 주춤하는 듯 보였으나 자경회가 해체되면서 다시 한인들을 대상으로 하는 범죄가 성행하고 있다. 그러나 몽키아라는 자체 치안시설 확보로 이러한 위험 요소를 애초에 원천적으로 봉쇄할 수 있는 장점을 지닌 곳이라는 인식이 한인들 사이에 널리 퍼져 있다.

카페올레 사장 좋은 학교들이 몽키아라 쪽에 생겨나서 많이 있고. 그러니까 몽키아라 쪽으로 많이 온 거죠. 암팡 지역은 치안이 조금 안 좋아가지고. 왜냐하면 암팡은 엄격한 의미에서 쿠알라룸푸르가 아니라 슬랑오르에 속하는 곳이거든요. 행정구역상으로요. 쿠알라룸푸르가 한국으로 치면 서울이라고 한다면, 몽키아라는 서울에 속하는데, 암팡 지역은 경기도에 속한다고 보면 되거든요. 그래서 암팡에서 몽키아라로 옮긴 분들도 있고. 치안, 그다음에 학교. 몽키아라에 두 개의 학교가 있고, 인근에도 많이 있어요. 그리고 깨끗하고요. 치안도 상대적으로 좋고. 솔라리스가 한인타운의 중심이 되었어요. 이제는 식당도 많이 들어왔는데, 하루에 하나씩 들어오고 있을 정도니까요.

또한 몽키아라에는 세 개의 국제학교가 있는데, 이 중에서 두 개의 국제학교는 한인들 사이에서 유명한 편이다. 공부와 국제학교는 한인들 사이에서 가장 큰 관심사에 속하는 주제이다. 몽키아라에 외국인 자녀들을 대상으로 하는 유명 국제학교들이 들어서면서 자녀를 가진 부모들이 이곳에 본격적으로 관심을 갖게 되었다고

---

3 지금으로부터 약 15년 전 조기유학 붐이 한창이었을 때, 암팡 한인타운에는 한인들을 대상으로 하는 날치기나 소매치기가 성행했다고 한다. 조기유학으로 온 한국인 어머니들이 학비를 내러 갈 때 현금으로 가져간다는 것이 현지인들 사이에 널리 알려지면서 한인들을 대상으로 하는 범죄 행위가 한때 빈번했다. 이에 대한 대응으로 암팡 거주 한인들이 자경회를 조직하고 각자 한 달에 50링깃씩 모금을 해서 자체 경비를 세웠다고 한다. 이로 인해 당시 범죄 빈도가 줄어들었으나 2~3년이 지나자 돈을 안 내는 사람들이 생겨나면서 자경회가 무산되었고, 이로 인해 날치기와 소매치기가 다시 증가했다고 한다. 2010년 주말레이시아 한국 대사관의 지원을 받아 암팡 지역 입구에 경찰 초소를 짓고 현지 경찰을 배치했지만, 한인들을 대상으로 하는 날치기나 소매치기와 같은 범죄 행위를 근절시키지는 못했다. 그래서 2015년 이후 암팡에비뉴와 같은 주거 시설에 자체 방범을 위한 열쇠와 자물쇠 시설을 설치하기도 했다. 그럼에도 암팡 지역에서는 현지인들의 한인들에 대한 범죄 행위가 근절되지 않고 지속적으로 이루어지고 있다고 한다. 이 때문에 암팡을 떠나 몽키아라로 이주하는 한인들이 더 많아진 것 또한 사실이다.

한다.

이는 비단 국제학교의 문제만이 아니다. 공부는 학교에서만 하는 것이 아니라 일상생활에서의 경험을 통해서도 나타난다. 그런데 암팡 인근에는 가난한 말레이타운이 인접해있고, 범죄 행위도 종종 발생하기 때문에 한국인 부모들은 자신의 자녀가 말레이계 아이들과 어울리는 것을 탐탁지 않게 생각하는 경향이 있다.

그러나 몽키아라는 부유한 외국인을 대상으로 개발된 신흥 지역이기 때문에 치안 문제가 잘 정비되어있어 아이들의 일탈 위험성이 줄어들 수 있다고 생각하는 것이다. 따라서 몽키아라는 보다 '좋은 교육'에 신경을 쓰는 부모들에게 더욱 매력적인 장소로 인식되었다. 이처럼 주거와 편의시설 및 치안과 더불어 국제학교와 '좋은 교육' 환경이라는 조건은 기존에 암팡이 지니고 있던 장점들을 모두 상쇄시키기에 충분한 것이었다. 그렇다 보니 한인 사회에서 경제력만 뒷받침된다면 가능한 한 몽키아라로 이주하려는 경향이 나타나게 된 것이다. 그 결과 2010년 이후부터 암팡 한인타운에 거주하던 한인들이 몽키아라로 이주하는 추세가 본격화되었다.

그렇다면 왜 한인들은 몽키아라 개발 붐이 일었던 1990년대 후반이 아닌 2010년대에 접어들어서야 암팡에서 몽키아라로 대거 이주하기 시작한 것일까? 왜 한인들은 당시 일본인들과 함께 몽키아라로 터를 옮기지 않고 암팡에 남아있었던 것일까? 이러한 질문에 대한 대답은 당시의 시대적 배경을 고려할 때 비로소 이해될 수 있으며, 또 적절하게 주어질 수 있다.

1990년대 후반은 한국이 IMF에 직면하여 경제적으로 극심한 어려움을 겪고 있던 때였다. 전술했듯이, 암팡 한인타운은 1990년대 초 한국-말레이시아 경제협력으로 인한 주재원의 증가와 1990년대 말 IMF 경제위기로 인해 유입된 소자영업자들을 중심으로 형성된 지역이라고 할 수 있다. 경기불황에 직면한 이들에게 당시 개발이 막 시작된 신흥 개발 지역이었던 몽키아라에 거주하는 것은 큰 부담으로 받아들여졌고, 많은 위험을 감수해야 하는 모험적인 행위로 느껴졌을 것이며, 몇 가지 불편함이 있더라도 몽키아라에 비해 상대적으로 생활비가 저렴하면서 교통, 시내와의 근접성, 국제학교 등 여러 이점을 지니고 있는 암팡 지역이 몽키아라 지역에 비해 더 매력적인 곳으로 인식되었을 것이라 짐작할 수 있다.

그러나 경제가 나아짐에 따라 주재원들이 몽키아라를 선택할 수 있는 여유가 생겼고, 기러기 가족에게는 몽키아라가 '좋은 교육'을 위한 최상의 조건처럼 받아들여짐에 따라 한인 사회의 다수를 구성하고 있는 이들의 움직임을 촉진시켰을 것으로 추정된다. 그리고 이는 다시 한인을 주 대상으로 영업하는 자영업자들의 이동을 부추기는 결과로 이어졌을 것이다.

이처럼 그들은 자신들이 처한 상황과 당시 보유했던 문화적 자원들을 최대한 잘 활용하고자 했던 것으로 해석될 수 있다. 경제적으로 여유롭지 못했던 때는 여러 이점에 근거하여 몇 가지 불편함과 위험 요소를 감수하는 모습을 보였지만, 경제적인 안정이 회복됨에 따라 그러한 요소에 영향을 받지 않아도 되는 환경으로 이주하는 것을 선택했던 것이다.

그러나 이러한 흐름이 모든 한인에게 동일하게 적용되는 것은 물론 아니다. 특히 이러한 변화는 소자영업자들에게는 반갑지 않은 것이었다. 기존에 한 곳에 국한되어있던 한인들이 분산되면서 한인들을 상대로 장사하던 사람들은 자기 영업 기반에 큰 타격을 받게 되었다. 이에 따라 한 이사회의 추세에 발맞춰 몽키아라로 자리를 옮긴 사람들과 자영업소들이 나타났던 것이다. 그러나 모든 자영업소가 이러한 선택을 할 수 있는 것은 아니었다. 몽키아라의 임대료가 암팡보다 더 비쌌기 때문에 자금이 부족한 자영업자들은 자신의 업소를 이전시키고 싶어도 그럴 수 없는 상황이 발생하기도 한 것이다. 이로 인해 업소 문을 닫거나 영업을 중지하는 곳들이 늘어나기도 했다.[4]

한인회 전 회장 경제가 돌지 않아요. 자리는 아깝고 장사가 안되고 있어요. 회사

---

[4]   실제로 영업이 한창이어야 할 시간임에도 문이 닫혀 있는 가게가 많이 존재했다. 암팡 한인타운에서도 중심지라고 할 수 있는 필마트 인근은 비교적 장사가 원활히 잘되고 있는 편이지만, 암팡에비뉴 너머 한인타운 중심에서 벗어난 곳은 인적이 드물 뿐만 아니라 영업이 중지된 것처럼 보이는 가게들이 많이 보이기도 한다. 한인회장은 이에 대해 한국 식당의 쇠퇴 원인을 '권리금 문화' 때문이라고 지적한다. 그는 다음과 같이 주장한다. "일본 식당을 비롯한 외국 식당들은 개수가 저희가 파악을 하면 개수가 그대로 갑니다. 말레이시아에 200개가 있다면 200개가 똑같이 유지되는 데 반해, 한국 식당은 계속 올라가요. 그게 왜 그러냐. 외국 식당은 오픈했다가 장사가 잘 안되면 폐쇄를 합니다. 다 부숴가지고 뜯어가지고 나갑니다. 외국에서는 권리금이라는 것이 없습니다. 한국에만 있는 것입니다. 우리 나라에서는 식당을 오픈했다가 장사가 안되면 이걸 싸게 팔아서 얼마라도 챙겨가려고 합니다. 그렇기 때문에 매매가 이루어져요. 희한하게도 이것이 팔립니다. 그러니까 가게 개수는 계속 늘어나고, 한국 식당은 건물이 무너질 때까지 계속 장사를 해요. 주인만 계속 바뀌는 것이지요. 이것이 바로 권리금이라는 문화 때문에 일어나는 일입니다."

직원들이 밥을 먹으러 가게 되면 주로 몽키아라로 가요. 여기 암팡에는 한우리 식당밖에 없어요. 한우리에 자리가 없으면 암팡에서는 갈 데가 없어요. 그러니까 회사 단위로 안 와요. 보통 회사에서 회식을 하면 2차도 가야 하잖아요. 2차 할만한 장소가 암팡에는 없어요. 그래서 암팡에서는 2차가 이루어질 수가 없어요. 그러니까 찾지를 않지요. 이런 악순환이 계속되는 겁니다. 암팡에서는 특히.

이러한 상황에서 2013년 한인회가 암팡 지역에서 몽키아라로 옮겨갔는데, 이는 암팡의 소자영업자들에게는 큰 실망감을 준 사건이었다. 10년 이상 암팡 한인타운에 있었던 한인회가 몽키아라로 사무실을 이전한 것은 당시 한인 사회의 변화를 반영한 것이었지만, 암팡 지역의 경제적 상황의 악순환 또는 악화를 가속화하는 결과를 초래했던 것이 사실이다. 한인회 이전은 단지 하나의 교민단체가 옮겨간 것을 의미하는 것이 아니다. 한인회는 한인 사회를 대표하는 단체이기 때문에 그것이 지닌 상징적인 의미가 컸던 것이다. 한인회의 몽키아로의 이전은 한인회의 무게 중심이 암팡에서 몽키아라로 옮겨가는 당시의 변화를 반영한 중대 사건이었다. 따라서 한인회가 이전했을 때 암팡에 사는 많은 한인이 이에 대해 섭섭함을 느끼거나 한인회를 비판하는 소리가 높았다. 특히 이러한 비판의 목소리가 식당을 하는 사람들에게서 더 높았었는데, 이는 한인회의 이전으로 인한 변화가 암팡 지역의 소자영업자들의 매출 감소와 같은 경제적 변화와 직결되었기 때문이다.

이에 대해 한인회의 한 관계자는 암팡에서 장사하는 사람들이 경제적으로 어려움에 처하게 된 것은 이해하지만 한인회는 교민들을 위해 봉사하는 단체이기 때문에 당시 상황의 변화에 따라 몽키아라로 이전하게 된 것은 불가피한 일이었다고 주장한다. 그는 다음과 같이 주장한다.

> **한인회 부회장** 한인회가 조율을 할 수가 없어요. 한인회는 교민들의 이해관계를 반영해야 하는 곳이기 때문이죠. 옛날에는 암팡에 주민들이 많이 살았으니까 그곳에 있었던 것입니다. 그런데 지금은 교민들이 몽키아라 쪽으로 대거 이동하고 있거든요. 그러니까 그에 따라 한인회도 이쪽으로 와야지요. 한인회는 봉사단체이기 때문에 주민들이 많이 이동하는 곳으로 같이 따라서 이동해야 한다고 생각해요.

이와 더불어, 그는 "암팡은 '전통적인 한인타운'이기 때문에 이곳을 활성화시키고자 한인회의 주도로 다양한 행사를 마련했던 것"이라고 덧붙인다. 그러나 "한국 사람이 뭐 계속 남아있는 한, 당연히 한인회도 그것에 신경을 써야 되지요"라는 그의 말에서 알 수 있듯이, 암팡 한인타운에 대한 한인회의 관심과 배려는 부족한 편인 반면, 몽키아라에 대한 관심과 배려는 상대적으로 클 뿐만 아니라 그곳에 집중되어있는 상태라고 볼 수 있다. 이를 잘 보여주는 사건 중 하나가 예전에는 암팡 한인타운에서 행해 오던 한국의 날 행사를 몽키아라 지역으로 옮긴 일이다. 한국의 날 행사는 한인 사회에서 가장 큰 연례행사이다. 비록 개최 역사가 그리 길지는 않지만, 한인 사회가 성장, 발전하면서 형성된 한인들의 자신감과 자긍심의 표현이자 한인으로서의 정체성을 강화하기 위한 한인들이 주체가 되어 주도적으로 치르는 대표적인 행사가 바로 한국의 날 행사인 것이다.

한국의 날 행사는 한인회와 더불어 한인 사회에서 중요한 상징적인 의미를 지닌 행사이다. 따라서 한인회가 한국의 날 행사를 몽키아라로 옮긴 것은 암팡보다 몽키아라에 더 집중하겠다는 의사 표시라고 해석할 수 있으며, 이는 한인회 이전과 더불어 한인 사회의 무게 중심이 이동했음을 상징적으로나 실제적으로 보여주는 중대 사건이었다고 할 수 있다.

그리고 이는 한인 사회 내 권력 구조의 변화를 반영하는 것이기도 했다고 해석될 수 있다. 국민호(1999)에 따르면, 한인 사회의 권력 구조는 크게 세 가지로 구분된다. 첫 번째는 말레이시아 한국 대사를 위시로 재마 한인회장, 교민으로 이루어지는 권력 구조가 있고, 두 번째는 전임 한인회장들을 포함한 교민 원로를 중심으로 하는 권력 구조, 마지막으로 빈부격차에 따른 권력 구조가 있다.

그러나 기존에 한인회장을 중심으로 하는 한인회와 원로를 중심으로 하는 원로집단은 서로 다르면서 하나의 권력 구조에 포함되어 있었는데, 원로집단에서 한인회장이 선출되기도 하고, 한인회장 직에 있던 사람이 자리에서 물러난 후 원로집단으로 들어가는 경우가 다반사이기 때문이다. 따라서 한인회장과 원로집단은 서로 긴밀한 관계가 있다고 할 수 있다(국민호 1999).

전술했듯이, 한인들이 몽키아라로 터전을 옮기고 한인회의 이동이 이를 가속화함으로써 전통적인 암팡 한인타운은 쇠퇴 일로에 놓여있다고 할 수 있다. 초기 일본인들이 몽키아라로 이동함에 따라 한인들이 그 자리를 채웠듯이, 현재 한인들이 암팡 한인타운을 빠져나가면서 생긴 공백을 이란인들이 채우고 있다. 이란인들이 말레이시아로의 이주를 나타내는 통계 수치가 없기 때문에 정확한 수를 알 수는 없지만, MM2H 프로그램 신청자 수를 통해 이란인들의 말레이시아로의 이주 추세를 가늠할 수는 있다.

2015년 이후 2018년 현재에 이르기까지 암팡 한인타운 내에서는 이란인들과 한인들 사이에 문화 충돌이 문제시되어 자주 거론되고 있는 상황이며, 이러한 추세는 날이 갈수록 강화되고 있는 실정이다. 이러한 양자 간의 문화 충돌 또는 문화접촉이 어떠한 결과를 낳을지에 관해선 의견이 분분한 편이다. 그 결과가 어떠한 양상과 의미를 띨 것인지에 대해 어떤 결론을 내리기에는 시기상조라 할 수 있다.

하지만 이것이 현재 진행 중인 말레이시아 한인 사회의 변호를 반영하는 것임에는 분명하기에, 이러한 변화에 대한 한인들의 대응이 향후 한인 사회의 형성과 변화에 어떠한 영향을 미칠 것인가에 대한 학술적 관심과 이에 관한 연구는 지속적으로 이루어져야 할 필요가 있다.

6장

'빗장 공동체'로 인식되는 한인 사회

: 한인과 현지인 간 상호 작용의 특징과 의미

1. 말레이시아 한인 사회의 정착과 발전

게이티드 커뮤니티의 한글 번역어라 할 수 있는 '빗장 공동체'란 "공공 공간이 사유화되어 출입이 제한된 주거단지"(Blakely and Snyder 1999: 2, 정헌목 2012: 38에서 재인용)로, "주거단지 입구에 게이트와 이를 통제하는 게이트 컨트롤 시스템(단지 출입 시스템), 그리고 단지 주변을 두르는 담장에 의해 폐쇄적인 영역성을 제공하는 커뮤니티"(김석경 2007: 61, 정헌목 2012: 38에서 재인용)를 가리킨다. 공통의 주거용 건물뿐 아니라 각종 생활편의 시설들, 그리고 동질적인 사회 계급을 지닌 사람들 사이의 상호작용을 촉진시키는 공간적 문법이 작동하는 것으로 여겨짐으로 인해 커뮤니티가 위치한 근린지구의 경계를 규정하는 게이트와 담장은 내부의 주민들과 외부의 비거주자들을 물리적으로뿐만 아니라 사회적, 심리적, 정서적으로도 구분하는 가시적 장벽 역할을 수행한다(Low 2003: 12, 정헌목 2012: 38에서 재인용).

폐쇄성이 나타나는 공간의 규모에 따라 빗장 도시와 빗장 공동체로 구분할 수 있다. 원래 빗장 공동체란 구미와 동남아시아의 도시에서 관찰되는 사설경비시설이 갖춰진 작은 공간 규모의 최고급 주거지역을 가리키지만(남영우·최재헌 2001), 관찰된 폐쇄성의 공간

규모가 공동체^{community}와는 뚜렷하게 구분되기 때문에 빗장 도시라는 용어가 더 선호되기도 한다(최은영 2004).

원래 빗장 공동체는 기원전 300년 자신들의 숙영지와 그 근처에 성벽을 짓고 모여 살았던 로마 군인들에게서 기원을 찾을 수 있으며, 현대적인 형태의 빗장 공동체가 본격적으로 조성된 것은 19세기부터다. 1885년 뉴욕 근교에 조성된 턱시도 파크가 현대적인 빗장 공동체의 시초이다. 이곳은 뉴욕에 직장을 둔 상류층을 겨냥하여 사냥과 낚시 등의 여가 활동을 할 수 있는 최고급 리조트를 개발하면서 주변에 주택을 건설한 대표적인 빗장 공동체이다. 이후 19세기부터 20세기 초에 걸쳐 조성된 빗장 공동체들은 호화로운 리조트를 중심으로 주거단지를 개발해왔고, 이 공동체에 거주하는 입주자의 98퍼센트 이상이 백인들이었다. 이처럼 초기의 빗장 공동체는 은퇴자들의 실버타운과 최상류층의 주거단지로 제한되었으나, 1970년대에서 1990년대로 접어들면서 이들 공동체의 입주자들은 대부분 중산층으로 바뀌었다. 또한 담과 게이트 설치가 용이하고 경비원 고용이 저렴한 아파트와 연립주택 같은 공동주택에서도 빗장 공동체가 생김에 따라 그 수는 급증하기 시작하였다.

빗장 공동체의 출현과 성장 과정은 다음과 같다. 이처럼 미국에서 빗장 공동체가 출현하고 성장하게 된 배경에는 지구화 및 신자유주의 경제 구조로의 재편과 함께, 종족적·민족적 이질성의 증대를 불러온 아시아계 및 라틴계 이민자의 급증에 있다고 한다. 이러한 맥락에서 타인(예를 들어, 인종적 소수자)을 잠재적 범죄자로 여기는 백인 중산층이 더 이상 교외에 사는 것만으로는 타인과의 공간적 분리를 충족시킬 수 없는 상황 속에서 찾은 대안이 빗장 공동체라는 것이다. 즉 빗장 공동체는 사회적 환경을 사적으로 통제하기 위한 시도이다. 이러한 의미에서 빗장 공동체의 개발을 영토적 통제라는 교외 이데올로기의 논리적·진화적 진척으로 이해될 수 있는 것이다.

그러나 빗장 공동체가 범죄에 대한 두려움에서 생겨나는 것만은 아니다. 빗장 공동체 거주자들 사이에서는 범죄에 대한 두려움과 함께 경제적 불안정 및 사회적 지위에 대한 두려움 또한 발견된다. 범죄와 관련하여 사적인 빗장 공동체의 창출이 지닌 이득은 주로 상징적이다. 빗장 공동체는 빗장이 없는 유사한 교외 공동체와 비교해서 안전도가 높지 않은 것으로 나타나기 때문이다.

또한 빗장 공동체는 사회적 지위와 관련해서도 상징적인 방어 기능을 제공할 수 있다. 타자와의 구별을 만들어내는 단지 내에서의 생활이 현대 정치경제의 불확실성에 노출된 거주자들에게 자신의 지위를 확인시켜주는 기능을 하는 것이다. 이처럼 사람들이 빗장 공동체를 선택하게 되는 동기는 복합적이다. 공동체의 추구, 자신의 유년기 근린의 재창출, 안전, 범죄에 대한 두려움, 타인에 대한 두려움, 질서정연함과 자산 가치의 보존, 서비스 제공, 퇴직자의 필요와 욕구 등이 빗장 공동체를 선택하는 주된 동기라고 할 수 있다.

이러한 이유로 빗장 공동체의 형태 또한 다양하다. 어떤 곳은 풀장과 클럽하우스처럼 모든 거주자가 공유할 수 있는 시설을 갖추고 있는 반면 주택만 있는 곳도 있다. 어떤 곳은 큰 독립 주택만 있지만 콘도미니엄과 렌털 타운하우스가 있는 곳도 있다. 어떤 곳은 부유한 거주자를 위한 곳이지만 어떤 곳은 중간 소득 거주자들을 위한 곳이다.

빗장 공동체는 세 가지 형태로 분류될 수 있다. 첫째 라이프 스타일 공동체는 과시적 소비와 새로운 여가 계급의 표현이다. 은퇴자 공동체, 여가 공동체 등이 이에 해당한다. 둘째 상류층 공동체는 부유함과 신분 상승을 지향하는 지위 열망을 반영한다. 셋째 보안 구역 공동체는 범죄와 외부인에 대한 두려움에 대비하는 보호장치로서 담장, 출입구, 닫힌 거리, 다양한 보안 시스템으로 상징되는 두려움의 고립구역이다.

이러한 빗장 공동체의 함의는 다음과 같다. 앞서 언급한 바와 같이 빗장 공동체의 형태는 다양할 수 있으나 이들은 모두 타자를 대상화하는 공간적 분리에 기초하고 있다(정헌목 2012: 40-45). 이러한 공간적 분리와 구분은 주민 내부뿐만 아니라 인근 지역에 거주하는 비주민들과의 갈등과 긴장, 대립의 주요 원인으로 작용함으로써(최정민 2008 참조), 현지인들과 다른 외국인들의 한인과 한인 사회에 대한 부정적 인식의 원인이나 근거가 되기도 한다. 이런 의미에서 빗장 공동체는 사회적 파편화와 시민성의 위축을 반영하기도 한다.[1]

첫째 빗장 공동체는 사회의 구성원 및 집단들 사이의 사회적 접촉을 제한한다. 하위 계급은 (엄청난 주택 가격 때문에) 이 주거지에서 사는 것이 어려울 뿐 아니라 심지어는 그냥 지나가는 것 역시 금지된다. 이러한 계급 분할은 사실상 인종적 분리라고 이들은 주장한다. 상이한 계급들과 민족들 간의 이러한 사회적 접촉 및 상호 작용의 상실은 사회적 계약과 상호 책임의 유대를 제한하고 있다. 이것은 결국 불신, 공포, 나아가서는 시민적 유대의 약화를 낳을 수 있다.

둘째 빗장 공동체는 사적 통치 형태라는 특징을 갖는다. 빗장 공동체 내에서의 공공 공간은 사적으로 제공되기 때문에 주택 소유자 협회가 거리, 공원, 여가 시설의 치안과 관리 등의 서비스에 대한 책임을 맡는다. 빗장 공동체의 부유한 구성원들은 이제 자신들에게 혜택을 주지 않는 공공 프로그램과 서비스에 대한 세금을 왜 내야 하는지 묻는다. 이들은 사회의 다른 구성원들에 대한 어떤 책임감도 연대 의식도 갖지 않는데 이것이 상호성과 집합적 시민성에 기반한 민주주의와 사회에 치명적이라는 것이다. 이들은 자신들이

1　빗장으로 인한 위험의 실재 여부와 무관한 공포감의 생성에는 미디어의 역할이 크다고 볼 수 있다. 글라스너(Glassner 1999)는 이와 관련하여 사회의 도덕적 불안을 자극하고 그에 대한 상징적 대용물을 제공하여 이득을 취하는 미디어와 일부 전문가들을 '공포 행상인'으로 지칭하고, 이들에 의해 형성된 실재보다 과대 포장된 근거 없는 불안의 생성과 관련된 사회문화적 실천을 '공포의 문화(culture of fear)'로 명명한 바 있다. 범죄예방과 빗장 공동체 확산 사이의 관계에 대해서도 이러한 '공포의 문화' 역할을 무시할 수 없는데, 로우(Low 2001: 47, 2003: 114)는 '공포의 문화'로 인해 생성된 절도, 강도, 유괴 등에 대한 다소 과장된 공포가 미국인들로 하여금 폐쇄적인 대신 안전한 물리적 환경과 공간을 추구하는 인식과 행위를 더욱 부추겼다고 주장한 바 있다(정헌목 2012: 41에서 재인용). 이러한 '공포의 문화'가 몽키아라와 같은 빗장 공동체에 어떻게 작동하고 있고, 그 사회문화적 함의는 무엇인지를 탐색하는 작업은 말레이시아 한인과 한인 사회의 정체성 형성과 변화를 문화적 맥락 내에서 올바로 이해하는 데 큰 도움을 줄 수 있을 것으로 기대된다.

삶을 영위하는 사회적 풍경에서 이탈하여 사이비 유토피아를 세운다.[2]

2. 말레이시아 한인 사회의 지역적 변이의 특징과 의미

2008년 세계금융위기 이후 말레이시아는 동남아시아의 새로운 부동산 투자처로 떠올랐다. 이후 말레이시아 정부가 문을 활짝 열고 개방해 외국인 부동산 투자가 줄을 이었다. 이러한 현상은 현재까지 진행 중이다. 태국, 필리핀 등 다른 동남아 국가에선 현지인 명의를 빌려 주택을 구입해야 하는 것과 대비된다.[3]

또한, 이 장에서는 MM2H와 한인들의 부동산 투자와의 관련성에 주목하여, 한인들의 말레이시아 부동산 투자의 특징과 의미에 대해 기술, 분석한 후, MM2H가 한인들의 부동산 투자에 미친 영향에 대해 살펴본다.

그중에서 '말레이시아의 강남'으로 불리는 몽키아라가 가장 급부상했다. 몽키아라는 쿠알라룸푸르 도심에서 서북쪽으로 약 7킬로미터 떨어진 거리에 위치하고 있다. 이 지역은 수십 개의 국적을

---

2 https://kin.naver.com/qna/detail.nhn?d1id=11&dirId=1112&docId=285072228&qb=67mX
7J6lIOyCrO2ajA==&enc=utf8&section=kin&rank=1&search_sort=0&spq=0&pid=UciMPs
pySDlsscK5O8Rsssss8o-299890&sid=dyP8g2uS9C93CWktGNWz퍼센트2BEGQ

3 한 예로, 2006년 11월 외국인 투자자의 부동산 소유 상한선도 폐지했다. 2017년 4월부터는 양도소득세도 없앴다.

보유한 외국인들의 주거와 비즈니스가 조화를 이루고 있는 고급의 국제적인 타운십으로, 다채로운 컨셉을 사업 기반으로 하여 설립된 고급 쇼핑몰과 콘도미니엄 등이 근접한 거리에 집중적으로 밀집해있는 지역으로, 현지인들 사이에 최근 수년간 부쩍 주민 규모가 확대되고 개발이 더욱 활성화되고 있는 곳으로 알려져 있다(코리안프레스 2019.05.23.).[4]

몽키아라는 한국인 부유층뿐만 아니라 부유한 외국인들의 지속적 집중과 콘도미니엄과 펜트하우스, 고급 레지던스, 빌라, 방갈로 등의 부동산 가격의 급격한 상승 등으로 가시적으로나 비가시적으로나 견고한 사회 신분적, 경제적, 문화적 장벽을 지닌 빗장 공동체의 성격이 지속적으로 강화되고 있다고 말할 수 있다.

현재 약 3만 5,000여 명인 한인 규모가 요즘 같은 증가추세로는 머지않아 두 배 이상 증가할 것이라고 기대하는 사람들이 많다. 말레이시아가 한국인들에게 인기를 끌고 있는 이유는 크게 조기유학과 '부동산 투자' 바람, 그리고 한국인 은퇴이민자들을 위한 말레이시아 정부의 MM2H 프로그램 실시 등으로 집약될 수 있다.

현재 말레이시아 한인과 한인 사회는 요동과 격동의 시대를 맞이하고 있다. 말레이시아의 한인 사회는 1990년대 초반 무렵부터 본격적으로 형성되기 시작하여 현재까지 지속과 변화를 거듭하고 있다. 시기적으로 오랜 역사를 지니고 있다고 보기가 어려우며, 한

---

4 http://www.koreanpress.net/detail.php?number=3505&thread=22r05

인 사회의 규모 또한 그다지 크다고 할 수는 없지만, 말레이시아 한인 사회는 그 어떤 다른 국가의 한인 사회보다 더 유동적이고 변화의 폭이 넓고 복합적인 특성을 지닌 사회라고 할 수 있다.

암팡 한인 사회는 1990년대 초반에 형성되기 시작하여 1990년대 말에 이르러 본격적인 한인 사회로서의 면모를 갖추기 시작했으며 2000년대에 들어서면서 한인 사회로서의 확고한 위치를 잡게 되었다. 그러나 이러한 추세는 2010년을 기점으로 시작된 한인들의 몽키아라 이주로 인해 한풀 꺾이기 시작했고, 몽키아라에 신 한인 사회가 형성됨에 따라 암팡 한인 사회에서의 한인의 입지가 축소되고 있는 상황이다.

이러한 현상은 여타의 교포 사회들에 비해 말레이시아 한인 사회가 지닌 유동적인 성격을 보여주는 것이라고 볼 수 있다. 말레이시아 한인들은 개인이 가진 자원을 이용하여 한인 사회 내에서의 위치 변화를 시도하는 데 적극적이며, 이는 또한 현지 사회에 대한 한인 사회의 대응에서도 잘 드러난다.

이와 같이 말레이시아 한인 사회는 변화에 능동적인 모습을 보인다는 점에서 고유하면서도 독자적인 특징을 지니고 있다고 할 수 있다. 이는 어느 정도 말레이시아 한인 사회 내의 구성원 비율이 갖는 특이점에서 비롯된 현상으로 해석될 수 있을 것이다.

앞서 언급한 바와 같이, 말레이시아 한인 사회는 기러기 가족이 과반수를 점하고 있는 가운데 상사 주재원과 소자영업자들이 나머지의 대부분을 차지하고 있다. 그런데 기러기 가족은 본래 장기적인 거주를 위한 목적이 아니라 대체로 자녀의 중고등학교 교육을 위한 5~6년 체류 목적으로 들어온 사람들이며, 교육 환경 및 조건을 가장 크게 염두에 둔다는 점에 비추어볼 때, 보다 '좋은 교육'을 실현할 수 있는 곳이 있다면 한 곳에 구속되어있을 필요가 없는 사람들에 속한다고 볼 수 있다. 또한 상사 주재원 역시 영주를 목적으로 체류하는 것이 아닌 단기계약으로 들어온 사람들이며, 경제적인 측면에서 여유가 있기 때문에 보다 나은 환경이 주어지면 그것을 마다하지 않을 사람들인 것이다.

이런 의미에서, 소자영업자들 역시 그 특성상 한인들의 이동이 있다면 그에 발맞추려는 경향을 보이게 마련이다. 이러한 인구 상의 독특한 구성 비율이 말레이시아 한인 사회가 갖는 유동적인 성격을 가능케 하는 하나의 요인이 될 수 있다고 볼 수 있다.

이처럼 말레이시아 한인 사회가 변화에 빠르고 능동적으로 대응한다는 관점에 비추어볼 때, 말레이시아 한인들이 아직까지는 암팡 한인 사회의 난관과 한계에도 불구하고 당분간은 이에 대응할 수 있을 것으로 기대된다. 암팡 한인 사회는 이란인의 유입으로 두 집단 간 갈등이 조성되고 있는 것이 사실이지만, 기존에 한인들이 그래왔던 것처럼 변화하는 조건 속에서 유동적으로 대응해 나간다면 양자 간 갈등과 대립을 극복해낼 수 있을 것으로 기대되기도 한다.

현재 말레이시아 한인 사회는 다른 한인 사회와 마찬가지로 변화의 소용돌이 속에 놓여있다. 이것이 바로 향후 한인의 이주에 따른 말레이시아 한인과 한인 사회가 어떠한 변화의 모습을 보여줄 것이며, 그 의미가 무엇인지에 대해 후속 연구가 지속적으로 이루어져야만 하는 주된 이유이기도 하다.

또 다른 예를 들자면, 영국의 뉴몰든 한인타운을 들 수 있겠다. 이 지역은 말레이시아 암팡 한인타운과 비슷한 1990년대 초반에 형성되기 시작하여, 이 지역을 중심으로 단일한 한인 사회가 계속 유지, 발전되고 있다(이진연 2010, 2012).

결론

코로나19 이후 말레이시아
한인 사회의 문화변동[1]

코로나19 팬데믹 현상은 전 세계의 대부분의 국가와 사회에서 매우 다양한 형태와 방식으로 '사회적 거리두기'에 대한 관심과 실천을 불러일으켰다. '사회적 거리두기'와 관련하여, 전문가들은 타인과의 적절한 거리가 사회적, 물리적, 위생적 안전감을 향상시키고 개인의 평안과 행복을 보장한다는 사실을 지적한다. 미국의 문화인류학자 에드워드 홀은 『숨겨진 차원*The Hidden Dimension*』이라는 책에서 사람들 사이의 거리를 네 가지로 분류했다. 친밀한 거리^{intimate} distance, 개인적 거리^{personal distance}, 사회적 거리^{social distance}, 공적 거리 ^{public distance}가 그것이다. 친밀한 거리란 50센티미터 미만으로 연인이나 가까운 친구 사이의 거리이고, 개인적 거리는 우호적으로 대화를 나눌 수 있는 120센티미터 이내의 거리이며, 사회적 거리란 회의처럼 육성으로 의사소통이 가능한 120센티미터에서 3미터 남짓까지를, 공적 거리는 마이크를 사용해야 하는 연설에 적합한 거리로 대체로 3~4미터 이상을 가리킨다.[2] 코로나19 확산 방지를 위해 시행되고 있는 '사회적 거리두기'는 홀이 말하는 사회적 거리에 해당

---

1   이 내용은 홍석준의 글(EMERiCs 2020.09.20.)을 수정, 보완한 것이다. 이는 대부분 2020년 당시 말레이시아의 코로나 상황을 반영한 것으로, 2021년에 접어들면서 코로나 상황은 급반전되어 말레이시아 코로나 상황은 급증세로 전환되었기에 이러한 상황 변화를 고려하여 이 내용 중 일부는 2021년 이후의 상황 변화를 반영하여 부분적으로 수정, 보완 작업을 거친 것임을 이 자리를 빌어 밝혀둔다.

2   https://blog.naver.com/sacsimon/221840604031

한다.

　코로나19 확산을 막기 위해 전 세계 많은 국가와 교육기관, 사업장들이 외출 제한 및 상점들의 영업 중단 등 고강도의 '사회적 거리두기'라고 할 수 있는 락다운Lock Down(이동제한조치 또는 이동통제명령) 조치를 취했으며, 이로 인해 인류의 생활 전반에 대대적인 변화가 일어났다. 말레이시아에서도 코로나19 확산을 막기 위해 개인 위생수칙 준수와 외출 자제와 함께 락다운 조치가 취해졌다. 말레이시아 정부는 2020년 3월 초반부터 코로나19 감염 사례가 급증하면서 3월 18일부터 고강도의 사회적 거리두기를 포함한 엄격한 락다운을 실시했다. 락다운 기간 중에 말레이시아 사람들은 불필요한 외출은 자제하고 최소한의 외출만 하면서 규제를 따라야 했다.

　사람들이 많이 붐비는 곳에서는 반드시 사회적 거리두기 할 것을 강조하였다(Please Ensure Social Distancing, 2m(6 feet)). 에스컬레이터를 이용할 때도 사회적 거리두기가 지켜야했다(Be Safe, Stay Apart 3 Steps). 체온 측정, 방문 기록 작성 후 주문할 때에도 사회적 거리두기는 필수였다(Azizan and Qaiwer 2020: 331).[3]

　말레이시아의 사회적 거리두기는 출입 인원의 제한(소규모 슈퍼마켓이나 쇼핑센터는 50명 이내로 인원 제한), 출입 인원의 사전 체크, 대기하는 사람들의 일정 간격 유지, 불필요한 외출을 줄이기 위한 경찰

3　Azizan, M., Ismail, H. H., & Qaiwer, S. N. (2020). Power and solidarity in positive Facebook postings amidst COVID-19 in Malaysia. Journal of Nusantara Studies, 5(2), 331. http://dx.doi.org/10.24200/jonus.vol5iss2. pp.331.

들의 적극적인 홍보 활동, 배달원에 대한 감염 예방 활동 등으로 요약될 수 있다.

쇼핑몰에 입장할 때는 반드시 마스크를 착용하고, 사람들 간에는 2미터(6피트) 거리를 유지하도록 했으며, 출입 인원은 모두 이름과 연락처를 기재해야 했다. 간혹 마스크 없이 방문한 사람에게는 쇼핑몰 측에서 마스크를 제공하기도 했다.

락다운이 완화된 상황에서는 일부 업종을 제외하곤 이용이 가능해졌기 때문에 많은 사람이 외부 활동을 재개하기도 했다. 하지만 오픈한 매장을 이용하는 사람들도 규정을 잘 지켜야 했고, 실제로 잘 따랐던 것으로 조사되었다. 대형 쇼핑몰의 경우에는 자동으로 체온을 측정하는 장비를 설치해두기도 했다. 소규모 쇼핑몰에서는 직원이 직접 체온을 측정한 후에 입장을 시키기도 했다. 따라서 한 마트의 경우 매장에 입장하는 데만 1시간 이상 대기해야 했던 경우가 발생했다. 방문하는 곳은 어디든지 자신의 이름과 연락처를 남겨야 했기 때문에 다소 불편하고 번거로운 측면이 있었고, 이에 대해 불만을 제기하는 경우도 있었던 것이 사실이다. 하지만 QR 코드로 정보를 입력하도록 했기 때문에 개인 정보 유출이나 불편함은 많이 해소할 수 있었다.

레스토랑에서는 4인 테이블에 두 명이 식사할 수 있도록 배치되었다. 한 테이블에 여섯 명이 앉으면 벌금 1,000링깃(한화 약 30만 원 상당)이 부과된다. 대각선으로 앉아서 먹는 것을 불편해하는 사람들도 있었지만, 이러한 일상생활 속 사회적 거리두기를 실천에 옮길 수 있었기 때문에 전염병 확산을 미리 방지할 수 있었던 것으로 평가된다.

이런 점에서 말레이시아 사람들의 사회적 거리두기 활동은 모범적이라는 평가를 받았다. 특히 많은 사람이 모이는 백화점이나 대형 쇼핑몰과 같은 장소에서의 활동은 더 효과적이었다고 평가된다.

이후 말레이시아 정부는 하루 신규 환자가 50건 이하로 줄어들자 5월 4일 락다운의 일부 제한을 해제하고 많은 사업체의 재가동을 허용했다. 하지만 종교모임을 포함한 대중 집회에 대한 금지는 라마단이 끝나는 5월 24일까지 행해졌다.

2021년 2월 말 말레이시아에서 코로나 환자가 급증하게 된 원인 중 하나는 쿠알라룸푸르 외곽에서 열린 국제 이슬람 행사와 밀접한 관련이 있다. 이런 이유로 이슬람 종교모임을 포함한 대중 집회에 대한 금지는 5월 24일까지 지속되었다. 하지만 이후 말레이시아 정부는 코로나19 확산으로 인한 예배 장소들에 대해 집회가 금지되었던 규정을 완화하는 조처 중 하나로, 이슬람 금요기도회를 열 수 있도록 88개 이슬람 사원 개방을 허용했다.

말레이시아 이슬람 정부는 승인된 사원들에는 기도하기 위한 사람들이 한 번에 최대 30명까지만 입장할 수 있으며, 사원은 방문객들의 신상을 기록하고 손 소독 등 위생을 관리하며 사회적 거리가 제대로 지켜지도록 하겠다고 발표하였다.

하지만 6월 이후 정부가 이동과 사업에 대한 광범위한 재개를 허용한 이래로 코로나19 클러스터가 13곳이나 새롭게 등장했으며, 이에 말레이시아 정부는 마스크 착용 의무화, 지속적인 사회적 거리두기 유지, '뉴노멀' 시대 생존법 기억 등 사태의 위급성을 상기시켰다. 이러한 정부의 조처에 대해 코로나19 확산에 대한 두려움으로 많은 사람이 마스크 착용 의무화를 찬성하고 있는 가운데 일부 네티즌들은 빈곤층 시민들이 감당해야 할 또 다른 경제적인 부담에 대한 우려를 표했다. 그들은 정부에 재활용/세탁이 가능한 마스크를 한 가정당 최소한 4매씩 배포해줄 것과 가난한 사람들을 위해 무료 마스크 배포 방안을 적극적으로 모색해줄 것을 정부에 강력히 요청하기도 했다.[4]

코로나19로 인한 말레이시아의 문화변동을 소비와 일상적인 생활 스타일의 변화를 중심으로 살펴보면 다음과 같다. 코로나19는 역사상 유례가 없는 일상생활의 급격한 변화를 가져왔다. 코로나19를 기준으로 하여, 역사와 세계는 코로나19 이전Before Covid-19, BC 과 코로나19 이후After Covid-19, AC로 나뉘었다.

코로나19 이전은 전지구화 또는 글로벌화로 통칭될 수 있는 반면, 코로나19 이후는 지역화, 국지화 또는 로컬화로 특징지어질 수 있다. 글로벌화의 쇠퇴와 로컬화 강화 사이의 긴장과 대립의 중층관계가 성립된 것이다. 이는 사무실 근무, 콘택트contact, 대면 관계 등을 중시하던 문화적 유형에서 재택근무, 언택트untact, 온택트ontact, 비대면 관

---

4 http://www.koreanpress.net/detail.php?number=3793&thread=22r13

계를 중시하는 문화적 유형으로 문화가 근본적으로 대변동하고 있음을 의미한다.

온라인 화상회의와 모임이 늘어나면서 대면회의, 모임, 수업 등과 같은 사교socializing의 내용과 형식 또한 크게 바뀌었다. 한마디로 말하자면, 코로나19는 재택근무의 활성화, 택배를 포함한 배달 문화의 강화, 대면 접촉의 약화 또는 거부, 사회적 거리두기의 실천 등 문화변동을 일으킨 가장 주요한 요인이라 할 수 있다.

말레이시아 사람들은 코로나19의 위험을 줄이기 위해 소비와 일상적인 라이프스타일을 조정하기 시작하였다.[5] 코로나19에 의해 가장 큰 타격을 입은 산업 부문은 여행이다. 집에서의 시간이 대폭 늘어남에 따라 외식이 대폭 줄어들고 혼밥 문화가 자리 잡기 시작하였다. 집 밖에서의 사교 활동을 피하고, 그 대신 집에 머물렀으며, 코로나19 이전보다 극장과 같은 집 밖에서보다 집 안에서 더 많은 영상콘텐츠를 시청하고 소비하는 경향이 늘어났다. 외부 모임을 개최하거나 참가하는 경우에 비해 집에서 소규모로 모임을 여는 경우가 늘어났고, 외식보다 집에서 배달 음식을 주문하는 경우도 많아졌다.

코로나19의 위협이 커지면서 구매 행동도 달라졌다. 가장 확실한 변화는 '공황 구매'의 증가다. 생활필수품이 부족할까 걱정하는 사

5　http://koreanpress.net/detail.php?number=3727&thread=22r06 이하 내용은 필자가 이 사이트의 주요 내용을 참조하여 재구성한 후, 이를 재분석한 것임.

람들이 늘었으며, 평소보다 더 많이 구매했다. 그 결과 매장 선반이 텅텅 비기도 했다.

2021년 5월 이후 2개월 사이 온라인 쇼핑이 크게 증가했다. 이는 사람이 붐비는 슈퍼마켓을 피하거나 실제 매장에 없는 제품을 구매하기 위해 전자상거래 채널을 이용했기 때문이다. 온라인 식료품 플랫폼과 음식 배달 서비스가 가장 높은 증가세를 기록했고, 그 결과 많은 공급업체가 수요를 감당하기 위해 전략을 수정해야 했다. 이와 반대로, 소매점 쇼핑은 같은 기간에 대폭 감소했다. 반면 위생 및 건강과 관련된 부문에서의 구매 증가 폭은 가장 컸다.

소비자들은 코로나19로 인해 특히 식음료와 소비재 부문에서 '사용하기 안전한' 제품과 서비스에 특히 집중했다. 그뿐만 아니라 그들은 코로나19에 대한 강력한 방어벽을 구축하는 데 도움이 되는 건강과 웰빙 효과를 높인 브랜드를 찾았다. 또한, 보험 부문에서 위기 시 건강과 웰빙을 커버하는 상품을 더 많이 출시해야 한다는 요구도 있었다.

말레이시아에서 전통적인 집의 의미 역시 크게 변화하였다. 집이 재택근무의 중심으로 부상되었다. 집 내부의 테라스와 발코니, 베란다의 중요성이 강화되었다. 단독 주택은 물론 콘도미니엄이나 아파트, 링크하우스, 방갈로 등을 포함한 집의 전통적인 특성과 의미가 급변한 것이다.

전통적으로 말레이시아인들에게 집은 주거공간으로서의 의미가 강했다. 하지만 코로나19 이후 집은 휴식공간, 가족 간 유대의 공

간, 식사공간, 충전의 공간 등과 같은 전통적인 의미에서 집의 의미
와 더불어 근무공간 또는 노동공간의 의미가 첨가되었다. 오히려
근무공간 또는 노동공간으로서 집의 의미가 한층 강화되었다.

이처럼 코로나19는 말레이시아 사람들의 일상생활을 변화시
켰다. 사람들은 불안한 상황에서 안전을 유지하기 위해 자신들의
행동과 구매 제품을 바꾸고 있다. 그러나 사람들은 코로나19가 잠
재적으로 장기적인 경제 건전성에 영향을 미치고 있다고 믿기 때
문에 자신들의 재무 건전성에 미칠 영향을 가장 크게 걱정한다. 그
에 따라 또 다른 문제가 발생하였다. 그것은 사람들의 선택이 코
로나19 이후에도 오랫동안 계속 변화할 것이라는 예상이다. 이 문
제의 해결은 신뢰 문제에 달려 있다. 사람들은 어떤 물품을 구매
할 것인지, 구매하지 않을 것인지를 결정하는 데 영향을 미칠 수
있는, 소위 신뢰할 수 있는 브랜드와 공급망을 모색할 것으로 전망
된다.

사람들은 브랜드가 진정한 가치를 제공하고, 책임감 있게 행동하
며, 직원을 포함해 지역사회에 옳은 일을 해주길 바라고 있다. 이처
럼 브랜드 행동은 해결할 수 있는 문제에 집중함으로써 매우 강력
한 효과를 낼 것으로 기대된다.

그렇다면 말레이시아의 코로나19 대응 양상과 그 의미는 무엇
이며, 그것이 한인 사회와는 어떠한 관련이 있는 것인가? 말레이시
아의 코로나19에 대한 대응은 상대적으로 성공적인 것으로 평가
된다. 최근 몇 달간 코로나19 확진자 숫자가 두 자리를 넘지 않았을

뿐 아니라 50명 이하로 통제 가능한 수준에 머물렀다.

이러한 배경에는 다양한 이유와 근거가 있는데, 특히 중요하게 지적된 것으로는 국민의 공공에 대한 신뢰와 국가의 강도 높은 사회적 거리두기를 포함한 락다운 실시, 높은 수준의 의료지원시스템 구비 및 지원체계 구동, 그리고 시민들의 '사회적 거리두기'에의 자발적인 참여와 자원봉사 활동 등을 들 수 있다.

첫째, 말레이시아 국민(여기에는 한인과 한인 사회도 포함된다)의 공공에 대한 신뢰와 이를 회복하기 위한 국가의 역할이다. 의료 전문가들에 대한 믿음과 신뢰가 코로나19 대응 과정에서 긍정적으로 작용했다. 2021년 4월 16일 말레이시아 보건부는 혈청 검사 방법에서 한국 진단 키트를 승인, 보다 빠르고 정확한 검사를 위해 도입 준비 중이라고 밝혔으며, 하루 1만 건 이상의 검사를 할 예정이라고 발표한 바 있다. 이는 보건부를 비롯한 말레이시아 행정부의 위기 대처능력 및 사태 해결능력을 잘 보여준 사례로 꼽힌다. 이처럼 보건부를 비롯한 행정부의 코로나19 대응 능력이 빠르고 체계적으로 이루어진 것이 사실이지만, 이와 더불어 보건부와 행정부에 대한 국민의 신뢰와 기대 역시 코로나19 확산과 전파를 저지하는 데 매우 중요한 요인으로 작용한 것은 부인하기 힘든 사실이다. 이처럼 총리와 보건부 장관을 비롯한 정부 리더들과 종교 지도자들이 선도하는 가운데 부처 경찰을 포함한 공무원들이 침착하고 적극적으로 코로나19 확산을 점검하고 외출 자제를 홍보한 것이 주효했다.

2021년 4월 16일 5주 동안의 강력한 락다운으로 인해 2021년 3월 18일 이후 처음으로 100명 이하의 확진자를 기록함으로써 말레이시아 정부는 이동제한 관리에도 역점을 둘 예정이라고 밝혔다.

둘째, 상대적으로 높은 수준의 국민의료, 노동, 교육시스템의 구비 및 실행이다. 말레이시아 정부는 2021년 2월 코로나19의 대규모 전파 발생 이후 철저하게 이슬람 사원을 폐쇄하고, 많은 검사와 격리, 강도 높은 이동제한조치를 시행한 바 있다. 대규모 전파 발생 이후 국가 차원의 대응계획을 수립하고, 24시간 이내에 확진자 연락처를 추적하는 시스템을 구축, 가동시켰다. 2021년 3월 18일 모든 외국 여행객의 입국을 금지시키고, 이동제한 명령, 즉 락다운(단 식품, 생필품 구입, 병원 방문, 필수 서비스 종사자의 출퇴근, 공무 등은 예외 사항으로 두었다. 이를 위반할 시, 6개월 이하의 징역 또는 약 미화 250달러 이하의 벌금을 물도록 했다)을 발동시켰다. 태국 국경을 폐쇄하고, 국경지대의 자국민들을 국경 내부로 불러들여 지역 보호시설에서 생활하도록 조처했다. 해외에서 유입된 자국민과 방문객들의 검역을 철저하게 조처함으로써 지역사회로의 전파를 사전에 차단하고, 사회적 거리두기와 폐쇄조치와 같은 락다운을 일찌감치 실시함으로써 동남아시아 국가 중에서 성공적인 방역 사례를 보여주었다.

셋째, 시민들의 '사회적 거리두기'의 철저한 실천과 자발적인 참여와 봉사다. 많은 시민이 자발적으로 '사회적 거리두기'에 참여했다. 대규모 종교 예배와 집회를 온라인으로 대체하고, 일상생활의 차원에서 사회적 거리두기를 적극적으로 실천했다. 그들은 기부와 자원봉사 활동에도 자발적으로 참여했다. 많은 시민의 대거 참여로 자원봉사 교육 프로그램을 제공하는 웹사이트의 방문 횟수가 최고치를 갱신할 정도로 폭증하기도 했다.

하지만 무엇보다 코로나19에 대한 말레이시아의 대응과 그에 따른 문화변동과 관련된 가장 정확하고 올바른 언어적 표현은 "말레이시아인들이 자신과 타인의 안전을 위해 마스크 착용과 사회적 거리두기를 일상적으로 실천하고 있다"라는 말일 것이다.[6]

---

6 https://blog.naver.com/gnhforum/222036346627 필자가 이 사이트의 주요 내용을 참조하여 재구성한 후, 이를 재분석한 것임.

참고문헌

강진석. 2007. "베이징 왕징 코리안타운 지역의 한-중 이문화 갈등요소와 해소방 안 연구." 『국제지역연구』 11. 한국외국어대학교 외국학종합연구센터.

강혜란. 2018.05.10. "93세 마하티르 총리 복귀한다…말레이시아, 61년 만에 정권 교체." https://www.joongang.co.kr/article/22609877#home

_____. 2018.06.07. "[이슈추적] 장관 월급 깎고 말레이판 '금 모으기'도… 돌아 온 마하티르 "1순위는 개혁"." https://www.joongang.co.kr/article/22691849 #home

국민호. 1999. "말레이시아 한인 사회의 현황과 과제." 『사회발전연구』. 연세대학 교 사회발전연구소.

김동엽. 2009. "동남아 은퇴이주의 실태와 전망." 『동아연구』 57: 233-267.

김형종. 2018.05.19. "[아시아생각] '뚜룬!' 독립 후 첫 정권교체 이룬 말레이시아." ttps://www.peoplepower21.org/International/1565479

김형종 · 홍석준. 2018. "말레이시아 2017: 정치적 이슬람의 부상." 『동남아시아연 구』 28(1): 53-82.

김형종 · 황인원. 2020. "말레이시아 2019: 희망연합의 위기와 새로운 야권공조 출범." 『동남아시아연구』 30(1): 1-27.

_____. 2021. "말레이시아 2020: 의회 쿠데타의 발생과 딜레마의 정치." 『동남아시아연구』 31(2): 39-75.

_____. 2022. "말레이시아 2021: 무히딘 정부의 몰락과 희망연합(PH)의

위기 심화." 『동남아시아연구』 32(1): 201-237.

낸시 에이블만. 강신표·박찬희 옮김. 2014. 『사회이동과 계급, 그 멜로드라마』. 일조각.

데이비드 바트럼·마리차 포로스·피에르 몽포르테. 이영민·이현욱 외 공역. 2017. 『개념으로 읽는 국제 이주와 다문화사회』. 푸른길.

마이클 새머스. 이영민 외 옮김. 2013. 『이주: 21세기 경제적·정치적·사회적·문화적 논쟁들의 중심 이주와 이민』. 도서출판 푸른길.

목포대학교 인문대학 문화인류학과. 2014. "말레이시아 속의 한국문화." 제14회 문화인류학과 학생학술심포지엄 자료집(미간행). 목포대학교 문화인류학과.

문현아. 2016. "사할린 디아스포라 한인의 초국적 경험과 의미 분석." 『구술사연구』 7(1): 137-186.

선봉규. 2017. "초국적 공간에서 중국조선족의 커뮤니티 활동과 기능: 베이징 왕징 지역을 중심으로." 『동북아문화연구』 52: 243-263.

성정현·홍석준. 2009a. "동남아시아 조기유학 청소년의 유학 결정과정과 유학 경험: 말레이시아에서 유학 중인 청소년을 대상으로." 『청소년학연구』 16(6): 71-102.

_____. 2009b. "조기유학 대상지로 동남아시아를 선택하는 한국인 부모들의 동기 및 사회문화적 배경에 대한 연구: 말레이시아의 사례를 중심으로." 『사회과학연구』 20(4): 239-262.

_____. 2013. 『그들은 왜 기러기 가족을 선택했는가』. 한울.

스티븐 카슬·마크 J. 밀러. 한국이민학회 옮김. 2013. 『이주의 시대』. 일조각.

시미즈 히로무. 2009. "일본인 고령자의 필리핀 장기체류: 꿈과 환멸의 사이에서 흔들리는 사람, 틈새를 살아가는 사람." 제1차 한국동남아연구소·교토대 동남아연구소 공동기획 국제학술대회(2009.06.19.~20. 경상대학교) 발표논문 번역본.

신지연. 2013. "트랜스이주시대의 뉴욕 한인 타운의 재구성과 민족간 관계 연구." 이화여자대학교 석사학위논문.

안옥선. 2007. "동남아 일부 국가의 은퇴자 유치 프로그램 및 은퇴촌 조성사례 고찰." 『농촌지도와개발』 14(2): 279-299.

양진운. 2011. "미국 한인이민자 초기 이민 적응과정 연구."『한국가족복지학』 21. 한국가족사회복지학회.

염미경. 2013. "멕시코 이주와 현지 한인사회의 형성과 변화."『재외한인연구』 3. 재외한인학회.

위군. 2011. "청도 코리아타운에 관한 연구."『글로벌문화콘텐츠』 7. 글로벌문화 콘텐츠학회.

유연숙. 2011. "동경의 코리아타운과 한류."『재외한인연구』 25. 재외한인학회.

유철인. 1990. "생애사와 신세타령: 자료와 텍스트의 문제."『한국문화인류학』 22(1): 301-308.

_____. 2003. "구술자료의 채록과 해석-구술자와 채록자의 상호작용."『한국예 술종합학교논문집』 제6집: 97-115.

윤순덕·강경하·박공주·이정화. 2005. "도시 장년층의 은퇴 후 농촌이주의사 결 정요인."『한국노년학』 25(3): 139-153.

윤순덕·박공주. 2006. "도시민의 은퇴 후 농촌정주에 대한 수요분석."『농촌계 획』 12(2): 37-47.

윤택림. 2004.『문화와 역사연구를 위한 질적연구방법론』. 서울: 아르케.

_____. 2015. "기관구술채록의 진단과 과제: 국사편찬위원회 구술채록사업을 중심으로."『구술사연구』 6(1): 11-43.

윤택림·함한희. 2006.『새로운 역사 쓰기를 위한 구술사 연구방법론』. 서울: 아 르케.

이광규. 2000.『한국의 탐구 재외동포』. 서울대학교출판부.

이승렬·최강식. 2007. "국민연금이 중고령자의 은퇴 행위에 미치는 영향."『사회 보장연구』 23(4): 83-103.

이재경. 2004. "노동자계급 여성의 어머니 노릇(mothering)의 구성과 갈등: 경인 지역을 중심으로."『사회과학연구』 12(1): 82-117.

이정애. 2020.07.28. "'국부펀드 1MDB 스캔들' 말레이시아 전 총리 유죄." https://www.hani.co.kr/arti/international/asiapacific/955555.html

이진연. 2010. "영국 한인사회의 형성과 변화."『재외한인연구』 25. 재외한인학회.

_____. 2012. "런던의 코리아타운."『재외한인연구』 27. 재외한인학회.

이희상. 2016. 『존 어리, 모빌리티』. 커뮤니케이션북스.

임영언. 2012. "도쿄 코리아타운 한류확산과 영향에 관한 연구." 『지역개발연구』 44. 전남대학교 지역개발연구소.

임영언·김한수. 2017. "디아스포라의 초국적 정체성과 다양성에 대한 고찰." 『한국과국제사회』 1(2): 109-128.

임은진. 2016. "국제적 인구 이동에 따른 말레이시아의 다문화사회 형성과 지역성." 『한국도시지리학회지』 19(2): 91-103.

정헌목. 2012. "게이티드 커뮤니티의 공간적 특성과 사회문화적 함의: 한국의 수용양상에서의 보편성과 특수성." 『서울도시연구』 13(1): 37-56.

제임스 폴콘브리지·앨리슨 후이. 하홍규 옮김. 2019. 『모바일 장의 발자취: 모빌리티 연구 10년』. 앨피.

조원일·윤지원. 2016. "19세기 말레이시아와 싱가포르 지역의 화인 이주과정 연구." 한중인문학회 국제학술대회 발표문: 121-132.

조철호. 2006. "말레이시아의 한류와 한국과의 관계변화." 『민족연구』 29. 한국민족학회.

존 어리. 강현수·이희상 옮김. 2014. 『모빌리티』. 아카넷.

천선영. 2003. "어머니 됨의 새로움: 열망과 두려움 사이에서." 『한국사회학회 사회학대회논문집』: 69-94.

천세영·박소화. 2007. "초국가적 교육: post-nationality의 관점에서 본 조기유학." 『인문학연구』 74: 329-351.

최금자. 2011. "브라질 상파울루市 코리아타운 '봉헤찌로'." 『재외한인연구』 24. 재외한인학회.

최양숙. 2008. "자녀의 조기유학으로 인한 분거가족에서 나타나는 심리사회적 기제." 『한국가족관계학회지』: 67-97.

최은영. 2004. "학력자본 재생산의 차별화와 빗장도시의 형성." 『대한지리학회지』 39(3): 374-390.

최정민. 2007. "게이티드커뮤니티 주거단지와 그 실태에 관한 연구: 미국 및 일본의 저층 주거단지의 사례." 『주택연구』 15(2): 99-132.

_____. 2008. "초고층 주거복합건물에 대한 지역주민의 인식에 관한 연구." 『서

울도시연구』 9(3): 59-78.

피터 애디. 최일만 옮김. 2019. 『모빌리티 이론』. 앨피.

홍석준. 2014. "한국인들의 말레이시아로의 은퇴이주의 문화적 특징과 의미." 대외경제정책연구원.

홍석준·성정현. 2009. "조기유학 대상지로 동남아시아를 선택하는 한국인 부모들의 동기 및 사회문화적 배경에 대한 연구: 말레이시아의 사례를 중심으로." 『사회과학연구』 20(4): 239-262.

_____. 2011. "말레이시아 조기유학생 어머니들의 자녀교육 및 '어머니노릇'에 대한 인식과 의미." 『동남아시아연구』 21(1): 1-47.

황인원·김형종. 2017. "말레이시아 2016: 위기의 지속과 기회의 상실." 『동남아시아연구』 27(1): 131-161.

Atkinson, Rowland and Blandy, Sarah. 2006. *Gated Communities*. Routledge.

Atkinson, Rowland and Flint, John. 2004. "Fortress UK: Gated Communities, the Spatial Revolt of the Elites and Time-Space Trajectories of Segregation." *Housing Studies* 19(6): 875-892.

Azizan, M., Ismail, H. H., & Qaiwer, S. N. 2020. Power and solidarity in positive Facebook postings amidst COVID-19 in Malaysia. *Journal of Nusantara Studies*, 5(2): 329-364. http://dx.doi.org/10.24200/jonus.vol5iss2

Bagaeen, Samer and Uduku, Ola (eds.). 2010 *Gated Communities: Social Sustainability in Contemporary and Historical Gated Developments*. London: Earthscan.

Blakely, Edward J. and Snyder, Mary Gail. 1999. *Fortress America: Gated Communities in the United States*. Washington: Brookings Institution Press.

Bylander, M., and Reid, G. 2017. "Lifestyle migration: Escaping to the good life?" In Benson, M. and O'Reilly, K. (eds.), *Lifestyle migration: Expectations, Aspirations and Experiences*. New York: Ashgate: 1-13.

Chevan, Albert, and Lucy Fischer. 1979. "Retirement and Interstate Migration." *Social forces* 57(4): 1365-1380.

Džankič. 2018. "Immigrant investor programmes in the EU." *Journal of Contemporary European Studies* 26(1): 64-80.

Glassner, Barry. 1999. The Culture of Fear: *Why Americans are afraid of the wrong things.* New York: Basic Books.

Inoguchi, Takashi, Akihiko Tanaka, Shigeto Sonoda, and Timur Dadabaev (eds.). 2006. *Human Beliefs and Values in Striding Asia.* Tokyo: Takashi Inoguchi.

Kaur, A. 2014. "Managing labour migration in Malaysia: Guest worker programs and the regularisation of irregular labour migrants as a policy instrument." *Asian Studies Review* 28: 345-366.

Khoo, B. T. 2010. "Social movements and the crisis of neoliberalism in Malaysia and Thailand." IDE Discussion Paper No. 238. Institute of Development Economies. Retrieved from http://www.ide.go.jp/English/Publish/Download/Dp/238.html

Laws of Malaysia. Immigration Act 1959/63(ACT 155), *Regulations and Orders & Passports Act 1966(ACT150) and Orders (As AT 10th September 2013),* International Law Book Services: Malaysia, 2017.

Low, Setha. 2001. "The Edge and the Center; Gated Communities and the Discourse of Urban Fear." *American Anthropologists* 103(1): 45-58.

_____. 2003. *Behind the Gates: Life, Security and the Pursuit of Happiness in Fortress America.* New York: Routledge.

Malaysia My Second Home Program (MM2H). 2018. "MM2H Programme statistics." Retrieved from http://mm2h.gov.my/index.php/en/home/programme/statistics

Mavelli, L. 2018. "Citizenship for sale and the neoliberal political economy of belonging." *International Studies Quarterly* 62(3): 482-493.

Miyashita, Y., Akaleephan, C., Asgari-Jirhandeh, N., and Sungyuth, C. 2017. "Cross-border movement of older patients: a descriptive study on health service use of Japanese retirees in Thailand." *Globalization and Health* 13: 1-11.

Mollman, Steve. 2007. "Low Cost of Living Draws, Retirees to Southeast Asia."

WSJ Real Estate Archives. http://www.realestatejournal.com/

Nah, M. 2012. "Globalisation, sovereignty and immigration control: The hierarchy of rights for migrant workers in Malaysia." *Asian Journal of Social Science* 40(3\4): 486–508.

Ong, A. 2006. *Neoliberalism as exception: Mutations in citizenship.* Durham: Duke University Press.

Ono, M. 2008. "Long-stay tourism and internatinal retirement migration: Japanese retirees in Malaysia." Yamashita et al. (eds.). *Transnational migration in East Asia:* 151–162. Senri Ethnological Reports 77.

Phongpaichit P. 1997. "Trafficking people in Thailand." *Transnational Organized Crime* 3(4): 74–104.

Rodriguez, M. 2010. *Migrants for export: how the Philippine state brokers labor to the world.* Minneapolis: University of Minnesota Press.

Shachar, A., and Hirschl, R. 2014. "On citizenship, states, and markets." *Journal of Political Philosophy* 22(2): 231–257.

Shamir, R. 2005. "Without borders? Notes on globalization as a mobility regime." *Sociological Theory* 23(2): 197–217.

Tanasoca, A. 2016. "Citizenship forsSale: Neomedieval, not just Neoliberal?" *European Journal of Sociology* 57(1): 169–195.

Tham Siew Yean (ed.). 2013. *Internationalizing Higher Education in Malaysia.* Singapore: Institute of Southeast Asian Studies.

Toyota, M., and Thang, L. L. 2017. "Transnational retirement mobility as processes of identity negotiation: the case of Japanese in South-east Asia." *Identities* 24(5): 557–572.

Toyota, M., and Xiang, B. 2012. "The emerging transitional "Retirement Industry" in Southeast Asia." *International Journal of Sociology and Social Policy* 32(11/12): 708–719.

Toyota, Mika, Anita Bocker, and Elspeth Guild. 2006. "Pensioners on the move: Social Security and Trans-border Retirement Migration in Asia and Europe."

IIAS Newsletter, no. 40., Spring 2006.

Tran, N., and Crinis, V. 2018. "Migrant labor and state power: Vietnamese workes in Malaysia and Vietnam." *Journal of Vietnamese Studies* 13(2): 27-73.

Troung, T-D. 1983. "The dynamics of sex tourism: The case of Southeast Asia." *Development and Change* 14: 533-553.

Walter, William H. 2000. "Types and Patterns of Later-Life Migration." Geograhiska Annaler. Series B, *Human Geography* 82(3): 129-147.

Webster, C. 2001. "Gated cities of tomorrow." *Town Planning Review* 72(2): 149-169.

신문 및 인터넷 자료

동아일보. 2006.04.21. "동남아 은퇴이민 사전답사가 필요하다."

매경이코노미. 2008.04.23. "말레이시아 투자 괜찮나…개발 호재 많은 몽키아라 주목."

시사저널. 2012.09.19. "7백만 베이부머 '은퇴 충격' 다가온다-퇴직 후 고정 소득 확보 및 금융 상품 고르는 요령."

아이티비즈. 2019.05.07. "에이스엔터프라이즈, 말레이시아 이민 MM2H 비자 및 부동산 투자&컨설팅 개최."

연합뉴스. 2019.04.12. "유원인터내셔널, 20일 서울서 '말레이시아 투자 이민 설명회'."

이코노믹리뷰. 2007.10.04. "발로 쓴 동남아 리포트 ④ 말레이시아 한인타운의 빛과 그늘."

조선일보. 2006.09.24. "이민자들 동남아행 열풍, '죽기 살기로 일해 봤자 한국선 집 한 칸도…' 박람회에 5만 명 몰려 영어조기유학도 각광." (검색일 2014.07.08.)

_____. 2008. "'묻지마' 은퇴이미, 잘못 결정했다 낭패?" (검색일 2014.07.08.)

주간조선. 2019.03.18. "'에어노마드'가 빚은 2019 이민 풍속도: 공기 좋은 곳에서 3개월만? 순환이민시대."

중앙일보. 2006.06.04. "롯데관광, 동남아 실버이민 관심 고조에 따라 My Second

Home 답사여행 출시." (검색일 2014.07.08.)

_____. 2018.06.07. 강혜란. [이슈추적] "장관 월급 깎고 말레이판 '금 모으기'
도… 돌아온 마하티르 "1순위는 개혁"."

코리안프레스. 2019.05.23. "몬키아라의 新초이스…프리미엄 한국슈퍼마켓
'Freshan Grocer.'"

파이낸셜뉴스. 2019.03.26. "해외취업과 이민으로 떠오르는 유럽의 포르투갈·독
일, 아시아의 말레이시아."

파이낸스투데이. 2019.04.19. "에어노마드족이 선택한 이민지 '말레이시아', 미세
먼지 기승으로 이민 관심 증가."

프레시안. 2018.05.19. 김형종. "'뚜룬!' 독립 후 첫 정권교체 이룬 말레이시아."

한국일보. 2008.06.10. "제2인생은 길다, 해외로 은퇴 이주 붐: 필리핀·말레이시
아 작년 3600명 선 귀족생활 꿈꾸면 실망, 현지화 필수." (검색일 2014.07.08.)

_____. 2014.10.13. 홍석준. "기로에 선 말레이시아 부미뿌뜨라."

[국민일보 쿠키뉴스] www.kukinews.com

[네이버 지식백과] MM2H(Malaysia My Second Home) (매일경제, 매경닷컴)

[네이버 지식백과] 말레이시아 동방정책의 지원 (말레이시아 개황, 2010.12. 외
교부)

[네이버 지식백과] 할랄halal (시사상식사전, 박문각)

[위키백과] ampang (http://en.wikipedia.org/wiki/Ampang._Kuala_Lumpur)

[위키백과] mot kiara (http://en.wikipedia.org/wiki/Mont_Kiara)

[위키백과] sri hartamas (http://en.wikipedia.org/wiki/Sri_Hartamas)

http://atozgroupblog.com/221545725148

http://blog.daum.net/khc0373/12019412

http://blog.daum.net/khc0373/12019412 (검색일 2014.07.08.)

http://blog.daum.net/khc0373/12019412url (검색일 2014.07.08.)

http://blog.naver.com/esjpark?Redirect=Log&logNo=110130257712

http://blog.naver.com/esjpark?Redirect=Log&logNo=110130257712 (검색일
2014.07.08.)

http://blog.naver.com/esjpark?Redirect=Log&logNo=110133832048

http://blog.naver.com/esjpark?Redirect=Log&logNo=110133832048 (검색일
2014.07.08.)

http://en.wikipedia.org/wiki/Sri_Hartamas

http://kor.theasian.asia/archives/188021 (검색일 2018.07.30.)

http://koreanpress.net/detail.php?number=1045&thread=22r08r04

http://koreanpress.net/detail.php?number=3379&thread=22r11 (검색일
2018.08.03.)

http://koreanpress.net/detail.php?number=3727&thread=22r06

http://news.khan.co.kr/kh_news/khan_art_view.html?artid=201805212143005
&code=970207 (검색일 2018.07.25.)

http://news.naver.com/main/read.nhn?mode=LSD&mid=sec&sid1=101&oid=0
93&aid=0000005758

http://www.asiatoday.co.kr/view.php?key=20180423010013174 (검색일
2018.07.25.)

http://www.hankookilbo.com/v/7e371a9bfb044a53b2de9e864725989b (검색일
2018.07.26.)

http://www.koreanpress.net/detail.php?number=3505&thread=22r05

http://www.koreanpress.net/detail.php?number=3793&thread=22r13

http://www.mm2h.gov.my

http://www.pressian.com/news/article.html?no=197129&utm_source=
naver&utm_medium=search (검색일 2018.08.03.)

http://www.yonhapnews.co.kr/bulletin/2018/06/18/0200000000A
KR20180618070400104.HTML?input=1195m (검색일 2018.07.29.)

http://www.yonhapnews.co.kr/bulletin/2018/07/25/0200000000A
KR20180725069600104.HTML?input=1195m (검색일 2018.07.26.)

http://www.yonhapnews.co.kr/bulletin/2018/07/29/0200000000A
KR20180729021200104.HTML?input=1195m (검색일 2018.08.05.)

http://www.yonhapnews.co.kr/bulletin/2018/08/01/0200000000A

KR20180801058300104.HTML?input=1195m (검색일 2018.08.05.)

https://blog.naver.com/gnhforum/222036346627

https://blog.naver.com/sacsimon/221840604031

https://kin.naver.com/qna/detail.nhn?d1id=11&dirId=1112&docId=285072228
&qb=67mX7J6lIOyCrO2ajA==&enc=utf8&section=kin&rank=1&search_so
rt=0&spq=0&pid=UciMPspySDlsscK5O8Rssssss8o-299890&sid=dyP8g2uS
9C93CWktGNWz%2BEGQ

https://news.joins.com/article/22691849 (검색일 2018.07.30.)

https://www.facebook.com/myrapid/photos/a.1719370471420176.1073741898.1
24778030879436/1719370608086829/?type=3&theater (검색일 2017.12.01.)

https://www.hani.co.kr/arti/international/asiapacific/955555.html

https://www.joongang.co.kr/article/22609877#home

https://www.joongang.co.kr/article/22691849#home

https://www.peoplepower21.org/International/1565479

www.kukinews.com

찾아보기

홍석준

서울대학교 인류학과에서 학사와 석사, 박사학위를 받았으며 한국동남아학회장과 (사)한국동남아연구소장, 역사문화학회장 등을 역임했다. 현재 목포대학교 고고문화인류학과 교수와 도서문화연구원 원장으로 재직 중이며, (사)한국문화인류학회 회장을 맡고 있다. 말레이시아를 연구하고 있는 지역전문가로서 『동남아의 이슬람화 1』(공편저), 『동남아의 이슬람화 2』(공편저), 『맨발의 학자들』(공저), *ASEAN-Korea Relations: 25 Years of Partnership and Friendship*(공편저), *Southeast Asian Perceptions of Korea*(공저) 등의 저서가 있고, 주요 논문으로는 "East Asian Maritime Silk Road, Cultural Heritage, and Cruise Tourism", "The Social Formation and Cultural Identity of Southeast Asian Frontier Society", "말레이인들의 일생의례의 문화적 의미", "말레이시아의 전통예술과 이슬람 부흥의 문화적 의미" 등이 있다.

동남아 한인 연구 총서 6

말레이시아: 이민전략을 통해 본 한인 사회 형성과 그 미래

1판 1쇄 찍음 2022년 5월 25일
1판 1쇄 펴냄 2022년 5월 31일

지은이   홍석준
펴낸이   정성원·심민규
펴낸곳   도서출판 눌민

출판등록   2013. 2. 28 제25100-2017-000028호
주소   서울시 은평구 가좌로11가길 30, 301호 (03439)
전화   (02) 332-2486   팩스   (02) 332-2487
이메일   nulminbooks@gmail.com
인스타그램·페이스북   nulminbooks

ⓒ 홍석준 2022

Printed in Seoul, Korea

ISBN 979-11-87750-52-9 94910
ISBN 979-11-87750-45-1 94910 (세트)

이 저서는 2016년 대한민국 교육부와 한국학중앙연구원(한국학진흥사업단)을 통해
해외한인연구사업의 지원을 받아 수행 중인 연구임(AKS-2016-SRK-1230004)